全国高等中医药院校“十三五”创新教材

教育部人文社会科学研究课题“中医药院校大学生职业发展教育模式研究”项目成果

# 中医药大学生职业发展与就业指导

（供医药院校各专业用）

主 编 曹世奎 郑伟峰

中国中医药出版社

·北 京·

**图书在版编目（CIP）数据**

中医药大学生职业发展与就业指导/曹世奎，郑伟峰主编．—北京：中国中医药出版社，2019.12

全国高等中医药院校“十三五”创新教材

ISBN 978－7－5132－5956－9

Ⅰ.①中…　Ⅱ.①曹…②郑…　Ⅲ.①大学生－职业选择－中医学院－教材

Ⅳ.①G647.38

中国版本图书馆CIP数据核字（2019）第278955号

---

**中国中医药出版社出版**

北京经济技术开发区科创十三街31号院二区8号楼

邮政编码　100176

传真　010－64405750

廊坊市祥丰印刷有限公司印刷

各地新华书店经销

开本787×1092　1/16　印张13.5　字数308千字

2019年12月第1版　2019年12月第1次印刷

书号　ISBN 978－7－5132－5956－9

定价　55.00元

网址　www.cptcm.com

**社长热线　010－64405720**

**购书热线　010－89535836**

**维权打假　010－64405753**

**微信服务号　zgzyycbs**

**微商城网址　https://kdt.im/LIdUGr**

**官方微博　http://e.weibo.com/cptcm**

**天猫旗舰店网址　https://zgzyycbs.tmall.com**

如有印装质量问题请与本社出版部联系（010－64405510）

全国高等中医药院校“十三五”创新教材
教育部人文社会科学研究课题“中医药院校大学生职业发展教育模式研究”项目成果

## 《中医药大学生职业发展与就业指导》编委会

主　审　周　立
主　编　曹世奎　郑伟峰
副主编　历建萍　刘凤臣　邵　欣
编　委　(以姓氏笔画为序)
于　铭　于　薇　曲鹏翰
庄　璐　李　恒　张明远
梁钟艺　鲍明旭

# 编写说明

“就业是民生之本”，大学生就业是国家、社会和高校最为关注的热门话题之一。党的十八大报告指出，“要实施就业优先战略和更加积极的就业政策”“推动实现更高质量的就业”。在新形势下，高校一方面要深化内涵建设，提高人才培养质量，提高毕业生就业竞争力；另一方面要加大对在校学生的职业生涯发展教育，帮助学生清晰地认识自我，科学规划职业发展路径，实现职业与人生的持续健康和谐发展。

《国家中长期教育改革和发展规划纲要》提出要“加强就业创业教育和就业指导服务”，对做好高校毕业生就业工作进行了战略部署。国务院和教育部印发的《大学生职业发展与就业指导课程教学要求》的通知及有关文件精神要求高校开设大学生职业发展与就业指导必修课，将就业创业教育纳入人才培养计划，以全面提高大学生的就业能力。因此，加强职业生涯规划与就业指导课程建设成为当务之急。

在大学生职业生涯教育与就业指导的工作实践中，学生们经常会提出诸如“老师您看我能做什么、我适合干什么”等问题。面对就业，他们苦闷与彷徨，甚至在应聘、面试时焦虑和恐惧。大学生如果在大学期间能够客观认识自我，科学选择职业发展目标，合理进行职业定位，有计划地培养就业能力，及时了解职业环境就会解决上述问题。本教材内容契合教育部文件要求，遵循“精简概括，突出重点，贴近实际，特色鲜明”的方针，吸收当前职业生涯教育的新观点、新理论、新方法，系统阐述了职业生涯规划、就业指导等方面的知识和技能。

本教材是教育部人文社会科学研究规划基金项目课题“中医药院校大学生职业发展教育模式研究”（课题编号 13YJA710063）的研究成果，是长春中医药大学职业发展规划与就业指导教学团队 10 余年教学实践成果的结晶。本教材编者均为高等中医药院校长期从事职业生涯规划教育和就业创业指导的教师，有丰富的职业指导工作经验。本教材主要面对中医药院校大学生，对其他院校大学生也有一定的参考借鉴作用。希望本教材对于中医药院校大学生科学确立职业发展方向、积极提升职业能力、强化就业指导有所帮助。

本教材具有三大特点。

一是中医特色突出。由于各高校在文化、专业设置、人才培养和就业流向等方面存在差异，故不同类型高校的学生在职业发展与就业指导需求方面也存在差异。本教材既考虑职业发展与就业教育本身的规律和要求，又充分考虑中医药行业和大学生的个体需求，注重体现中医药特色。本教材的全部案例均为与中医药相关专业职业的内容，在职业发展与就业指导的理论、路径和实践等方面均体现了中医特色和规律，对中医药行业职业就业指导比较重要的内容单独成章编写，是国内少有的具有中医特色的就业指导教学用书。

二是实用性强。本教材内容实用，注重应用性与实践性。教材内容既提炼总结了与就业直接相关的职业生涯规划理论，又精选了对中医药大学生就业指导有实际效果的知识和技能，旨在通过教学指导和学习训练，有效帮助中医药大学生解决就业道路上的各种问题。例如，如何正确理解专业与职业的关系、如何结合自身实际确定职业定位与发展方向、如何进行职业决策、如何撰写简历、如何提高就业技能、如何提升面试技巧等。

三是创新性突出。本教材在体例和形式上设计新颖，每章均有教学目标、导入活动、案例故事、训练活动、实践拓展、资源拓展、课后作业等模块，教学内容体系完善，重点突出大学生择业就业的实践属性，案例故事大部分是长春中医药大学就业指导中实际发生的原创事例，对指导大学生就业具有特殊意义。教材中案例与训练活动贯穿始终，案例分析的讨论思路、理论依据与具体知识点相呼应。训练活动旨在培养学生的分析问题、解决问题和创新思维能力，先导入活动与案例，再进行分析，之后再进行活动与作业安排，符合大学生的认知发展规律，与同类教材相比，创新性明显。

本教材编委会由长春中医药大学长期从事大学生职业发展与就业指导教学团队成员组成。曹世奎负责框架设计和统稿，郑伟峰负责组织策划和文字润色，邵欣、于薇、于铭负责文字修改和校对。第一章由曹世奎编写，第二章由刘凤臣编写，第三章由郑伟峰、李恒、梁钟艺编写，第四章由历建萍、张明远编写，第五章由历建萍编写，第六章由邵欣、曲鹏翰编写，第七章由庄璐编写，第八章由鲍明旭编写。

本教材编写过程中借鉴和参考了国内外职业发展和就业指导方面的文献资料，以及一些专家、学者的理论和观点，在此表示衷心的感谢。不足之处望读者提出，以便再版时修订提高。

《中医药大学生职业发展与就业指导》编委会

2019 年 9 月

# 目 录

# 第一章　大学生活与职业发展

**【学习目标】**

1. 掌握职业选择的主要考虑因素，大学阶段职业发展方向的选择和确定方法。
2. 熟悉中医药主要专业可供选择的职业方向，大学阶段学涯规划的内容。
3. 了解职业的内涵，专业与职业、大学生活与职业发展的关系。

**【导入活动】**

## 拟定“墓志铭”

**活动说明**

墓志铭是把死者在世时的德行、学习、技艺、持家、政绩等各方面的情况浓缩为一份个人的历史档案。

请按以下提纲编写自己的墓志铭。

1. 基本信息：姓名、性别、生年、卒年、享年。
2. 一生的理想与目标。
3. 在不同年龄段的成就。
4. 对社会、家庭或其他人的贡献。
5. 我是一个怎样的人。

起点一句话定位：______________________________

三十岁一句话定位：____________________________

四十岁一句话定位：____________________________

五十岁一句话定位：____________________________

六十岁一句话定位：____________________________

七十岁一句话定位：____________________________

将上述拟好的墓志铭与同学分享并讨论。

1. 你认为哪些人的人生目标吸引你并值得尊重。
2. 哪些人的成就是“真正”的成就，为什么？
3. 你认为对社会或他人最有贡献的是谁？
4. 假如你要替自己重写墓志铭，你会怎样写。

【案例故事】

## 成功源于规划与行动

席仕君，女，2018 年毕业于长春中医药大学管理学院公共事业管理专业（卫生事业管理方向）。她学习成绩优秀，以学院年级复试第一的成绩获得研究生推免资格，并被保送至中南大学湘雅公共卫生学院就读。在学期间，她积极参加集体活动，曾任班级学习委员、学院学生会秘书长、演讲协会会长、校团委记者部记者，并获得“优秀毕业生”“优秀共产党员”“优秀学生”“优秀大学生标兵”“优秀团干部”和“优秀团员”等多种荣誉。

对此，席仕君也向大家分享了这些荣誉背后的故事，她不止一次地提及，成功需要正确的规划并将其付诸行动。

**一、确定目标**

作为一名学生，学习自然是放在首位的，在对大学生活尚未熟知时，最有效也最容易的目标就是学习目标。因此在大一的第一学期，席仕君先为自己制定了一个短期目标，那就是争取每门功课达到良好以上，出色完成这一学期的学习任务。

进入大二后，席仕君接触到了更多的课程，也正是在这些课程的学习中，她体会到了学习兴趣并认清了自身学习能力的长短板。在结合前辈们的鼓励、建议和自身特点的基础上，她确定了一个双向职业目标：一是考取研究生继续深造；二是报考国家公务员。

**二、行动计划**

按照确定的职业目标，席仕君明确了行动计划中的两大核心要素：一是加强和拓展专业知识学习，提升学习能力。二是不断发展自身的综合素质。为此，她制定了符合自身实际、具有可行性的行动计划并逐步落实。

第一，认真学好每一门功课，包括考查课和选修课，不断丰富自己的学科体系，并主动拓展专业课的学习。

第二，跟随老师积极参加学术活动等，培养自己的学术兴趣和科研兴趣，为读研做准备。

第三，按照公务员的能力要求，有意识地提高协调沟通能力、组织策划能力和事务处理能力等。作为一名学生干部，在实际工作中她不断总结经验，改正不足，学会合理安排时间和充分利用时间，不断提高工作效率和效能，使学习、生活、工作相互平衡，互不耽误。

第四，为了全面提高综合素质，在学习之余她积极参加各类文体活动，以积累和丰富自己的活动参与经验。

第五，积极参加社会实践活动，包括社会兼职，积累除学校生活以外的工作经验和生活经历，以开阔眼界，磨炼品质意志，锻炼实践能力。

正是因为有了这样的行动计划，席仕君一步一个脚印地提升自我，完善自我，以双向目标制定职业规划并严格要求自己。机会总是留给有准备的人，所有的付出必将获得收获，只是时间的早晚而已。经过持续不懈的努力，席仕君获得了研究生推免资格，提前实现了自己的职业规划。

点评：成功源于规划与行动，我们要始终相信努力奋斗的意义，每一片奋斗的天空下，每一个人都会成就完整的自己。成功的路上可能有荆棘，有泥泞，做好规划，积极行动将使你事半功倍。即便是荆棘泥泞，你也会充满信心和勇气继续前行。

# 第一节 职业概述

## 一、职业的概念

关于职业的概念，不同的国家、不同的学科、不同的学者有着不同的理解。在了解职业概念之前，要先明确工作的概念。工作是个人为谋生而从事的活动，是指在一个岗位上完成的一系列任务和进行的一系列活动。这些任务与职业有关，因为职业是由一系列工作组成的。

### （一）职业的内涵

职业是指人们在社会生活中以获得物质报酬作为自己主要生活来源，所从事的在社会分工中具有专门技能的工作。通俗地讲，职业是个人在社会中所从事的作为主要生活来源的工作类别。一般而言，“职业”包括三层含义：一是经济回报，就是要有收入，能获取薪酬或经济报酬；二是贡献社会或创造价值，能为社会创造物质或精神财富；三是付出劳动，在职业活动中付出个人的知识、技能。

从社会角度看，职业是劳动者获得的社会角色，即劳动者在社会分工中承担一定的职责和义务，并获得相应的经济报酬；从人力资源角度看，职业是指不同性质、不同内容、不同形式、不同操作对象的组织中从事相同或相近工作岗位的统称（或类别）。职业是特征相同或相似的一类工作的统称，以国家的职业分类大典为标准。举例来说，无论是性质不同的公办医院、民营医院还是中外合资医院，无论是工作内容不同的门诊部、个体诊所、单科性医院还是综合性医院，无论所从事的是内科、外科、妇科还是儿科工作，所有的医生岗位，所属的职业都是临床医师。根据工作内容，职业可细分为内科医师、外科医师、妇产科医师、骨伤科医师等；所有从事护理工作的人员，其职业都是护士，根据工作内容不同，可细分为内科护士、外科护士、儿科护士等。

要深刻理解职业的内涵，注意区分职业与爱好、兴趣的不同。比如，有的同学谈及自己的职业理想是“周游世界”，“周游世界”虽然具备了付出劳动的特点，但若不具备“获得经济报酬”的特点，那就只能算是个人的爱好、兴趣。如果通过“周游世界”，撰写游记或拍摄风景照片进行发表或出售而获得劳动报酬，那你的职业就是旅游作家或旅游摄影师。

### （二）职业与行业、职位的关系

行业是指从事相同性质的所有经济活动的所有单位的集合。一般是指按生产同类产品或具有相同工艺过程或提供同类劳动服务划分的经济活动类别，如医药制造行业、卫生行业、教育行业、饮食行业、服装行业、机械行业、金融行业等。行业是职业的背景，职业的发展与行业的前景密切相关，因而在做职业选择时要对行业背景有清晰的了解。

职位是指分配给某个人需要完成的一个或一系列具体任务直接相关的工作，与参与工作的个人相对应。一项工作可设置若干个职位，一个职位只对应一个人的工作。通常来讲，职位存在于特定的职业、地域、组织和行业当中。工作世界各系统构成见图1-1。

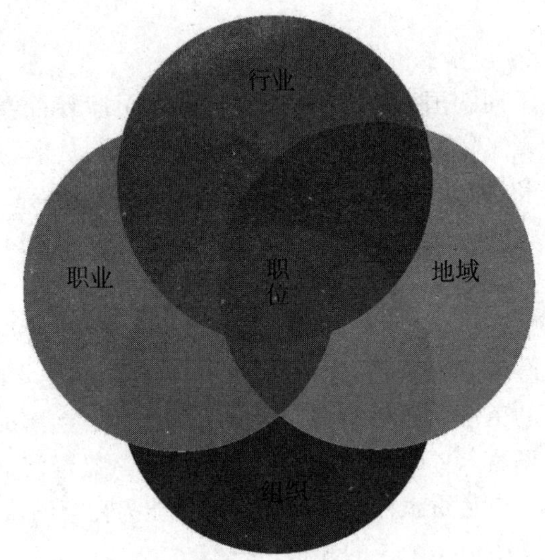


**图1-1　工作世界各系统构成**

职业本身无高低上下之分，但不同的职业会导致不同的生活方式，选择什么样的职业就意味着选择了与该职业相关的文化氛围、精神境界、生活方式与人脉关系。人们对职业的认知和选择往往受人生经历、家庭成员的职业熏陶、社会地位、薪酬待遇、生活环境以及个人的兴趣等因素的影响。

## 二、职业分类与职业选择

### （一）职业分类

职业分类是运用科学的方法，通过对全社会就业人员所从事的各类职业进行分析和研究，按不同职业的性质、活动方式、技术要求及管理范围进行系统划分和归类。1949年国际劳工组织制定的《国际标准职业分类》成为世界各国制订本国职业分类的蓝本。我国的职业分类始于20世纪80年代，1999年我国颁布了第一部《中华人民共和国职业分类大典》。2015年国家颁布了最新版《中华人民共和国职业分类大典》，将职业分为8个大类、75个中类、434个小类、1481个职业（表1-1）。

表1-1　职业的分类

| 大类序号 | 大类名称 | 中类 | 小类 | 细类 |
| --- | --- | --- | --- | --- |
| 1 | 国家机关、党群组织、企业和事业单位负责人 | 6 | 15 | 23 |
| 2 | 专业技术人员 | 11 | 120 | 451 |
| 3 | 办事人员和有关人员 | 3 | 9 | 25 |
| 4 | 商业、服务业人员 | 15 | 93 | 278 |
| 5 | 农、林、牧、渔、水利业生产人员 | 6 | 24 | 52 |
| 6 | 生产、运输设备操作人员及有关人员 | 32 | 171 | 650 |
| 7 | 军人 | 1 | 1 | 1 |
| 8 | 不方便分类的其他从业人员 | 1 | 1 | 1 |
| 合计 | | 75 | 434 | 1481 |

以中医药院校毕业生从业后常见的职业为例，主要有中类、小类及职业（表1-2）。

表1-2　医药类常见职业分类

| 中类 | 小类 | 细类（职业） |
| --- | --- | --- |
| 2-05 卫生专业技术人员 | 2-05-02 中医医师 | 2-05-02-01 中医内科医师 |
| | | 2-05-02-02 中医外科医师 |
| | | 2-05-02-03 中医妇科医师 |
| | | 2-05-02-04 中医儿科医师 |
| | | 2-05-02-05 中医眼科医师 |
| | | 2-05-02-06 中医皮肤科医师 |
| | | 2-05-02-07 中医骨伤科医师 |
| | | 2-05-02-08 中医肛肠科医师 |
| | | 2-05-02-09 中医耳鼻咽喉科医师 |
| | | 2-05-02-10 针灸医师 |
| | | 2-05-02-11 中医推拿医师 |
| | | 2-05-02-12 中医营养医师 |
| | | 2-05-02-13 中医整脊科医师 |
| | | 2-05-02-14 中医康复医师 |
| | | 2-05-02-15 中医全科医师 |
| | | 2-05-02-16 中医亚健康医师 |
| | 2-05-03 中西医结合医师 | 2-05-03-01 中西医结合内科医师 |
| | | 2-05-03-02 中西医结合外科医师 |
| | | 2-05-03-03 中西医结合妇科医师 |
| | | 2-05-03-04 中西医结合儿科医师 |
| | | 2-05-03-05 中西医结合骨伤科医师 |
| | | 2-05-03-06 中西医结合肛肠科医师 |
| | | 2-05-03-07 中西医结合皮肤与性病科医师 |
| | 2-05-06 药学技术人员 | 2-05-06-01 药师 |
| | | 2-05-06-02 中药师 |
| | | 2-05-06-03 民族药师 |

（资料来源：《中华人民共和国职业分类大典》2015 年版）

从上述职业分类可以看出，医药类职业小类主要有临床和口腔医师、中医医师、中西医结合医师、药学技术人员、护理人员等；临床和口腔医师小类主要职业有内科医师、外科医师、妇产科医师、儿科医师、口腔科医师等；中医医师主要有中医内科医师、中医外科医师、中医儿科医师等。

### （二）职业选择

职业选择需考虑如下因素。

**1. 工作性质**

工作性质包括工作目的、工作职责、生产的产品或提供的服务、专业细分、所使用的设备工具等。

**2. 需要的教育、培训和经验**

教育、培训和经验包括要求的大学课程、工作经验、教育培训、工作岗位、在职培训等。

**3. 要求的个人资历、技能和能力**

这部分内容包括技能和能力倾向、体力、身体要求与个人兴趣、执照证书、特殊要求。

**4. 薪酬待遇与福利**

员工福利是一种以非现金形式支付给员工的报酬，包括补充养老、医疗、住房、寿险、意外险、财产险、带薪休假、免费午餐、班车、员工文娱活动、休闲旅游以及个人发展相关的晋升、培训等。

**5. 工作条件**

工作条件包括物质条件和安全、工作时间安排、出差要求、工作组织的类型、职业的地理位置等。

**6. 典型人群及特征**

典型人群及特征是指从事某一职业的代表性人物及该职业的社会属性、规范性、功利性、技术性等。

**7. 就业和发展前景**

就业和发展前景包括进入职业的方法、就业趋势、晋升机会、工作的稳定性。

**8. 个人满意度**

个人满意度是指个人对职业所体现的价值（高收入、成就感、安全感、创造性、社会声望等）和对职业地位的看法、喜爱。

**【训练活动】**

### 我的小组我的家

6～8人一组，以小组为单位制作小组展示牌，做好后与大家分享。

1. 为你的团队设置好不同的角色，确立小组的组长。
2. 给你的团队起一个响亮的名字。

3. 为你的团队想一个震耳欲聋的口号。

4. 为你的团队设计一个与众不同的 logo。

# 第二节　专业与职业

在职业生涯规划的课堂上，老师常常会问同学们一个问题："请同学们回忆一下，你们的职业生涯是从什么时候开始的？" 70% 以上的同学会回答："毕业前找工作的时候。"在老师的不断启发下，同学们会不约而同地把职业生涯的时间节点前移到在"志愿报考咨询时""高考报志愿时""毕业实习前"等。

## 一、专业的形成与发展

专业是教育部门根据社会分工需要和学科体系的内在逻辑而划分的学科门类。高校根据专业设置组织教学，进行专业训练，培养专门人才。专业是学科与职业之间的桥梁，它根据学科进行划分，每个专业对应一定的职业群。因此，专业是职业发展的基础，它为若干相近的职业群提供必要的基础知识和基本技能。

### （一）专业的形成

专业的形成有其内在的必然规律，与社会分工的发展、自然科学与社会科学的分化综合以及高等教育自身发展有着极其密切的联系。人类的知识最初是混沌一体、彼此不分的，不存在所谓专业的问题。随着人类社会的发展，知识的不断丰富，最终产生了知识的分化。古希腊圣哲亚里士多德极为重视对知识的系统考察和全面把握，并对人类知识首次进行了系统的学科分类，专业的概念初现端倪。专业的形成源自社会需求，是社会发展的必然结果。

### （二）国内外专业的发展

自中世纪的欧洲起，大学开始分专业教学，培养专门人才，专业开始进入高等教育领域。中国专业化的高等教育肇始于近代，戊戌变法中维新派创办的各种专门学堂一直被视为近代中国高等教育的发端。中华人民共和国成立后，为了适应经济建设的需要，国家借鉴苏联的经验，对高等学校进行了大规模的院系调整，高等教育领域中的专业化色彩颇为浓厚。

改革开放以后，特别是随着社会主义市场经济的不断发展，我国高等教育领域中的专业分化日益细密，专业化程度显著提高。为了适应形势发展的需要，国家教育主管部门在遵循教育发展规律并借鉴国际通行惯例的基础上，一方面相继颁行了《授予博士、硕士学位和培养研究生的学科、专业目录》《全国普通高等学校本科专业目录》及《普通高等学校高职高专教育指导性专业目录》，另一方面又在部分高校进行自主设置本科及研究生专业的试点。可以说，一个原则性与灵活性并存的高校专业设置体系正在我国逐步确立。

## 二、专业与职业的关系

高考填报志愿往往把专业与职业直接对接，很多学生甚至因为专业不如意，觉得理想中所从事的职业就无法实现了，因而出现厌学甚至退学的想法，专业思想极不稳定，很多误解都是因为没有很好地理解专业与职业的关系所导致的。专业是学业门类，职业是工作门类，所学专业与未来所从事的职业有较强的关联性，但并没有直接对应关系。

### （一）专业包含职业

专业包含职业是指未来所从事的职业基本在自己所学的专业领域内，个人的职业发展也始终没有离开自己所学的专业领域，职业发展所需要的可以继续在专业领域学习，能够学以致用，即通常所说的专业完全对口，这是比较理想的状态。如中医学专业毕业生从事中医医师的职业、护理学专业的毕业生从事护士职业等。麦可思研究院的《2019年就业蓝皮书》显示，在本科学科门类中，2018 届毕业生从事的工作与专业相关度最高的是医学（93%），2018 届医学毕业生半年内的离职率最低（13%）。

### （二）职业包含专业

职业包含专业是指以专业为核心发展职业。未来职业发展以所学专业为核心，向外拓展，所选职业与所学专业方向一致，但职业发展超出所学专业领域，需根据职业发展要求，在原有专业基础上拓展专业以外的知识和技能，以满足不断发展的职业需要。比如，药事管理专业毕业生从事制药企业行政管理的职业，职业内容除包含企业管理、人力资源管理外，还涉及文件管理、人员接待、秘书等工作知识与技能。

### （三）专业与职业交叉

专业与职业交叉是指以专业为基础发展职业。个人的职业发展重点涉及所学专业的某一领域或某一方面，并向这一方向拓展。个人职业发展需要以本专业为基础，同时主动学习职业所要求的其他专业与技能。比如，临床医学专业的毕业生从事医药代表的职业，除涉及临床医学专业内容外，还需要有管理学、销售方面的内容。

### （四）专业与职业分离

专业与职业分离是指个人所从事的职业与所学专业基本无关，即所谓的专业不对口。所学专业的某些方面在个人职业发展中有一定的重要性，但方向不一致。这种情况可采取转专业、辅修专业、二学位或自学等方式解决。麦可思研究院关于本科毕业生的调研表明，全国本科毕业生专业与职业的相关度不到 70%，部分专业甚至低于 50%。随着时代的进步和高等教育大众化的普及，会有部分毕业生从事与专业关联度不高的职业。

事实上，高校所设置的专业对应的并非是一个固定的职业，而是一组职业，甚至是一组职业群。在一定程度上讲，选专业是选行业、选事业方向，如果一个人能把自己的兴趣与所学的专业结合起来，就能充分释放自身潜能，积极投身从事的职业，从而取得事业的成功。因此，同学们在明确自己的职业兴趣后，还需要了解自己未来希望从事的职业及目标用人单位对员工的素质和职业技能要求，以对照找到与自己目前的差距，制定大学期间的行动计划，通过自身努力满足或达到这些要求。

【知识链接】

### 2015 届大学毕业生工作与专业相关度前十的医药类专业

2015 届大学毕业生工作与专业相关度前十的医药类专业见表 1 - 3。

**表 1 - 3　2015 届大学毕业生工作与专业相关度前十的医药类专业**

| 本科专业 | 工作与专业相关度（%） | 本科专业 | 工作与专业相关度（%） |
|---|---|---|---|
| 医学影像学 | 99 | 医学检验 | 97 |
| 麻醉学 | 99 | 护理学 | 95 |
| 临床医学 | 99 | 药学 | 91 |
| 康复治疗学 | 99 | 药物制剂 | 91 |
| 口腔医学 | 97 | 预防医学 | 91 |

（数据来源：麦可思研究院《2016 年中国本科生就业报告》）

## 三、中医药专业设置与职业选择

### （一）中医药专业设置

根据教育部《普通高等学校专业目录与专业介绍（2012 年）》规定的学科门类、专业类及专业名称统计，截至 2018 年 7 月，全国独立建制的 24 所中医药院校共开设 78 个专业，涉及 9 个学科门类、31 个专业类（表 1 - 4）。

**表 1 - 4　独立建制的中医药院校学科门类与专业设置**

| 序号 | 学科门类 | 序号 | 专业类 | 序号 | 专业 |
|---|---|---|---|---|---|
| 1 | 医学 | 1 | 中医学类 | 1 | 中医学（5 年制） |
| | | | | 2 | 中医学（5 + 3 一体化） |
| | | | | 3 | 中医学（本硕博连读） |
| | | | | 4 | 针灸推拿学 |
| | | | | 5 | 中医养生学 |
| | | | | 6 | 中医康复学 |
| | | | | 7 | 中医儿科学 |
| | | | | 8 | 藏医学 |
| | | | | 9 | 壮医学 |
| | | | | 10 | 傣医学 |
| | | 2 | 中西医结合类 | 11 | 中西医临床医学 |
| | | 3 | 中药学类 | 12 | 藏药学 |
| | | | | 13 | 蒙药学 |
| | | | | 14 | 中药资源与开发 |
| | | | | 15 | 中药制药 |
| | | | | 16 | 中草药栽培与鉴定 |

续表

| 序号 | 学科门类 | 序号 | 专业类 | 序号 | 专业 |
|---|---|---|---|---|---|
| | | 4 | 药学类 | 17 | 药学 |
| | | | | 18 | 药物制剂 |
| | | | | 19 | 药事管理 |
| | | | | 20 | 临床药学 |
| | | | | 21 | 药物分析 |
| | | 5 | 临床医学类 | 22 | 临床医学 |
| | | | | 23 | 儿科学 |
| | | | | 24 | 医学影像学 |
| | | 6 | 口腔医学类 | 25 | 口腔医学 |
| | | 7 | 公共卫生与预防医学类 | 26 | 预防医学 |
| | | | | 27 | 食品卫生与营养学 |
| | 医学 | 8 | 医学技术类 | 28 | 医学检验技术 |
| | | | | 29 | 医学实验技术 |
| | | | | 30 | 口腔医学技术 |
| | | | | 31 | 医学影像技术 |
| | | | | 32 | 眼视光学 |
| | | | | 33 | 康复治疗学 |
| | | | | 34 | 康复作业治疗 |
| | | | | 35 | 康复物理治疗 |
| | | | | 36 | 听力语言与康复学 |
| | | | | 37 | 卫生检验与检疫 |
| | | 9 | 护理学类 | 38 | 护理学 |
| | | | | 39 | 助产学 |
| 2 | 管理学 | 10 | 管理科学与工程类 | 40 | 计算机信息管理 |
| | | | | 41 | 信息管理与信息系统 |
| | | 11 | 工商管理 | 42 | 工商管理 |
| | | | | 43 | 市场营销 |
| | | | | 44 | 人力资源管理 |
| | | 12 | 公共管理类 | 45 | 公共事业管理 |
| | | | | 46 | 健康服务与管理 |
| | | | | 47 | 劳动与社会保障 |
| | | 13 | 物流管理与工程类 | 48 | 物流管理 |
| 3 | 艺术 | 14 | 音乐与舞蹈学类 | 49 | 音乐学 |

续表

| 序号 | 学科门类 | 序号 | 专业类 | 序号 | 专业 |
|---|---|---|---|---|---|
| 4 | 教育学 | 15 | 体育学类 | 50 | 运动康复 |
| | | | | 51 | 社会体育指导与管理 |
| | | | | 52 | 体育教育 |
| | | | | 53 | 运动人体科学 |
| 5 | 理学 | 16 | 生物科学类 | 54 | 生物科学 |
| | | | | 55 | 生物技术 |
| | | 17 | 化学类 | 56 | 应用化学 |
| | | 18 | 心理学类 | 57 | 应用心理学 |
| 6 | 工学 | 19 | 电子信息类 | 58 | 医学信息工程 |
| | | 20 | 生物工程类 | 59 | 生物制药 |
| | | 21 | 化工与制药类 | 60 | 制药工程 |
| | | 22 | 生物医学工程类 | 61 | 生物医学工程 |
| | | 23 | 食品科学与工程类 | 62 | 食品质量与安全 |
| | | | | 63 | 食品科学与工程 |
| | | 24 | 生物工程类 | 64 | 生物工程 |
| | | 25 | 计算机类 | 65 | 物联网工程 |
| | | | | 66 | 数据科学与大数据技术 |
| | | | | 67 | 软件工程 |
| | | | | 68 | 计算机科学与技术 |
| 7 | 文学 | 26 | 汉语言文学类 | 69 | 汉语言 |
| | | | | 70 | 汉语言国际教育 |
| | | 27 | 外国语言文学类 | 71 | 英语 |
| | | | | 72 | 日语 |
| | | | | 73 | 商务英语 |
| | | 28 | 新闻传播学类 | 74 | 传播学 |
| 8 | 经济学 | 29 | 经济与贸易类 | 75 | 国际经济与贸易 |
| | | | | 76 | 电子商务 |
| | | 30 | 金融学类 | 77 | 保险学 |
| 9 | 法学 | 31 | 法学类 | 78 | 法学 |

## （二）中医药主要专业可供选择的职业方向

大学生可根据自己的性格、兴趣、职业技能和价值观，确定适合自己的职业方向，并做好大学期间的职业生涯规划。

**1. 中医学、中西医结合专业可选择的职业方向**

（1）中医医师（含中医各科医师）。

（2）中西医结合医师（含中西医结合各科医师）。

（3）医学研究人员。
（4）高等教育教师、中等职业教育教师。
（5）医学实验技术人员。
（6）康复保健及养生咨询人员。
（7）药品销售。
（8）中医学杂志编辑。
（9）医院行政管理人员。
（10）健康管理师。
（11）考取公务员。

**2. 临床医学专业可选择的职业方向**

（1）临床医师。
（2）医学研究人员。
（3）医学实验技术人员。
（4）医院行政管理人员。
（5）高等教育教师、中等职业教育教师。
（6）医学杂志编辑。
（7）考取公务员。
（8）营养师。
（9）健康管理师。
（10）医药商品购销员、医药代表。

**3. 护理学专业可选择的职业方向**

（1）护理人员（含各科护士、助产士）。
（2）导诊。
（3）医院管理工作人员。
（4）高等教育教师、中等职业教育教师。
（5）养老护理员。
（6）保健服务人员（保健调理师、保健按摩师、芳香保健师）。
（7）考取公务员。

**4. 中药学、药学专业可选择的职业方向**

（1）药学技术人员（药师、中药师）、制药工程技术人员。
（2）药学实验技术人员。
（3）药剂人员（西药剂师、中药剂师）。
（4）药品研发。
（5）药品营销。
（6）药品生产人员（药物制剂人员、中药制药人员、生物技术制药人员）。
（7）中药生产人员（中药药材种植员、中药材生产管理员）。

（8）高等教育教师、中等职业教育教师。

（9）购销人员（医药商品购销员、中药购销员、中药调剂员、医药代表）。

（10）行政业务人员及人力资源管理。

（11）考取公务员。

**5. 医学技术专业可选择的职业方向**

（1）医疗卫生技术人员（影像技师、临床检验技师、康复技师、中医技师）。

（2）体验中心管理。

（3）医疗器械销售。

（4）医疗器械研发。

（5）医疗器械公司管理。

（6）康复保健咨询。

（7）保健服务人员（保健调理师、保健按摩师、芳香保健师）。

（8）考取公务员。

（9）医学实验技术人员。

**6. 工商管理与公共管理专业可选择的职业方向**

（1）行政业务人员。

（2）文员。

（3）购销人员（医药商品购销员、中药购销员、医药代表）。

（4）劳动关系协调员。

（5）考取公务员。

（6）管理学科研人员。

（7）高等教育教师、中等职业教育教师。

**【训练活动】**

## 从所学专业出发的职业可能

对同学们而言，无论所学的是什么专业，最终都要面临就业的问题，尤其对医药类学生而言，职业选择更是要从专业出发。下面我们就以自己所学专业为依据，探索未来可能从事的职业吧。

你对自己所学专业了解多少，现在试着填到表1－5、表1－6中吧。

**表1－5　我的专业**

| 专业名称 | |
|---|---|
| 培养目标 | |
| 专业价值 | |
| 核心课程 | |
| 知识和技能 | |

表1-6　与专业有关的职业

| 对口行业 | |
| --- | --- |
| 可能适合职业 | |
| 职业的核心内容 | |
| 职业素质与能力要求 | |
| 入门岗位 | |
| 职业发展路线 | |

## 第三节　大学生活对职业发展的影响

大学阶段是每一名大学生进入职场前最后一个全日制学习的阶段，也是每一名大学生职业理想之梦开始的地方。因此，每名大学生为了不使自己的职业之梦落空，就要用一种以终为始的心态去规划与度过大学生活，要在大学阶段学会认知，学会做事，学会共同生活，学会生存。大学生活中的专业知识学习、社会活动和课外兼职都是大学生自我探索、自我规划、自我成长的有效途径。

### 一、专业学习对职业发展的影响

专业是根据学科分类和社会职业分工需要而分类别进行专门知识教学活动的基本单位。专业是学科与职业的桥梁，也是今后职业发展的基础。专业是根据社会分工来设计课程，组织教学，进行专门训练，从而培养专门人才的。

职业的专业性和技术性特征要求从业人员具备一定的专业技术知识和技能。大学的每个专业都有其独特的培养方向和目标，进入到每个专业进行的学业学习是大学生在相应的学制年限内对相应职业所需要的技能进行系统学习的过程。每个专业的课程设置和培养过程都是相对独特的，不同的专业培养的毕业生都具有其特有的就业方向。大学生通过进入到相应的专业学习，聚焦相应专业知识和技能的提升，以适合职业发展的要求。

我国的专业是以学科划分的，提供的是宽口径就业。大学期间专业学习的过程是大学生为将来的职业发展积累专业知识和训练专业技能的过程，也是完成由“学生”向“职场人士”身份转变的过程。因此，每位大学生都要尽早清楚地了解与自己所学专业相关的职业群，以及专业知识和技能要求，结合自己的职业兴趣和技能优势，确立自己的职业目标，充分利用学校资源和社会资源，将主要精力聚集于目标职业所要求的专业技能提升，为今后的就业打下坚实基础。

### 二、社会活动对职业发展的影响

随着智能时代的到来，社会和用人单位对求职人员的综合素质要求越来越高，高校为学生提供的社会活动越来越丰富。第二课堂活动、社团活动、社会实践、创新创业活动，以及课外兼职等社会活动对培养学生的创新创业能力、团队合作精神、组织领导能力起到了重要的作用，同时也注重引导学生了解自身的职业兴趣，不断提升职业发展能力。

### （一）社会活动是大学生进行自我探索和规划的指南针

生活在象牙塔里的大学生往往对社会和职业缺乏了解，及早了解清楚自己喜欢什么工作、能够胜任什么工作、大学期间需要为今后工作做什么准备等至关重要。大学生通过参加社会活动可以感受自己的职业兴趣，了解自己的职业技能优势，从而理性地、有目标地规划自己的大学生活。在这种探索与规划中要思考和回答以下问题。

问题一：在这项活动中做得好的地方有哪些，哪些地方可以做得更好，如何进行改进。

问题二：在该项活动中表现出了哪些能力；哪些能力需要进一步锻炼，而做得更好；过去有成就感的重要活动中是否也表现出这种能力。

问题三：如果一直做这样的工作，我是否愿意并富有激情？

以上三个问题的理性回答可以帮助大学生思考和了解自己的职业定位和能力成长问题。

### （二）社会活动是大学生职业发展、能力提升和锻炼的有效途径

知识转化为能力需要实践的锻炼，大学生的职业技能需要经过实践活动才能得到锻炼、提升。大学生经过自我探索形成职业目标后，需要有意识地参加社会活动，将理论运用到实践当中，并在实践中实现专业知识向专业技能的转化，同时促进其可迁移技能的提升。例如，在制订活动方案的过程中，大学生的策划能力和文案能力会得到提升；在活动的组织实施中，大学生的组织领导、沟通协调、团队合作和控制能力会得到锻炼。

## 三、实习兼职对职业发展的影响

专业学习和社会活动可以提升职业发展的专业知识技能和可迁移技能，是大学生成功就业创业的基础。课外兼职能够了解社会和职业，深度理解职业的内涵，有助于准确做好职业定位和规划，为将来走向职业社会做好心理和技能上的准备。

### （一）课外兼职是大学生找准职业定位和进行职业探索的有效途径

大学生长期生活在象牙塔中，对职业世界的认知几乎是空白。因此，在高考填报志愿时对专业的理解也比较肤浅，对职业的认知更是出于感性。当老师问及“喜欢什么职业”时，经常有学生回答“周游世界”。当老师给出“周游世界”对应的职业是导游或探险家时，却又得到“不愿意”的回答。课外兼职能够让大学生在兼职中认清自己喜欢什么样的工作，加强对工作和生活环境、行业发展前景的考察，从而为自己职业发展进行准确定位。回答下面四个问题，有助于厘清希望得到的工作和生活，从而清晰职业发展方向。

问题一：我愿意长期从事的工作是什么？

问题二：我愿意生活的地域是哪里？

问题三：我愿意从事的行业是什么？

问题四：为了将来能够从事理想的工作，大学期间需要做哪些准备？

### （二）课外兼职是大学生提高职业生涯规划能力的基础和有效途径

大学生在职业生涯规划过程中要明确自己与职业目标之间的关系。在兼职过程中通过对一系列问题的思考找出自己与喜欢工作之间的差距，知晓自己喜欢从事的工作与所学专业之间的关系，从而对自己的大学生活进行合理的规划并制订行动计划，提高其职业生涯规划的能力。

在兼职中思考和回答以下四个问题，有助于清晰认识下一步的发展方向，提高职业生涯规划的实效性。

问题一：自己喜欢的工作与当前所学专业是什么关系。

问题二：自己喜欢的工作要求具备什么样的专业知识、可迁移技能和自我管理能力。

问题三：目前具备的条件与所喜欢的工作还有哪些差距。

问题四：下一步应该采取什么行动才能满足社会对目标职业人的要求。

课外兼职能够更直接地发现和亲身感受社会对人才的需求，发现自己与社会需求之间的差距并主动提高自己，可以直接了解并感受用人单位和职业环境，为顺利就业、走向社会提供有效途径。

**【训练活动】**

## 生涯转化之盾

活动说明：

从高中到大学，同学们迎来了人生新的起点，对过去经历的总结，有助于同学们更好地了解自己，也有助于同学们更好地规划未来。请认真完成图中内容，看一看有哪些新的发现。

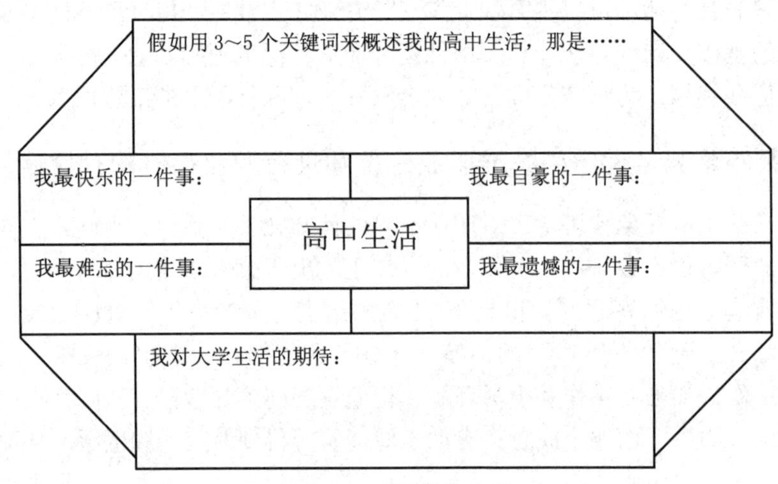


**图1-2　生涯转化之盾**

请学生分享成长经历及心得体会，教师总结点评。

# 第四节 大学生学涯规划

大学阶段是大学生实现学生身份向职业人转变的重要阶段和过程。大学生职业生涯规划是大学生根据自身职业理想和目标，结合学校、社会和个人资源，制定自己在大学各阶段的目标和行动计划，并坚持执行行动计划的过程，主要包括五个方面。

1. 清楚自己将来成为一个什么样的人，希望过上怎样的生活，希望自己开创怎样的事业。
2. 实现自己的职业理想，需要在知识、技能和态度方面做哪些准备。
3. 了解学校和社会有什么样的资源可以支持自己的学习与成长。
4. 将自己需要学习成长的要素列出清单，根据大学期间的时间特点制订行动计划。
5. 持续地执行所制订的行动计划，取得各阶段的成果。

大学阶段是为将来幸福生活和事业发展积累能量的重要阶段，直接关系到大学生活和事业起步的高度，所以科学、合理地规划大学生活，坚持不懈地执行各阶段行动计划并取得相应成果是大学期间的主要任务。

## 一、大学一年级的学涯规划

大学一年级的学涯规划主要是自我探索，找准定位，激发梦想。

**1. 自我探索**

大学一年级的学生处于新生阶段，由于刚刚结束中学生活，对大学生活而言既陌生又新鲜，充满了幻想和憧憬。这个阶段的生涯任务主要是完成中学生到大学生的角色转变，尽快适应大学生活，探索职业梦想，尽早明确职业发展目标，合理规划大学生活，为实现确定的职业目标、提高职业发展能力做好全面准备。

**2. 找准定位**

对新生活的适应是大学生入学后的最大挑战。专业化的教育和训练、更多自由支配的时间、丰富的校园文化生活、集中的大班授课方式、新型的师生关系等都在考验着大学生的自我计划和自我管理能力。

**3. 激发梦想**

每一名大学生都有自己的梦想。如果说高中阶段的梦想是上大学，那么大学阶段的梦想又是什么呢？概括地说，就是每个人心目中的“好工作”和“职业梦想”。那么，什么样的工作和职业才是心目中真正的“好工作”和“职业梦想”呢？这就需要根据职业生涯测评，结合个人职业性格、兴趣、技能和价值观等实际情况进行探索，并经过SWOT分析找到适合自己的职业目标。

确定了职业梦想和目标后，就要合理地规划自己的大学生活，并高效地执行计划，不断激发自己的职业梦想。作为大学生需要明确以下几个方面：

要实现自己的职业梦想，如何在专业知识学习、各项职业技能、人际关系等方面进行提升。

要实现职业目标，在专业水平上需达到什么要求，在学历上需达到什么水平。

要实现职业目标，在职业技能上需拥有怎样的能力，如何才能达到。

要实现职业目标，在人际关系上有什么要求，如何才能做到。

要实现职业目标，现在需要做什么准备。

如何度过大学生活，才能实现自己的职业梦想。

在大学阶段，大学生要实现由中学生到大学生的角色转变，尽快适应大学的学习方式和生活方式，合理规划自己的行动，

【案例链接】

### 失败的大学生活

王某，2015级中药学专业学生。王某家庭经济富裕，独生子，父母对他宠爱有加，有求必应。自2015年9月入学后，王某一直对自己的大学生活毫无想法和规划，比较迷茫和懈怠，经常旷课，尤其是上午的一二节课，晚自习也经常在床上度过，甚至常常在床上吃饭。2015~2016学年的第一学期期末考试结束了，王某5门课程不及格。经辅导员耐心劝导，王某认为成绩不理想是因为大学生活不适应造成的，并承诺假期好好复习，争取补考通过。但是在第2学期开学初的二次考试中，他竟然5门课程全部旷考。为此，辅导员和同学采取了很多办法，如叫起床服务、一起锻炼、一起学习、课外辅导、制定短期目标等。但由于父母的溺爱，一直以来，无论生活还是学习他从未有过什么追求，不知道自己需要什么，对未来甚至学习、生活毫无规划，没有目标，干什么都觉得没劲儿，始终不能很好地适应大学生活。令人遗憾的是，因为“挂科”超过30学分，最终王某在大二第一学期退学。

## 二、大学二、三年级的学涯规划

大学二、三年级的学涯规划是目标导向，自我管理，重在行动。

**1. 目标导向**

二、三年级的学生已逐渐熟悉并适应了大学的学习和生活规律，对自己所学的专业也有了一定的了解和认同，对未来职业有了一定的思考，并能通过第二课堂活动和社会实践提升自己的综合素质。随着年级的晋升，需进一步开始深入思考自己的职业和人生。这个阶段的大学生最为重要的是锻炼和提升自我管理能力，高效地执行自己的学涯计划，不断提升自己的就业创业能力。

**2. 自我管理**

二、三年级是大学生各种能力快速成长和提升、为自己职业目标发展做准备的重要阶段。这个阶段需要一个最为重要的能力就是自我管理能力。它直接关系到职业发展能力的提高，更影响到就业竞争力的水平。因此，中年级大学生要以未来职业目标要求为导向，发现自己与职业社会对人才要求之间的差距，制定成长计划，从自我管理、时间管理、情绪管理等方面采取切实行动缩小这种差距，加强专业学习，积极参加课外活

动、社会实践和课外兼职，全方位提升自己的就业能力，为实现自己的职业目标做好充分准备。

**3. 重在行动**

一个人拥有怎样的人生，很大程度上取决于他拥有怎样的习惯，好习惯越多，人生就会越美好。在这个阶段，对于大学生来说，重要的是养成制定计划并坚持执行计划的习惯。这种优良习惯的养成对于大学生成长成才十分重要。这既是一种习惯，更是一种能力。

**【知识链接】**

## 优秀是一种习惯

这是21天养成优秀习惯的计划，要求计划的执行者自愿加入这个计划，并愿意通过这个计划养成一个优秀习惯。

计划的内容：每天晚上临睡前10分钟做两件事：一是检查今天计划的执行情况，做到了什么，没有做到什么，什么原因导致计划的内容没有执行，计划在执行过程中有哪些调整，为什么会做这样的调整，这一天的感受是怎样的，二是制定第二天的行动计划。

**【案例链接】**

## 规划理想

王月是某中医药大学针灸推拿学专业的学生，自进入大学那天起就下定决心，大学毕业后考取研究生，以后做一名优秀的中医大夫，解决包括母亲在内的病人的痛苦。

王月于1993年12月出生于河北省保定市的一个普通农民家庭。她成长于单亲家庭，父母2009年夏天离婚。离婚后她和母亲一无所有，只有几间空房子，上大学的部分学费也是母亲借的。当她看到同龄人早早地赚钱补贴家用就觉得对不起母亲，总觉得是因为她上学才让家里雪上加霜，甚至想过退学，但上大学、找个体面的工作是母亲一生的梦想。

王月入学后带着母亲的嘱托，暗下决心一定要好好学习。因为经济方面的困扰和学习上的不适应，一年多的时间里她总是思绪不定，少言寡语，很少与同学交往，不愿参加集体活动，学习缺乏兴趣，很多课程勉强及格。很快辅导员董老师关注到她，了解了她的生活经历和家庭状况后，与她谈心，帮助她打开心结，在她生病住院期间给予悉心照料，并帮她办理了国家助学贷款，为她提供助学岗位。在辅导员的帮助下，王月振作起来，觉得应该改变以往的生活方式，实现自己的人生追求和职业梦想。

为了实现自己的职业理想，王月全身心地投入到专业学习中，上课认真听讲，专心做笔记，下课后泡在图书馆汲取营养。同时为自己制订学习计划，且细化到每天的每个时间段，并下决心完成计划。功夫不负有心人，王月的学习成绩提高很快，因为表现突出，先后获得全省和学校的各种奖励和荣誉。

在毕业离校的纪念留言中王月深情地写道：“我觉得我很幸运，在国家的帮助下，我即将完成我的大学学业！在大学的五年时光里，我曾先后获得过国家励志奖学金、国家助学金和返家路费，在他人眼里可能这些钱算不上多，可对于我来说是雪中送炭。正是因为这些帮助，我才能更好地在学校里生活和学习。这也让我成长了很多，不必为了生计劳碌，可以潜心研究专业知识。感恩学校这五年把我从中医白痴变成中医粉丝，教会我何为阴阳、何为五行、何为五脏六腑、何为经络腧穴、何为理法方药等专业知识。这五年还让我知道做人要勤俭克己，团结友爱；做事要兢兢业业，一丝不苟，尤其是在给患者看病的时候，要做到大医精诚。"

五年的大学生涯就要结束了，王月以第一志愿考上了长春中医药大学的硕士研究生。她喜欢中医，也喜欢传统文化。她计划在读硕士期间潜心研究古典医籍和术法，提升自己的专业知识储备。与此同时，去医院跟诊，学习临床技能，为自己将来成为一名合格乃至优秀的临床医生做好准备。

## 三、大学四、五年级的学涯规划

### 1. 整合资源

经过前三年的成长进步，每名大学生的专业知识、人际沟通能力、创新创业能力和团队合作能力都得到了长足发展，对自己的职业发展方向也有了相对清晰的定位，通过课外兼职和实习实践对职业世界也有了一定的了解。到了四、五年级，大学生的一项重要任务就是对自己的职业发展能力进行深入分析，整合各方面资源，搜集与自己职业目标相关的招聘信息，寻找就业机会；深入了解目标岗位和目标单位，特别是对目标单位与理想的职业环境进行匹配度分析，认真撰写求职简历，选择适合自己要求的单位进行应聘；加强面试技能训练，为求职面试做好充分准备；积极参加学校和人力资源部门举办的招聘会，调整求职心态和期望。

### 2. 寻找机会

计划创业的学生在本阶段要积极发现创业机会，了解本地的创业政策，整合各种创业资源，寻求各方面的帮助，力争创业。

### 3. 求职就业

大学阶段是职业发展准备的重要阶段，对职业的探索、适应、规划、行动贯穿大学生活的全过程。整个过程中，大学生们经历了人生的许多挑战：第一次离家独立生活，第一次独立安排自己的学业和时间，第一次独自管理财务，第一次参加社会实践和实习，第一次面临求职就业……这些挑战着大学生们独立生活的能力、自我管理的能力、团队合作的能力及求职就业的能力。每一次挑战都是一次成长的机会。只有勇于面对挑战，抓住每一次成长机会，合理规划大学生活，才能顺利实现就业和成功创业。

【案例链接】

### 面试成功背后的秘密

某中医药大学药学专业毕业生小齐在一家外企工作，这也是她应聘的第一份工作。与求职中屡屡受挫的同学相比，她几乎是一次成功。当别人向她讨教经验时，她说，

“细节决定成败”的道理在找工作时也适用。

小齐应聘的是一家保健品企业。公司招客服助理一人。顺利进入面试后，小齐事先为自己搭配了比较大方得体的衣服，“穿衣问题虽是小节，却体现了对他人的尊重”。面试时，她还特地提前半小时到达，“守约不是大事，却能给人严谨的好印象”。

面试由总经理亲自主持，是一对一的交谈。小齐刚开始也很紧张，因为与她一起前来应聘的同学比，她的优势并不突出。当主考官要求她“介绍一下你自己有什么特点”时，小齐冷静了下来。她用实例回答考官：在学校担任就业工作助理期间，负责协助老师组织招聘会。这对没有任何“关系”的她是一种挑战。她经常从网上挑选、联系、邀请用人单位，在这个过程中虽受到过挫折，但在很大程度上锻炼了她较强的抗挫折能力。

面试后她把椅子轻轻搬回原位，这一举动让主持面试的总经理脸上发生了微妙的变化，并热情地说“再见”。因为这个细节，她成为唯一被录用的应届毕业生。招聘经理后来告诉她，面试时，考官都会观察应聘者是否迟到。那天她不但没有迟到，还是唯一一个把椅子搬回原位的应聘者。这个小小的举动为她最后胜出奠定了基础。

**【训练活动】**

## 理想之旅

经过高考，同学们来到大学。高中学习的目标似乎就是“考上大学”，这个目标曾经激励着同学们为之刻苦努力。而今，这个目标已经成为过去，面对未来，同学们需要有新的目标来指引自己的行动。现在，请认真思考：你为什么要上大学，上大学要实现的目标有：

1. ______________________________

2. ______________________________

3. ______________________________

以下问题，可以帮助同学们重新探索自己的人生理想与目标：

很小很小的时候，我的理想是：______________________________

天真烂漫的小学，我的理想是：______________________________

初中的花季雨季，我的理想是：______________________________

高中的激情岁月，我的理想是：______________________________

现在来到大学，我的理想是：______________________________

以上这些理想的共同之处是：______________________________

仔细分析上大学的初心目标和理想的自我探索是否有交集，牢牢地把交集点记在心里，这是为之努力的初心所在。

通过以上思考与分析，我发现______________________________

基于现实，我想实现自己理想的具体计划有：______________________

______________________________________________________

在理想实现的过程中，我渴望获得的支持是：______________________

______________________________________________________

# 第五节　职业发展方向的选择与确定

大学阶段是大学生走向职场的最后一个学习阶段，提前确定职业方向，并在此期间做好职业生涯的准备工作十分关键。美国伊利诺伊大学教授斯温（Swain，1984）针对生涯规划提出了著名的金三角图形（图1－3），认为人在做生涯规划时，要考虑个人自我的探索、对职业与教育资料的探索、对环境资料的评估与掌握三个方面的要素。下面从这三个因素入手，分析大学生职业发展方向与目标的选择和确定。

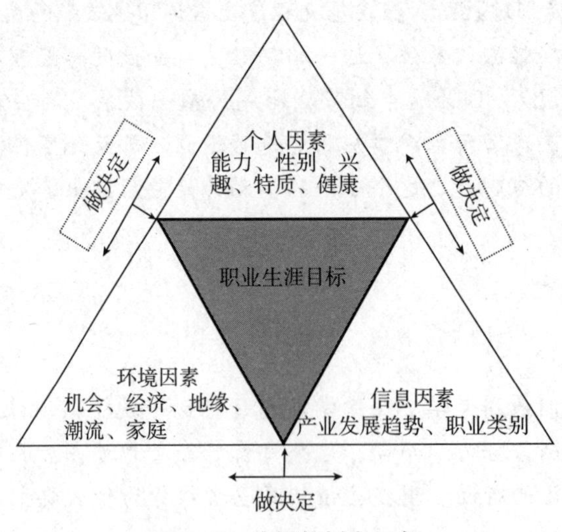


**图1－3　生涯规划金三角**

## 一、认识自我

自我分析是职业生涯规划的基础。只有在充分认识和了解自己的基础上，才能对自己的职业作出正确的选择，才能对自己的职业目标作出最佳抉择。一个人选择什么样的职业，与其兴趣、爱好、性格、职业技能、价值观等有密切关系。大学生在求职择业的过程中，要对自己各方面的情况进行客观且全面的自我分析。

### （一）自我分析的内容

**1. 生理自我**

生理自我表现为身体特征，如自己的相貌、身材、视力、性别、穿着打扮等方面的特点和习惯。

**2. 心理自我**

心理自我包括自己的性格、兴趣、技能、气质、意志等方面的特点及优势。

**3. 理性自我**

理性自我包括自己的思维方式、思维方法、道德水准、情商方面的特点。

**4. 社会自我**

社会自我是指自己在社会中扮演的角色，包括在社会中的责任、权利、义务、名誉，以及他人对自己的态度、看法等。

上述四个方面涉及的因素很多，重点应分析的是自己的性格、兴趣、职业技能及情商。

## （二）自我分析的方法

**1. 自我测评法**

自我测评法是通过自己回答相关问题来认识自己、了解自己的一种方法。一般来讲，测试题目是心理学家经过精心研究设定的，个人在回答问题时一定要反映自己的真实想法。需要强调和说明的是，在回答自测问题时，一定要根据自己的想法、认识、习惯和判断是非的标准去答，这样自测才有参考价值，否则会产生误导。自我测试的内容通常有记忆力测试、性格测试、智力测试、情商测试、职业兴趣测试、创造力测试、人际关系测试等。

**2. 职业测评法**

与自我测评法相比，职业测评法的科学性、准确性较高，是全面认识和了解自己的一种有效方法。常见的测试内容有职业兴趣测试、人格测试、智力测试、能力测试、潜能测试、管理能力测试等。不同的测试题量不同，多的可达上百道。

毕业去向的选择受性格、兴趣、能力和价值观的影响。在职业发展方向选择上，正确认识自己是做出科学职业生涯决策的关键。因此，大学期间可定期到学校网站或相关网站进行职业生涯测评，结合自己的实际情况对个人的职业性格、兴趣、技能和价值观进行探索，明确自己的职业方向。大学生常用的免费生涯规划测评网站主要有北森生涯（北京）教育科技有限公司开发的吉讯生涯规划测评系统（https：//www. careersky. cn/guanli/info/IeOnly. html）和教育部全国高等学校学生信息咨询和就业指导中心的学职平台（https：//xz. chsi. com. cn/home. action）。不同的阶段职业兴趣和职业价值观会发生变化，因此，就业求职前期大学生一定要进行生涯规划测评。

兴趣是影响择业的主观因素，也是判断职业是否适合自己的关键因素。因此，大学生择业时一定要充分考虑自己的职业兴趣。个人兴趣会在很大程度上影响其职业选择，一个动手和实践操作能力强的人，很可能倾向于就业或自主创业；一个学习和研究能力很强的人，有可能选择继续深造（考研）。职业技能事关某一职业能否做好，大学生择业时要认真总结分析自己的生涯成就，找出自己具有优势的职业技能，选择自己擅长的工作岗位。

**3. 橱窗分析法**

这是一种借助直角坐标不同象限来表示人的不同部分的分析方法。该方法以他人知道或不知道为横坐标，以自己知道或不知道为纵坐标。橱窗分析法也是进行自我认知的一种常用方法（图1－4）。

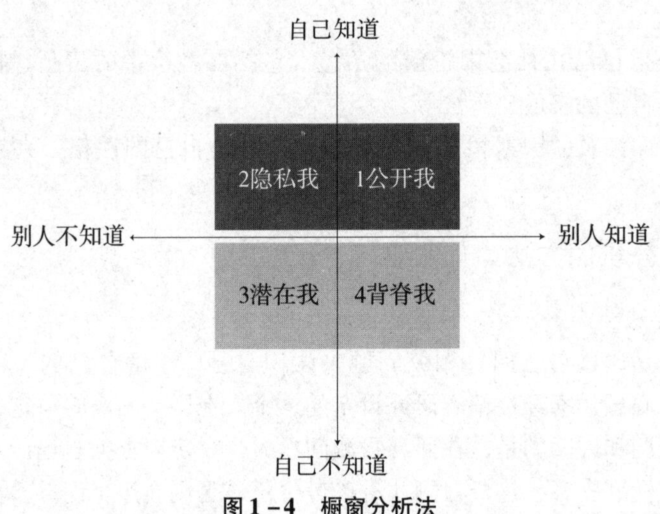


**图1-4　橱窗分析法**

运用橱窗分析法进行自我分析，主要是了解“潜在我”和“背脊我”。

橱窗1：“公开我”。

即自己知道、别人也知道的部分，是个人展现在外、无所隐藏的部分。

橱窗2：“隐藏我”。

即自己知道、别人不知道的部分，是属于个人内在的私有秘密，不外显。

橱窗3：“潜在我”。

即自己不知道、别人也不知道的部分。

橱窗4：“背脊我”。

即自己不知道、别人知道的部分，自己看不到、别人却看得很清楚。

运用橱窗分析法进行自我分析，主要是要了解“潜在我”和“背脊我”。

对于“潜在我”，现代科学研究表明，人类平常只发挥了极小部分的大脑功能，95%以上的功能没有发挥出来，所以开发的空间非常广阔。因此，了解和认识“潜在我”是自我认识的一个非常重要的内容。了解“潜在我”的主要方法有积极暗示法、观想技术法、光明思维法等，具体可参阅有关潜能开发方面的书籍和材料。

对于“背脊我”则要求个人具备诚恳的态度和博大的胸怀，真心实意地去征询他人的意见和看法，有则改之，无则加勉。否则，就不会有好的结果，别人也不会说实话。

## 二、了解职业环境

职业环境分析就是分析和认清职业在社会大环境中的发展状况、社会地位和未来发展趋势等，包括社会环境分析、行业环境分析、组织/企业环境分析和职位环境分析。

### （一）社会环境分析

社会环境分析是对我们所处的社会政治、经济、文化环境等宏观因素进行分析，包括国际、国内和所在地区三个层次的分析。在大的社会背景下，需要特别注意的是社会发展对相关人才的需求。

### （二）行业环境分析

行业环境分析包括对目前所从事和将来拟从事的目标行业的环境进行分析，主要内容包括行业的发展状况、国际国内重大事件对行业的影响、目前行业的优势与问题、行业发展趋势等。

行业是企业的集合，从事同类产品的生产销售企业或提供类似服务的企业达到一定数量才形成行业。在分析行业环境时，必须结合社会大环境的发展趋势来进行。要明确行业的发展现状、发展趋势及所处的不同发展阶段（发展初期、成长期、成熟期还是衰退期）。

### （三）组织/企业环境分析

组织/企业环境分析是指通过评估、判断影响企业经营的各种内外因素和作用来帮助实现个人的职业选择，主要包括用人的声誉和形象是否良好，在行业中的地位、现状和发展前景如何，组织/企业实力如何，所面对的市场状况怎样，产品和服务在市场上的发展前景如何，能提供哪些工作岗位。根据上述内容判断自己的目标能否在该企业得到实现。

### （四）职位环境分析

进行职业选择时，首先要考虑公司提供的岗位与个人的职业目标是否相符，应尽量以有利于个人职业发展为宗旨选择最初的职业。可以从以下条件对所选择的职业进行评估。

**1. 是否具有良好的职业发展前景**

要了解该企业是否有明确的发展目标和远景规划、是否具有良好的发展势头。

**2. 是否具有竞争性的薪酬体系**

目标企业是否具有一套对内具有公平性、对外具有竞争性的薪资体系，以及完善的薪酬福利制度。

**3. 工作是否具有吸引力**

工作吸引力和工作乐趣等因素对于吸引和留住优秀人才具有至关重要的影响。绝大部分就业者喜欢富于挑战性的工作，因此，很多企业经常通过岗位转换、弹性工作制等方式调动员工的工作热情，增强新鲜感和挑战性。

**4. 是否具有完善的培训制度和激励机制**

员工培训可以满足员工自我提升的愿望，保持员工的知识技能处于行业领先地位。激励机制有助于调动员工的工作热情和积极性。

## 三、职业生涯决策

职业生涯决策由知识、决策和执行三大领域结合而成。

## （一）职业生涯决策的步骤

1. 自我评估，找到自己的职业特点。

2. 社会和组织环境的分析，明确自己的位置。

3. 选定职业，确定职业目标，并把职业目标详细列出来。

4. 选定职业发展路线，决定向哪个方向发展。

5. 制定相应的行动计划和落实措施。制定短期、中期和长期计划，把目标转化为具体实施方案。

6. 评估、反馈和调整。

## （二）生涯决策的 SWOT 分析

SWOT 分析是一种战略分析法，利用该方法能够找出对自己有利的、值得发扬的因素，以及对自己不利的、要回避的因素，发现存在的问题，找出解决办法，从而明确今后的发展方向。

**1. SWOT 的含义**

（1）优势（strength）：即在外部条件给定的前提下，个人能否成功，关键在于能否准确识别并最大限度地发挥自己的优势。

（2）劣势（weakness）：即力量或态势上不利或欠缺的地方，以及性格上的弱点。

（3）机会（opportunities）：指个体不可控但可利用的外部积极因素。

（4）威胁（threat）：指个体不可控但可以使其弱化的外部消极因素，既包括来自社会上的也包括来自自身的。

**2. SWOT 分析法在职业决策中的运用步骤**

（1）客观评估自我，进行优势和劣势分析：作为大学生要准确把握自己的长处、短处，结合自我的优势与劣势分析，了解自己想做什么，能做什么，擅长什么，弱点有哪些。

（2）进行行业分析和职业研究，寻找职业机会和威胁：重点考虑以下几个方面：行业的发展前景、行业政策法规的完整度、行业的人才状况、职业对人才的要求、个人与职业的匹配度、个人在该职业的发展潜力等。

（3）构建个人 SWOT 矩阵：一个完整的 SWOT 矩阵包括表 1－7 中的几个部分。

**表 1－7　完整的 SWOT 矩阵**

| 外部因素<br>内部因素 | S（优势） | W（劣势） |
|---|---|---|
| O（机会） | S. O（策略） | W. O（策略） |
| T（威胁） | S. T（策略） | W. T（策略） |

【训练活动】

### 分析自己的职业目标

结合自己的职业目标，用 SWOT 分析法进行分析，将分析结果与其他同学进行交流。

1. 我的职业目标是：________________

2. 通过对自身条件的分析得知，我的优势在于：________________

3. 我的劣势在于：________________

4. 通过对我的外部环境分析得知，我有下列机会可以利用：________________

5. 我可能遇到来自这些方面的威胁：________________

6. 通过以上分析，我可以采取的行动策略有：________________

**【实践拓展】**

## 每人都有小宇宙

对下面的经历进行分析，尽可能全面地列出你所掌握的知识性技能，再从中分别挑选出你自己感觉比较精通和你在工作中应用或希望应用的知识技能，最后排列出对你来说最重要的五项技能。

1. 在学校开设的课程中学到的知识性技能（如英语、电脑、操作技能等）：

________________

2. 在工作（包括兼职和暑期社会实践）中学到的（如电脑绘图技能等）：

________________

3. 从课外培训、辅导班、研讨班学到的（如绘画技能等）：

________________

4. 从参加专业会议中学到的（如大学生如何处理人际关系等）：

________________

5. 从志愿者工作中学到的（如如何照看孤寡老人等）：

________________

6. 从业余爱好、娱乐休闲、社团活动中学到的（如摄影、缝纫技术等）：

________________

7. 通过自学、看电视、听收音机、请教等方式学到的（如钢琴演奏、PPT 制作技术等）：________________

8. 请家人和同学帮助回忆你在校内外都学过什么专业知识技能（无论程度如何）：________________

对你来说最重要的五项技能是：________________

在盘点了自己现有的知识性技能以后，把你的思绪转向未来，想想哪些知识性技能目前还不具备但希望拥有，通过什么途径能够获得这些知识性技能。

9. 我尚不具备但希望拥有的知识性技能是：

________________

10. 我计划通过以下途径掌握以上知识性技能：

________________

【本章小结】

职业是劳动分工的产物，是个人在社会中所从事的作为主要生活来源的工作类别。专业是学业门类，职业是工作门类，所学专业与未来所从事的职业有较强的关联性，但没有直接对应关系。高校所设置的专业对应的并非一个固定的职业，而是一组职业，甚至是一组职业群。大学生可根据自己的性格、兴趣、职业技能和价值观，确定适合自己的职业方向，并做好大学期间的职业生涯规划。

社会活动是大学生职业发展能力成长和锻炼的有效途径。大学生要针对低年级、中年级、高年级三个不同阶段做好学涯规划。

大学生职业发展方向的选择和确定要根据自我探索、职业世界探索、职业决策、SWOT 分析等步骤进行。

【资源拓展】

## 职业生涯规划导论

用手机“扫一扫”下面的二维码，用浏览器打开相应网址，进入视频课程学习。

【课后作业】

## 寻找自己的生活成长顾问

第一个顾问是学习成长顾问。这个顾问可以是老师或高年级同学，需要时可以与他们讨论在学习上遇到的问题。

第二个顾问是心理健康顾问。这个顾问可以由学校心理咨询中心或所在院系的辅导员、班级导师等相关人员担任，在生活、学习、情感或任何一个方面遇到困惑时可以及时找他们，寻求及时的有效帮助。

第三个顾问是生涯发展顾问。这个顾问可以请学校就业指导中心的老师或请所在院系的辅导员、班级导师等相关人员担任，也可以请自己熟悉的企业人士担任，他们能够在自己迷茫而需要帮助时助自己一臂之力。

第四个顾问是个人形象顾问。这个顾问可以请学校的老师或用自己的方法找校外合适的人担任。不过在这里需要注意“形象”的含义，一方面是外在形象，如服饰、发型、言谈举止等；另一方面是自己的气质、素质、个人品牌等。

以上四个顾问可以采用自己的方式进行寻找，如电话邀请或拜访面谈。有这四个顾问的贴身服务，同学们将成长得更快。

生涯成长顾问情况记录见表 1－8。

**表 1－8 生涯成长顾问**

| 项目 | 顾问姓名 | 联系方式 | 沟通建议频率 | 咨询提示 | 备注 |
| --- | --- | --- | --- | --- | --- |
| 学习成长顾问 | | | 每学期 1 次 | 学业有困难时 | |
| 心理健康顾问 | | | 每年 1 次 | 心中压抑时 | |
| 生涯发展顾问 | | | 每年 1 次 | 职业选择、实习面试时 | |
| 个人形象顾问 | | | 根据个人需要 | 参加重要活动时 | |

# 第二章 大学生的求职择业定位

【学习目标】

1. 掌握中医药类专业毕业生的职业发展路径、岗位胜任力。
2. 熟悉择业的原则及如何确定择业的目标，做出正确的职业定位。
3. 了解中医药专业毕业的就业去向，升学、就业、应征入伍和服务基层等。

【导入活动】

## 好工作的标准

好工作的标准是什么，每个大学生心中都会有不同的答案，有的认为“收入高就是好工作”；有的认为“工作轻松”是好工作；也有的认为“工作单位离家近，上下班不堵车”是好工作；更有人编了一句顺口溜“钱多事少离家近，位高权重责任轻”，认为这样的工作是好工作。那么在你心中好工作的标准是什么呢？

组织方法：学生以4～6人组成学习小组进行讨论，并提出五个关键词，以小组为单位分别用便利贴写上你认为好工作的标准是什么，每组选1名代表将其写在黑板上，最后大家将各组的观点求同存异，查缺补漏，总结出好工作的标准。

【案例故事】

## 早定目标，充分准备

贺同学，一个阳光帅气的男孩，于2013年考入某中医药大学药学专业学习，2017年7月本科毕业。该生家住吉林省四平市。他在大三时就确定了到外企医药公司工作的职业目标，工作地点在吉林省内。为了实现自己的职业目标，贺同学付诸行动。

一是认真学习，做好职业准备。大学期间，他作为班级的班长、院学生会主席，培养和锻炼了良好的领导能力、组织协调能力、沟通能力和人际关系，同时认真学习药学专业和市场营销方面的相关理论知识，乐于向师长请教，利用课余时间广泛涉猎国内外各大药企的企业文化、产品知识、面试礼仪等。

二是积极实践，锻炼成长。大四实习期间，锁定目标，面试多家外企医药公司，凭着良好的表达能力和出色的领导能力获得了多家外企的青睐。

经过多方面衡量，他最后选择到一家大型跨国公司实习。实习期间，他任劳任怨，积极学习公司的产品知识和拜访技巧，获得了主管经理的好评。经过半年实习期，他通过公司的内部考试，转为正式员工。

# 第一节　中医药毕业生就业去向

面对即将结束的大学生活，未来是选择就业、读研还是自主创业，许多应届毕业生走在了人生抉择的路口，不知该何去何从。只有尽快确定工作定位，才能未雨绸缪，有针对性地做好知识和能力储备，让自己在激烈的竞争中脱颖而出。当前，中医药类专业毕业生就业去向主要有以下几个方面。

## 一、升学

近年大学本科生考研呈现出逐渐上升的趋势。从全国中医药院校的报考情况来看，虽然有院校和专业的不同，但每一年应届毕业生的研究生报考率都在60%～80%。考研已经成为本科毕业生的重要选择。其主要有以下几种形式。

### （一）国内读研

考取硕士研究生主要有本专业考研和跨专业考研两种。本专业考研是大多数考生的选择。跨专业考研学习难度大，复习压力大，需要考虑的问题多。在本科所学专业里真正感兴趣的东西沉淀了多少基础、要选择的专业每年竞争的难度到底有多大，这是考研的同学必须要考虑的。而且从冷门跨到热门，或者跨到完全不相干的专业，如从中药跨到人力资源管理或从医学跨到金融，难度就比较大。这两个方面，必须结合起来考虑。

对于大多数计划考研的人来说，考研还只是一个模糊的概念，只是大致了解各阶段的内容，但没有明确的方向和具体的方法。时间转瞬即逝，考研的学生，应该做好策划与各项准备。

**1. 确定报考专业**

从某种程度上讲，确定专业比选定院校更重要，因为这将决定复习规划和进度，同时决定将来的就业或学术范围。首先，根据所学专业进行规划。其次，根据兴趣和志向做好自我定位和自我评估，做好长远持续发展准备。最后，规划时要具体到点，如以后择业的行业、单位性质、角色等。

如果是跨专业考研，更需慎重决定，早做准备。因为跨专业需要更多的时间和精力进行专业课复习。另外，跨专业考研，初试、复试中专业知识背景不占优势，更需要提早准备。

**2. 选择报考院校**

（1）未来工作的城市：打算将来在哪里就业就选择哪里的高校，这样既熟悉当地环境，又有人脉资源。

（2）个人的理想与抱负：考研不容易，读研的机会成本很高，要选一个能够实现个人抱负的大学，这样备考也有动力，读研也有激情。

（3）个人的能力：考研目标院校的选择一定要量力而行，要确保能考上，理想的目标院校应在个人能力与个人抱负的交叉点上。

(4) 所选择的专业：要考虑所选择的院校是否有目标专业，以及目标专业的强弱等。

### (二) 出国读研

随着社会经济的发展，以及国际交流的深入，越来越多的学生选择出国留学深造。出国留学之前，一定要做好充分的准备，以保证万无一失，包括语言准备、经济准备和其他准备（如意向国家的政治、经济、文化背景和学校的情况、住宿、交通、医疗保险情况等）。

**【案例故事】**

#### 成功的职业生涯规划

刘同学，女，某中医药大学针灸推拿学专业2016届毕业生。在校期间，刘同学积极参加学校举办的各项活动，并主动承担学生干部工作，曾任班级文艺委员、校学生会干事等职。2016年毕业时，经过认真努力和勤奋上进的精神，她成功获得了英国爱丁堡大学健康系统与公共政策专业硕士研究生的录取通知书。

入学之初，在学校的职业生涯规划课上，老师介绍了刘同学所学专业的毕业去向，这时刘同学便认真地作出了人生的第一份职业生涯规划设计书，她把出国留学作为自己大学毕业后的一个最主要的目标。

有了目标就要付诸行动，在接下来的大学生活，她并没有把大学当成一个象牙塔，而当成了通向成功的伟大航路，对于大学生活，她精心规划，认真准备，主动实践。她是这样做的：

1. 查阅政策要求，及时了解有关出国方面的政策，查找申请到英国留学的相关要求和手续。

2. 为出国做足量身订制的准备工作

(1) 专业课学习：认真学习大学期间的各门课程，完成留学需要的学分。

(2) 英语学习：从基础学习到口语加强实践训练，成功通过英语四六级和雅思英语考试。

(3) 学生干部的历练：积极参加、组织各项活动，努力提高自身的综合素质。

3. 留学专业选择：刘同学经过5年的努力，考入了英国爱丁堡大学攻读硕士学位，选择了与本科专业相近的健康系统与公共政策专业。

刘同学成功出国留学并不是偶然的，而是她认真准备、对自己未来职业生涯做好规划的必然结果。她所在的学院在就业指导系列活动中举办了一场针对出国方面的讲座，邀请刘同学介绍经验，收到了良好的效果。刘同学在留学期间，也关注着学校就业工作和学弟学妹们的就业方向，并及时向学校反馈关于留学的相关信息，为有意向出国留学的毕业生提供帮助。

## 二、就业

### （一）考取公务员

公务员是指依法履行公职、纳入国家行政编制、由国家财政负担工资福利的工作人员。公务员职位根据职位的性质、特点和管理需要分为综合管理类、专业技术类和行政执法类等类别。国务院根据《中华人民共和国公务员法》，对于具有职位特殊性、需单独管理的可增设其他职位类别。我国从20世纪90年代开始引入公务员考试，进入21世纪后，公务员考试趋于成熟和稳定。每年10月份（国庆节后）发布招考公告，一般来说，公共科目笔试时间在11月底（11月的最后一个周日），如果遇到较为重要的会议或者活动，会推至12月初。需要特别注意报考国家公务员的相关技巧，如撰写简历的要点、了解面试的特点、面试的主要内容等。中医药类专业毕业生考取公务员主要以卫生行政管理部门为主，兼顾其他允许本专业报考的岗位。

### （二）事业单位就业

事业单位是指由政府利用国有资产设立的从事教育、科技、文化、卫生等活动的社会服务组织。事业单位接受政府领导，是表现形式为组织或机构的法人实体。事业单位一般是国家设置的带有一定公益性质的机构，但不属于政府机构，与公务员不同。一般情况下，国家会对事业单位予以财政支持，分为全额拨款事业单位和差额拨款事业单位，还有一种是自主事业单位，为国家不拨款的事业单位。事业单位的明显特征是以中心、会、所、站等字词结尾，例如会计核算中心、卫生监督所、银保监会、质监站等，二级局也为事业单位。事业单位分为参公事业单位和普通事业单位。普通事业单位分为全额拨款事业单位、差额拨款事业单位和自收自支事业单位。参公事业单位改革之后的事业单位在省公务员招考中招考，普通事业单位在事业单位招考中招考。中医药类专业毕业生可考取的事业单位以医疗机构及其相关机构为主。

### （三）企业就业

企业就业是中医药类专业毕业生就业的主渠道，包括国企就业、中外合资及外资企业就业、民营企业就业等。

企业的招聘要求因企业性质的不同而有所不同。国有企业大多关注应试者是否具有胜任目标岗位的能力，当然，品德品质也是招聘单位非常关注的。不同的单位关注点不同。虽然不同的单位有各自不同的人才招聘标准，但有几点是共同的：具有高度进取心的人、具有良好人际适应能力的人、具有高度灵活应变能力的人、能适应本单位工作的人。

在中外合资及外资企业就业是指中国合营者与外国合营者依照中国法律的规定，在中国境内共同投资、共同经营、并按投资比例分享利润、分担风险及亏损的企业。外资企业是“内资企业”的对称。中外合资企业和外资企业大多比较看重求职者这几个方面：外语能力方面，要求至少能够使用外语进行日常工作交流；行业经验方面，要求对所在的行业积累足够的业务经验和人脉；项目经验方面，要求具有同一个行业或大型企业的项目经验，团队工作能力方面要求具有独立承担或者管理协调一个项目的能力。

民营企业的特点是自我积累和筹划资金、自主经营、自负盈亏、自担风险，独立享有民事权利和承担民事责任。民营企业的用工体制采用的是劳动合同制度，员工与企业是一种雇佣劳动关系。民营企业灵活的用人机制和激励手段甚至为人创造了比其他企业更好的个人发展空间，未来的民营企业人才市场发展趋势将是大学生的最大主顾之一。民营企业的人才要求是对企业忠诚，有踏实的工作态度和吃苦耐劳的精神，有强烈的创新创业意识，有较强的综合素质和强烈的社会责任心，具有风险意识。

【案例故事】

### 重新做好职业生涯规划

于同学，女，某中医药大学中医学 2017 届毕业生。该生在大学期间学习成绩并不突出，对所学的中医学专业不是很感兴趣。在她大三的时候，父亲不幸病逝，母亲多年前也不在了，至此她成了一名没有父母依靠的孤儿，其亲属为她支付抚养费，帮助她完成学业。这时她开始考虑自己大学毕业后该何去何从。辅导员老师帮她申请了助学补助，使她逐渐确立了职业生涯规划的步骤和目标。由于她不喜欢中医学专业，老师便鼓励她在医学相关行业择业，如销售、保险等。鼓励她积极参加学校组织的各项活动，锻炼其组织能力和表达能力。她按照老师的建议将其落实到实践当中。

2016 年 4 月在学校的招聘会上，她作为一个大四的学生积极参与其中，与天津某商贸公司的招聘人员沟通得非常好，双方达成协议，实习期间可到该公司进行实习。

2016 年 9 月，该生通过学校各部门沟通协调，来到天津荣祥商贸有限公司实习，实习岗位是会议营销讲解员。由于她积极肯干，工作踏实，吃苦耐劳，2017 年 1 月，公司与她签订了正式就业协议，并开始发工资，月薪 3000 多元。

2017 年 7 月，该生毕业后公司将她转为正式员工，月薪 4000 元以上。她开心地对老师说，她有更大的发展目标，在做好本职工作的同时，努力学习运营知识，两年内成为分店主管，五年内成为地区负责人，实现自己的人生价值。

医学生报考志愿时大多遵循父母意愿，有相当的学生对医学专业并不了解，入学后发现，自己对所学专业并不感兴趣。这时辅导员的引导有助于医学生重新做好职业生涯规划。这个案例就是明证。

## （四）国家基层就业项目

国家始终重视大学生基层就业项目，采取多项措施促进大学生基层就业，国家基层就业项目主要有以下几种形式。

**1. 西部计划**

“大学生志愿服务西部计划”，简称“西部计划”。2003 年，团中央、教育部、财政部、人力资源社会保障部根据国务院常务会议和全国高校毕业生就业工作会议精神，联合实施大学生志愿服务西部计划，招募一定数量的普通高等学校应届毕业生或在读研究生，到西部基层开展为期1～3年的志愿服务工作，鼓励志愿者服务期满后扎根当地就业创业。西部计划按照服务内容分为基础教育、服务三农、医疗卫生、基层青年工作、基层社会管理、服务新疆、服务西藏7个专项。

2011年开始，由共青团中央、教育部共同组织实施的"中国青年志愿者研究生支教团"项目纳入西部计划的基础教育专项实施，采取自愿报名、公开招募、定期轮换的"志愿加接力"方式，每年在全国部分重点高校中招募一定数量具备保送研究生资格、有奉献精神、身心健康的应届本科毕业生或在读研究生，到国家中西部贫困地区中小学开展为期一年的支教志愿服务，同时开展力所能及的扶贫服务。

**2. 大学生村官**

2008年4月，中共中央组织部、教育部、财政部、人力资源和社会保障部联合印发《关于选聘高校毕业生到村任职工作的意见（试行）》，全面启动选聘大学生到农村（含社区）任职工作。选聘到村任职的高校毕业生为"村级组织特设岗位"人员，系非公务员身份，工作管理及考核比照公务员的有关规定进行，选聘的高校毕业生在村工作期限一般为2～3年。工作期满后，经组织考核合格、本人自愿的，可继续聘任，不再续聘的、引导和鼓励其就业、创业。大学生村官积极为建设农村、服务农民、发展农业作出贡献，成为新农村建设的骨干力量。

**3. 选调生**

选调生是各省党委组织部门有计划地从高等院校选调品学兼优的应届大学本科及其以上毕业生到基层工作，作为党政领导干部后备人选和县级以上党政机关高素质的工作人员人选进行重点培养群体的简称。

2019年，中央发文推进大学生村官与选调生工作衔接，鼓励引导高校毕业生到村任职、扎根基层、发挥作用。

**4. 大学生征兵**

大学生征兵是指部队联合教育系统每年从高校在校生中招收义务兵，从应届毕业生中招收义务兵、士官。国家也出台相应优惠政策，鼓励高校毕业生应征入伍，投身军营，献身国防，报效祖国。

（1）直招士官：直招士官是指部队每年从应届高校毕业生中招收士官，招生专业有严格的限制，服役期限一般为4～7年。招收的士官，经过4个月的培训后，直接确定工资档次。

在4个月的培训期间拿义务兵津贴费，士官批准入伍时间为每年的8月初；6月30日前完成体检、政审、专业审定、确定招收对象和签订协议书，8月2～10日组织交接运输。

办理入伍手续前，应招士官本人要与县级人民政府征兵办签订《从普通高等学校毕业生中直接招收士官协议书》，表示本人同意入伍并任职为现役士官，愿意履行相应义务，并享受有关权利和待遇。

（2）大学生参军：为了做好大学毕业生应征入伍工作，教育系统配合征兵系统在每年6月份高校毕业生离校前的阶段开展预征工作。国家也出台了很多优惠政策，鼓励大学生应征入伍，服义务兵役。除享有优先报名应征、优先体检政审、优先审批定兵、优先安排使用“四个优先”政策，家庭按规定享受军属待遇外，还享受优先选拔使用、学费补偿和国家助学贷款代偿、退役后考学升学优惠、就业服务等政策。

## 三、兼职与弹性工作

在经济发达国家，工作形式多样化，兼职、弹性工作已成常态，国内也正步入发展的快车道。

### （一）弹性工作

厄普约翰就业研究机构通过对弹性工作制度研究后认为，72%的组织使用非全职员工。弹性工作制是雇主对劳动力进行调整以适应变化的消费者需求的一种简便手段，也是员工喜欢的工作方式。

弹性工作主要分布于零售、餐饮、电话推销、客户服务和办公室辅助工作等职业。工作时间大多每周30小时以下，一般为15小时左右，工作时段集中在白天或夜间的某个时间，有的是周末。从事弹性工作的人员群体主要包括第一次求职者、学生、退休人员、从事第二职业者，以及少量全日制工人。

弹性工作是指在完成规定的工作任务或固定的工作时间长度的前提下，员工可以灵活地、自主地选择工作的具体时间安排，以代替统一、固定的上下班时间的一类工作。弹性工作允许员工确定自己的工作计划；每周工作时间不定，在岗工作时间相对灵活，目的是调动员工的工作积极性，减少交通堵塞，履行家庭责任。

### （二）兼职

兼职，区别于全职，是指职工在本职工作之外兼任其他工作职务。兼职者除了可以领取本职工作的工资外，还可以按标准领取所兼任工作职务的工资。兼职工作者中女性人数居多，兼职的形式，一是指承担两份兼职工作，二是指从事一份全职工作的基础上再承担一份兼职工作，三是指从事一份以上的全职工作。兼职主要以服务业、娱乐业、公共管理、保护性服务和教师等行业居多。兼职优势是可增加收入、从事新工作、照顾家庭成员，但同时也反映出经济压力、就业质量不高等问题。

## 四、“慢就业”

中国越来越多的“90后”年轻人告别传统的“毕业就工作”模式成为“慢就业族”。“慢就业”的大学生一般生活压力不大，父母的观念比较开放，不会因为子女不工作而焦虑，而且会支持子女进修、游学、考察就业市场或者暂时放松。

在“慢就业”人群中，一种是主动“慢就业”，他们给自己几个月到一年不等的时间。这样的人大多对未来有一定的规划，希望更广泛地接触社会，认知世界，尝试更多的可能。所谓“磨刀不误砍柴工”，现在的“慢”是为了今后更好的发展做准备。另一种是被动“慢就业”，在黄金求职期没能找到合适的工作，加上家庭条件允许，父母也不施加压力，于是他们就选择了慢慢找工作。

**1. “慢就业”产生的原因**

“慢就业”也是无奈的选择。产生“慢就业”现象的原因是多方面、多层次的，既有社会、家庭、高校等客观原因，更有个体的主观原因。

在就业环境方面：①经济社会快速发展已经促使大学生家庭经济状况普遍大为改观，使得大学毕业生能够承担延长求职时间的经济成本。②文化氛围更加开放包容，国家进一步扩大开放程度，社会对“慢就业”模式也日益理解和接受，宽容的程度越来越高。③随着中国经济进入新常态，实体经济发展带来的就业机会增长缓慢，科技发展带来的自动化生产趋势导致就业岗位的需求量减少，难以满足全部大学毕业生的就业需求。④就业市场的要求提高，研究生逐年扩招，越来越多企业的招聘条件也水涨船高，就业市场上出现的“学历歧视”也造成部分普通大学毕业生被迫“慢就业”。

在高校主体责任方面：①职业生涯规划和就业指导教育不到位，部分高校的重视度不高，教师队伍良莠不齐，缺乏相关课程体系，很多课程无法落实，成效非常有限。②就业指导和服务工作与学生需求脱节，实践基地没有真正发挥作用，部分高校就业指导和服务偏重理论教学，缺少具体的实践活动。③专业培养与市场需求不匹配，一些专业设置与市场需求存在偏差，培养出的人才不具备市场竞争能力。

在家庭方面：①父母的观念越来越开放，更加尊重孩子的意愿，支持孩子进修、游学、考察就业市场或者暂时放松，具备让孩子“慢就业”的经济实力，绝大多数大学生没有一毕业就要反哺家庭的重担。②部分家长纵容包办，没有培养孩子独立自主思考和做决定的能力，孩子不清楚自己未来的职业方向，寻找工作过于依赖父母。

在学生个人方面：①追求个人价值的择业观，市场经济、互联网时代成长起来的95后个性张扬，更注重生活质量和自我情感需求，敢于打破传统，拥有更从容的择业观。②好高骛远，期望过高，功利化的价值观念，过于关注自我价值的实现，希望选择的工作能够一次性达到自己的理想要求，对工作环境、专业对口程度、未来发展前景、就业地点等相关因素抱有较高期望。③缺乏职业生涯规划意识和能力，不能正视和定位自身，不愿正视要就业和就业困难。④缺乏应有的专业知识和专业素质，往往因个人能力、专业水平限制、就业竞争力不强而难就业，毕业即失业。

**2. 理性对待“慢就业”**

要科学理性对待“慢就业”。①选择“慢就业”的大学生要规划“待机”这段时间里学习怎样的技能，朝着这个职业规划的方向努力，机会来临时，一定要牢牢抓住它，因为机会总是留给有准备的人。②“慢就业”等待的时间不宜过长，不要让自己习惯了“啃老”，慢慢变得颓废；更不要故意拖延，因为时代更新速度很快，跟不上节奏就有可能被社会淘汰。③选择“慢就业”要视具体情况而定，如果家境比较富裕，父母支持选择“慢就业”，可以为了更好的工作不将就；如果家庭条件比较困难，还是尽早出来工作，踏入社会，学会适应，汲取经验，给父母减轻生活压力才是首要的。

**3. “慢就业”的弊端**

如果只是为了一味逃避就业，推卸自己该承担的责任，一味“啃老”，就会演变为一种很糟糕的状态，逃避竞争。“慢就业”不等同于不就业，它是有时间限制的，一般以1年比较合理。在“慢就业”期间，要主动提升自己，并付诸行动，否则就是坐以待毙。对应届毕业生来说，“慢就业”会错过很多针对应届生的就业扶持政策。目前，国内企业对于选择“慢就业”的年轻人多持不理解态度，主观认为“慢就业”者是就业竞争中的淘汰者，是逃避现实，没有责任感。

### 五、自主创业

创业是创业者的资源或通过努力能够拥有的资源进行优化整合，从而创造出更大经济或社会价值的过程。在漫长的历史长河中，中医药学作为中华传统文化的组成部分也孕育了中华民族不断创新、勇于创业的进取精神。为了更好地普救患者之苦，传统中医药学在发展过程中逐渐形成了“医、药、商”三位一体的创新创业格局，并涌现了一批历经几百年而不衰、蜚声海内外的中华老字号和著名品牌，如同仁堂、九芝堂、胡庆余堂、云南白药、季德胜蛇药等。这些中华老字号品牌历经几百年风雨，在现代科学技术快速发展的今天仍在人类的卫生保健事业中发挥着重大的作用。

进入新世纪，国家对大学生创业教育更加重视，对大学生创业出台了很多激励和优惠政策。大学生创业也是云蒸霞蔚、方兴未艾，创业已成为广大杏林学子实现梦想的舞台、事业腾飞的翅膀。

## 第二节　中医药类专业职业发展路径与岗位胜任力

大学生在职业规划中必须作出抉择，以便使自己的学习、工作及各种行动措施沿着职业发展路径或预定的方向前进。

### 一、中医药类专业职业发展路径

中医药类专业职业发展路径主要有以下几种。

#### （一）中医类专业职业方向与发展路径

中医类专业包括中医学、中西医临床医学、针灸推拿学、康复治疗学、中医儿科学等专业。此类专业的基本培养目标是培养具备良好的人文、科学与职业素养，系统的中医学基本理论、基本知识、基本技能和常见病证的中医临床诊疗能力，能在医疗卫生领域从事医疗、预防、保健、康复等方面工作的中医学应用型人才，对应的主要职业范围见表2-1。

表 2-1 医学类专业对应的主要职业

| 专业类 | 专业名称 | 从事的主要职业 |
|---|---|---|
| 医学类 | 临床医学 | 内科医师、全科医师、医学研究人员、其他各科医师、高等教育教师、中等职业教育教师 |
| | 中西医临床医学 | 中西医结合医师、医学研究人员高等教育教师、中等职业教育教师 |
| | 中医学 | 内科医师、全科医师、医学研究人员、高等教育教师、中等职业教育教师 |
| | 针灸推拿学 | 针灸科医师、推拿科医师、理疗师、全科医师、医学研究人员、健康管理师、高等教育教师、中等职业教育教师 |
| | 康复治疗学 | 康复技师、理疗师、保健按摩师 |
| 医学技术类 | 医学检验技术 | 临床检验技师 |
| | 医学影像技术 | 影像技师 |

医疗卫生行业是按照技术职称，由低到高，逐级晋升的。只有在工作年限、专业技术、外语、科研都达到一定要求，发表相关论文，有一定的课题、成果等，才可晋升上一级职称。①医生发展路径：遵照医师、主治（主管）医师、副主任医师、主任医师的顺序。②其他卫生技术人员发展路径：遵照技士、技师、主管技师、副主任技师、主任技师的顺序。

## （二）药学类专业职业方向与发展路径

药学类专业包括中药学、药学、制剂、生物工程、制药工程等专业，基本目标是培养具备中医药学基础理论、基本知识、基本技能，以及相关的药学、中医学等方面的知识和能力，能在中药生产、检验、流通、使用、研究与开发等领域从事标准化中药材生产与鉴定、中药炮制与制剂、中药质量与分析、中药药理与安全性评价及临床合理用药等方面工作的专业人才，对应的主要职业范围见表 2-2。

表 2-2 药学类专业对应的主要职业

| 专业类 | 专业名称 | 从事的主要职业 |
|---|---|---|
| 药学类 | 药学 | 医学研究人员、西药剂师、医药商品购销员 |
| | 药物制剂 | 西药剂师、药物制剂工、医药商品购销员 |
| | 临床药学 | 药剂师、医药商品购销员 |
| | 药事管理 | 行政业务人员、文员 |
| | 中药学 | 医学研究人员、中药药师、中药调剂员 |
| | 中药制药 | 中药制剂工、中药调剂员等中药材生产人员 |
| | 中药资源与开发 | 医学研究人员、中药材生产管理人员 |

### 1. 科研人员的发展路径

科研人员一般要求硕士研究生以上学历，有些职位不仅要精通药学、医学、法律法规等知识，还要有很强的文字功底和交际能力。在大学、研究所、药厂的研究部门从事药物的研发工作，负责化合物药效筛选，制剂的药代动力学研究、主要药效和一般药理、毒性试验等，组织和开展临床试验（表 2-3），通常按照研究实习员、助理研究员、副研究员、研究员的序列晋升。

**表2-3 研发类岗位要求与发展路径**

| 研发类 | 工作职责 | 职业发展路径 | 学历或知识要求 |
|---|---|---|---|
| 药理 | 负责化合物药效筛选，制剂的药代动力学研究、主要药效和一般药理、毒性试验等 | 研究人员→高级研究人员 | 硕士、博士 |
| 医学部门 | 组织和开展临床试验（有外包给临床试验公司的趋势） | 监察员→项目经理→医学经理→医学总监 | 医学或药学本科、硕士 |
| 注册报批 | 把各种药学、临床前和临床试验资料整理并报药监局 | 注册人员又分为国内注册、国际注册、器械注册各种细分岗位<br>报批专员→临床验证项目经理 | 本科、硕士、博士（从业人员不仅要精通药学、医学、法律法规等知识，还要有很强的文字功底和交际能力） |

**2. 药剂师的发展路径**

在医院药剂科、药房、药厂等从事制剂、质检、临床药学等工作，按照药士、药师、主管药师、副主任药师、主任药师的序列晋升。

**3. 生产人员的发展路径**

在医药企业从事药物的生产管理，负责调整生产工艺，安排车间生产，进行品质管理、检测、控制，有些岗位大专以上学历即可（表2-4）。按照班组长、车间主任、生产管理经理、副总经理等序列晋升。

**表2-4 生产类岗位要求与发展路径**

| 生产类 | 工作职责 | 职业发展路径 | 学历或知识要求 |
|---|---|---|---|
| 质检 | 品质管理、检测、控制 | 品质工程师→品质主管→品质经理→品质总监 | 大专、本科 |
| 生产管理 | 安排车间生产，管人，管事，管物 | 主管→生产部长→高级生产经理→生产总监 | 本科 |
| 工程师 | 负责调整生产工艺，保证生产效率最优 | 技术员→工程师→高级工程师→总工程师 | 本科、硕士 |

**4. 医药销售人员的发展路径**

在医药贸易公司或制药企业从事药品流通及销售等工作，担任产品经理、市场专员、医药代表等（表2-5）。

**表2-5 营销类岗位要求与发展路径**

| 营销类 | 工作职责 | 职业发展路径 | 学历或知识要求 |
|---|---|---|---|
| 产品经理 | 从研发→生产→市场规划→销售实施。公司的核心岗位之一，是研发和市场衔接的桥梁人物 | 产品经理→高级经理→产品总监→自我创业 | 本科、硕士 |
| 市场专员 | 主攻市场活动、战略策划和学术会议 | 市场专员→市场经理→大区市场经理→创业或代理商 | 本科、硕士或MBA |

续表

| 营销类 | 工作职责 | 职业发展路径 | 学历或知识要求 |
|---|---|---|---|
| 医药代表 | 业务销售人员，负责产品的销售、供货、回款 | 药代→主管→地区经理→大区经理→自我创业 | 本科 |
| 医药招商 | 渠道销售人员 | 招商代表→招商经理→大区经理→全国总代理 | 大专、本科 |

## （三）护理专业的职业方向与发展路径

护理类专业是培养适应我国社会主义现代化建设和卫生保健事业发展需要的德、智、体、美全面发展，具有良好的职业品质与素质，系统掌握护理学基础理论、基本知识、基本技能及相关医学和人文社会科学知识，具有基本的临床护理能力，初步的教学能力、管理能力、科研能力及终身学习能力，能在各类医疗卫生保健机构从事护理工作的应用型专业人才。其就业职业为护士与助产士。护理人员发展路径按照护士、护师、主管护师、副主任护师、主任护师的顺序见表2－6。

**表2－6　护理类岗位要求与发展路径**

| 护理类岗位 | 工作职责 | 职业发展路径 | 学历或知识要求 |
|---|---|---|---|
| 临床护士、助产士 | 减轻痛苦，增进健康职责 | 护师→主管护师→副主任护师→主任护师 | 专科、本科、硕士 |
| 血站、疾控中心护士 | 护理相关工作 | 护师→主管护师→副主任护师→主任护师 | 专科、本科、硕士 |

## （四）医学人文管理类专业职业方向与发展路径

本类专业包括公共事业管理、工商管理、市场营销、医学法学、医学英语等专业。本专业培养的是具备坚定马克思主义理论素养和现代公共精神，拥有现代公共管理理论、技术与方法等方面知识以及有能力应用这些知识的人才，能在文化、体育、卫生、环保、社会保障、公用行业等公共事业单位行政管理部门、非政府组织等从事业务管理和综合管理工作。其就业前景更为广阔，可以从事医疗器械销售、卫生事业管理、医疗保险、医疗文化传播、医药立法、执法以及行政、人事等工作（表2－7）。

**表2－7　医学人文管理类的发展路径**

| 专业名称 | 从事的主要职业 |
|---|---|
| 工商管理 | 行政业务人员、文员、劳动关系协调员 |
| 市场营销 | 医药商品购销员、销售代表（医疗用品） |
| 公共事业管理 | 行政业务人员、文员 |
| 英语 | 翻译、文员 |

人文管理类专业职业发展路经包括经济类与管理类，这两类职业包含的岗位多，各自的职责、任职要求与发展路经差异性较大见表2－8。

**表 2-8 经管类和管理类岗位要求与发展路径**

| 经管类 | 工作职责 | 职业发展路线 | 学历或知识要求 |
|---|---|---|---|
| 市场营销 | 帮助企业打开市场、扩大销售，进一步扩大再生产 | 销售专员→销售部地区经理→销售部经理、营销总监；销售专员→市场部经理→高级产品经理→营销总监 | 专科及以上学历，具有积极的进取心，坚持不懈的态度，与其他人良好沟通的技巧，给人以信任感 |
| 卫生事业管理 | 医疗卫生机构、卫生行政部门等单位从事管理工作。医疗卫生机构；省、市、县、乡镇、区卫生机构；医疗卫生服务组织；各级、各类医院、疗养院等 | 按照公务员晋升制度或事业单位管理类或人才职称评审制度规定晋升 | 本科及以上学历，必须具备医学科学、管理科学、人文和社会科学的完整的三维知识结构 |
| 医疗保险行业 | 产品开发，健康管理，核保核赔，个险销售，团险销售 | 保险理赔员→理赔部经理→客服部主任等，或是平调到保险公司的其他部门或者晋升至更高级的行政管理职位。还可向理财规划师、注册会计师等方向发展（主要是外资保险公司和本土保险公司） | 本科及以上，有医学背景的医疗保险专业学生从事商业保险尤其是人寿保险和健康保险方面有着较大优势 |
| 对外贸易业务人员 | 对国外客户销售；为国内客户寻找国外货源；组织国际贸易物流等 | 外贸业务员→业务经理→高级业务经理→自主创业或独立经营 | 外语能力过硬，可以先熟悉该行业的专业英语参加专业实习和实践，选择参加报关员考试 |
| 行政、后勤 | 协助领导，起到上传下达的作用。每家公司针对行政都有不同的需要 | 行政专员→行政主管→行政部经理→高级行政经理→行政总监或副总经理 | 本科、硕士、MBA |
| 人力资源管理 | 主管企业招聘、员工培训、绩效考核、人事调度等相关事宜 | 人力资源专员→人力资源主管→人力资源经理→人力资源总监或副总经理 | 本科、硕士、MBA，更重视实践经验 |

## 二、岗位胜任力模型

### （一）胜任力概述

1973 年哈佛大学教授戴维·麦克利兰提出了“胜任力”的概念。“胜任力”是从个人深层次特征上区别卓有成就者和普通者的标准。胜任力理论于 20 世纪 90 年代中后期引入我国，之后我国有关胜任力的研究逐渐深入，在社会学、管理学、心理学，尤其是人力资源管理等领域得到了广泛应用，为企业员工的选拔、培训、绩效考核起到了积极作用。目前，学术界公认的胜任力特征是 Spencer 等人于 1993 年提出的，即能将某一工作（或组织、文化）中优秀绩效和普通绩效区分开来的个人特征，包括动机、特质、自我概念、态度或价值观（社会角色）、知识、认知或者行为技能，这些特征都可以被测量。通常可从 3 个方面分析：一是深层次特征，指人格中深层和持久的部分，具有稳定性，能够预测多种情景或工作中人的行为和思维方式；二是能引发和预测某岗位的工作绩效和工作行为的深层次特征，是该职位的胜任特征；三是参照效度标准，是胜任特征中最关键的部分，是衡量某特征品质预测现实情境中工作优劣的效度标准。

### （二）胜任力的基本内容（图2－1）

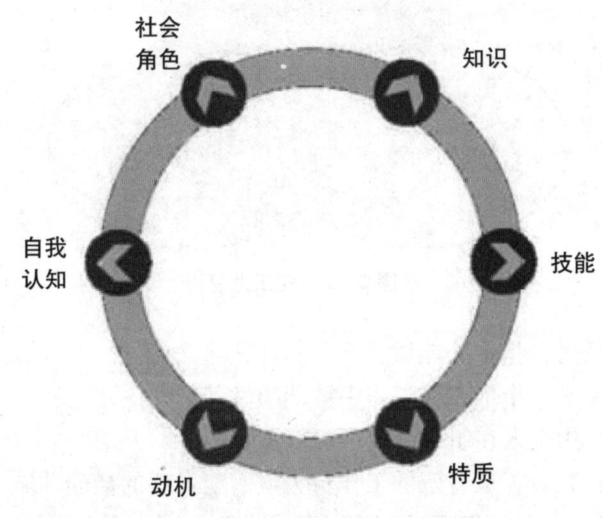


图2－1　胜任力与能力特征的主要内容

**1. 知识**

某一职业领域需要的信息（如人力资源管理的专业知识）。

**2. 技能**

掌握和运用专门技术的能力（如英语读写能力、计算机能力）。

**3. 社会角色**

个体对于社会规范的认知与理解（如想成为团队的领导）。

**4. 自我认知**

对自己身份的知觉和评价（如认为自己是某领域的权威）。

**5. 特质**

某人所具有的特征或其典型的行为方式（如喜欢冒险）。

**6. 动机**

决定外显行为的、内在的、稳定的想法（如想获得权力、追求名誉）。

胜任力的内容很多，通常企业所需要的不一定是全部胜任力，企业会根据岗位的要求及组织的环境，明确能够保证胜任岗位工作、确保人才发挥最大潜能的胜任特征。因此，大学生了解目标企业用人的胜任力模型，对规划职业和获得良好发展很有裨益。

## （三）胜任力模型（图2-2）

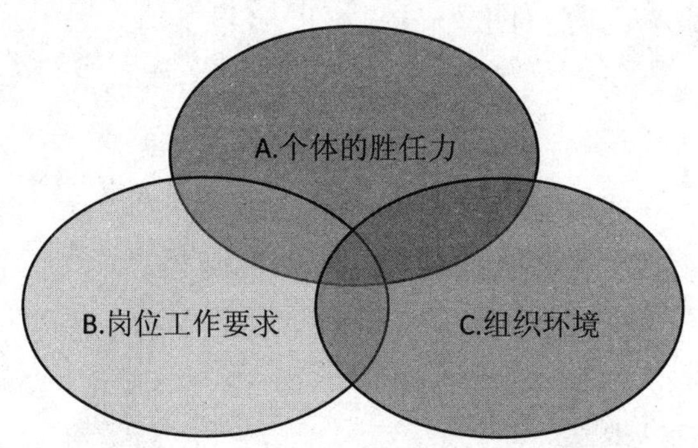


图2-2 胜任力模型

A. 个体的胜任力：指个人能做什么和为什么这么做。

B. 岗位工作要求：指个人在工作中被期望做什么。

C. 组织环境：指个人在组织管理中可以做什么。

D. 交集部分：是员工最有效的工作行为或潜能发挥的最佳领域。

当个人的胜任力大于或等于这三个圆的交集时，员工才有可能胜任该岗位的工作。企业的招聘面试都是围绕三个圆的交集部分，即考察应聘者是否能够胜任工作岗位。

**1. 中医师岗位胜任力模型（表2-9）**

表2-9 中医师岗位胜任力模型

| 任务模块 | 职业能力 | 胜任要素 |
| --- | --- | --- |
| 中医知识与西医基本知识 | 经典知识 | 黄帝内经，伤寒论，金匮要略，温病学，各家学说 |
| | 中医知识 | 中医基础理论，中药，方剂，中医诊断，中医内科，中医外科（含骨伤），中医妇科，中医儿科，中医五官，针灸推拿 |
| | 西医基础知识 | 正常人体解剖，生理病理及组织胚胎，免疫，药理，诊断学基础，内科，外科基础，传染病，预防 |
| 中医临床能力与西医基本技能 | 中医思维能力 | 中医思维，整体观念，取象比类，逻辑思维，演绎推理，归纳推理，类比推理 |
| | 中医辨证能力 | 八纲辨证，脏腑辨证，六经辨证，三焦辨证，经络辨证，气血津液辨证，卫气营血辨证 |
| | 中医治疗能力 | 方证相应，标本缓急，整体治疗，三因治宜，同病异治，异病同治 |
| | 中医操作技能 | 经穴 定位，针刺，灸疗，拔罐，耳穴压豆，刮痧，敷贴，熏洗 |
| | 西医诊疗能力 | 急救，常规诊疗 |
| 养生保健与健康服务 | 治疗和养生指导 | 中药炮制与煎服方法，饮食起居调理 |
| | 公共卫生关系 | 积极关注社区民众健康意识和健康状况，主动开展健康教育，健康促进意识，与卫生行政管理部门沟通 |

续表

| 任务模块 | 职业能力 | 胜任要素 |
| --- | --- | --- |
| 沟通与团队协作 | 医务沟通 | 及时沟通医疗信息，主动向同事或其他专家请教，虚心接受同事或其他专家的批评指导，资源共享，欣赏同事，信任同事，团队归属感，工作包容，注重自我及同行评价 |
| | 医患沟通 | 以人为本关爱患者，基于患者的现实状况个性化的对待，为患者利益着想，准确解释病情，耐心接受患者和家属的倾诉 |
| 职业精神与职业素养 | 职业精神 | 信仰中医，热爱中医，遵循医学伦理，淡泊名利，平等仁爱，无私奉献 |
| | 人文修养 | 哲学，中国传统文化，古代汉语，中国历史，人文地理 |
| | 心理品质 | 社会主义核心价值观，使命感，责任心，基本道德规范，追求卓越，思想开放，乐观，自信，耐心，恒心，同理心，环境适应能力，情绪调节能力，经常反思自我，关注细节，计划性，行动力，时间管理，洞察力 |
| | 医疗法规 | 卫生法规，医改政策，遵守卫生系统组织原则，灵活运用医疗法律 |
| 职业发展 | 终身学习 | 善于思索，善于总结，有融汇古今、博采众长的企望与行动，有良好的读书习惯，独立思考，知识面广，勤于实践，及时更新专业知识和基本技能 |
| | 创造能力 | 抓病机古方今用，批判性思维，多角度思考，新颖想法，想象力，敢于质疑，大卫生观，信息搜集与分析判断能力，计算机应用能力 |

## 2. 药学服务岗位胜任力模型（表 2－10）

**表 2－10 药学服务岗位胜任力模型**

| 任务模块 | 职业能力 | 胜任要素 |
| --- | --- | --- |
| 药品调剂 | 处方审核 | 掌握处方的“四查十对”，药物相互作用和配伍禁忌，药学综合知识与技能、临床药物治疗学等课程的专业知识 |
| | 药品调剂 | 熟悉各类常用药的厂家、剂型、剂量、规格的信息（切忌混淆），药品调剂和处方分析的训练 |
| | 用药指导 | 熟悉各类常用药的注意事项、服用时间、不良反应和禁忌证，不断学习新药信息，反复核对不出错，医患关系协调 |
| | 处方点评 | 对处方进行鉴别，指出药品在对症、用法、剂量、配合等方面的合理性 |
| 静脉配液中心 | 静脉营养液、其他药物配置 | 掌握洁净区空调系统、无菌技术、药物配置操作步骤、药学计算、消毒清洁、处方审核，实用药品调剂技术、药学综合知识与技能等课程的专业知识 |
| | 排药、退药、贴标签、核对 | 熟悉常见药品的分类（主要是抗生素、抗肿瘤药），洁净服的穿脱；安瓿瓶的开启；无菌操作；输液配置（营养液、药物） |
| | 药品分拣、归类与供应 | 掌握常见药品的储藏条件、分类进行摆放，严格遵守操作步骤，反复核对与确认，仓内、仓外分组 |

### 3. 护理岗位胜任力模型（表2－11）

表2－11 护理岗位胜任力模型

| 任务模块 | 职业能力 | 胜任要素 |
| --- | --- | --- |
| 软技能 | 人际关系 | 换位思维，沟通交流，团队合作，主动倾听 |
| | 管理能力 | 病区人员管理，病区环境管理，病区安全管理，突发事件应对 |
| | 自我管理能力 | 工作自律，社会适应，压力应对，情绪调节能力，评判性思维，主动学习 |
| | 职业情操 | 爱岗敬业，以患者为中心，良好的职业道德，积极向上的职业态度，责任心，服务意识，慎独精神 |
| | 职业礼仪 | 仪表大方，举止端庄，德行垂范 |
| 硬技能 | 专业知识 | 医学及护理基础知识，专科护理知识，医学相关法律知识，医学伦理基础知识，计算机应用基础知识，护理心理学基础知识，专业英语基础知识，文献检索知识 |
| | 专业技能 | 基础护理技术，专科护理技术，急救护理技术，病情观察能力，常见应急事件处理能力，护理文书书写，仪器/设备使用，健康教育 |

### 4. 职业选择词汇表（表2－12）

个人技能要求的符号解释：

●——“必需的”或高水平技能　○——有点必需或中等水平的技能

◦——基本需要的技能　——不需要的技能

工作性质的符号解释：

●——有充分证据的　○——有一定证据的　◦——多少有点依据的

——没有依据的

表2－12 职业选择词汇表

| 职业 | 个人技能要求 | | | | | | | 工作性质 | | | | |
| --- | --- | --- | --- | --- | --- | --- | --- | --- | --- | --- | --- | --- |
| | 艺术 | 交流 | 人际交往 | 管理 | 数学 | 机械 | 科技 | 经济敏感性 | 地理知识 | 危险性 | 户外作业 | 体力要求 |
| 健康诊断与治疗从业人员 | | | | | | | | | | | | |
| 耳科医生 | | ● | ○ | ● | ○ | ◦ | ● | | | | | |
| 按摩师 | | ● | ○ | ● | ○ | ◦ | ● | | | | | ◦ |
| 牙科医生 | ◦ | ● | ● | ● | ○ | ● | ● | | | ○ | | ◦ |
| 节食与营养师 | | ● | ● | ◦ | ○ | ◦ | ● | | | | | |
| 职业病治疗专家 | | ● | ● | ○ | ○ | ○ | ○ | | | ○ | | |
| 眼科专家 | ● | ● | ○ | ○ | ○ | ○ | ● | ● | | ○ | | |
| 药师 | | ● | ○ | ○ | ● | ◦ | ● | | | | | ◦ |
| 内科医生助理 | | ● | ● | ◦ | ● | ○ | ● | | | ○ | | ○ |
| 外科与内科医生 | ○ | ● | ● | ● | ○ | ● | ● | | | ○ | | ○ |
| 足病医生 | ◦ | ● | ● | ● | ○ | ● | ● | | | | | |
| 娱乐医疗师 | ● | ● | ● | ◦ | ◦ | ◦ | ◦ | | | | ● | ○ |

续表

| 职业 | 个人技能要求 | | | | | | | 工作性质 | | | | |
|---|---|---|---|---|---|---|---|---|---|---|---|---|
| | 艺术 | 交流 | 人际交往 | 管理 | 数学 | 机械 | 科技 | 经济敏感性 | 地理知识 | 危险性 | 户外作业 | 体力要求 |
| 注册护士 | | ● | ● | ○ | ● | ● | ● | | | ○ | | ○ |
| 呼吸疗法医师 | | ● | ● | ○ | ● | ● | ● | | | ○ | | |
| 病理学家 | ○ | ● | ● | ○ | ● | ○ | ● | | | | | |
| 宠物医师 | ○ | ● | ● | ● | ● | ● | ● | ○ | | ● | ○ | ● |
| 销售及相关岗位 | | | | | | | | | | | | |
| 销售工程师 | ○ | ● | ● | | ○ | ○ | ○ | ● | | | | |
| 批发与生产销售代理 | ○ | ● | ● | | ○ | | ○ | ● | | | | |
| 销售人员培训师 | ○ | ● | ● | ● | ○ | ○ | ○ | ○ | | | | |
| 营业员 | ○ | ○ | ● | | ○ | | | ○ | | | | |

**【训练活动】**

## 职业生涯决策平衡表

职业生涯决策平衡表（表2－13）的使用方法。

第一步：在第一行列出你可选的职业生涯方向的方案。

第二步：在“考虑项目”中，根据个人关注的内容，填入选择中需要考虑的因素（以上表格所列项目仅为参考范例，个人可根据其实际情况罗列）。

第三步：将表的各项加权打分。

1. 根据各方案具有的优势（得分）、缺点（失分）来考量，给出每个项目的得分或失分，计分范围1～10分。

2. 给每个“考虑项目”赋予权重：重要性因人、因时、因地而不同。对于此刻的你，可以根据考虑项目的重要性与迫切性乘上权数，加权范围1～5倍。

第四步：合计每个方案的优点总分和缺点总分，正负相加，算出得失差数。最终得分最高的方案为最优方案。

需要注意的是，使用职业生涯决策平衡表是以几种可能的选择方案为前提，按照步骤，针对每个选择方案自问自答，以考虑、澄清其利弊得失。

**表2－13　职业生涯决策平衡表**

| 考虑因素/选择项目 | 权重 | 选择1 | | 选择2 | | 选择3 | |
|---|---|---|---|---|---|---|---|
| | | 打分 | 加权分 | 打分 | 加权分 | 打分 | 加权分 |
| 个人物质方面的得失 | | | | | | | |
| 1. 收入 | | | | | | | |
| 2. 工作的难易程度 | | | | | | | |

续表

| 考虑因素/选择项目 | 权重 | 选择1 | | 选择2 | | 选择3 | |
|---|---|---|---|---|---|---|---|
| | | 打分 | 加权分 | 打分 | 加权分 | 打分 | 加权分 |
| 3. 升迁的机会 | | | | | | | |
| 4. 工作环境的安全 | | | | | | | |
| 5. 休闲的时间 | | | | | | | |
| 6. 生活变化 | | | | | | | |
| 7. 对健康的影响 | | | | | | | |
| 8. 就业机会 | | | | | | | |
| 9. 其他 | | | | | | | |
| 他人物质方面的得失 | | | | | | | |
| 1. 家庭经济 | | | | | | | |
| 2. 家庭地位 | | | | | | | |
| 3. 与家人相处的时间 | | | | | | | |
| 4. 其他 | | | | | | | |
| 个人精神方面的得失 | | | | | | | |
| 1. 生活方式的改变 | | | | | | | |
| 2. 成就感 | | | | | | | |
| 3. 自我实现的程度 | | | | | | | |
| 4. 兴趣的满足 | | | | | | | |
| 5. 挑战性 | | | | | | | |
| 6. 社会声望的提高 | | | | | | | |
| 7. 其他 | | | | | | | |
| 他人精神方面的得失 | | | | | | | |
| 1. 父母 | | | | | | | |
| 2. 师长 | | | | | | | |
| 3. 朋友 | | | | | | | |
| 4. 其他 | | | | | | | |
| 合计 | | | | | | | |

## 第三节　择业的四大“黄金法则”

所谓就业选择的四大黄金法则是指择世所需、择己所爱、择己所长，并在保证前三个法则的基础上，追求发展和收益最大化，即择己所利。

### 一、择世所需

任何职业的兴起、发展、衰落及消亡均是由社会需要的变化引起的。因此，同学们在进行就业选择时，不仅要了解当前的社会职业需求状况，还要善于预测职业随社会需要而变化的未来走向，以便使自己的就业选择有一定的远见。否则，一味死盯在眼前热门的职业上，就可能陷入不利长远发展的选择失误中。

要知道我想要什么，更要知道社会需要什么。要弄清楚我想要怎样发展，更要清楚我怎样适应社会的发展。在择业时，可以尝试以下方法：

1. 查阅所关心职业领域的资料和信息。
2. 尽可能多地参加相关专业的介绍会。
3. 访问和请教老师与专业人士。

## 二、择己所爱

就业选择要考虑自己喜欢哪种职业，或者对哪种职业比较感兴趣。研究表明，一个对所从事职业感兴趣的人，能够发挥其才能的80%～90%，且能保持长时间高效率、不疲劳；而对所从事职业不感兴趣的人，则只能发挥其才能的20%～30%，且容易精疲力竭。一般来说，只有从事自己喜爱的、感兴趣的工作，工作本身才能获得满足感，你的事业生涯才会变得妙趣横生。因此，择己所爱是大学生做好就业选择的重要依据。

兴趣与职业的适配并不是“完全地”依据兴趣寻找百分百匹配的工作。现实的适配方式是灵活多样的，不能因为一定程度上工作与兴趣的不同而放弃对个人兴趣的尊重，也不能因为过分强调个人兴趣而对工作形成偏激的认识。可以让职业的90%体现兴趣，也可以是30%，而其余的部分可以在生活的其他方面来实现。即使从事的工作与自己的兴趣完全不适配，也不用沮丧。因为工作本身就是由很多细节组成的，很难进行简单的划分。例如，作为一名机器修理工程师，虽然从大方向上看是实用型特征的工作类型，但是在修理过程中也有需要与客户沟通这样的社会型特征。

不同的企业文化、不同的工作定位，让每种职业都有可能因为不同的需要而适配不同的兴趣类型。例如、音乐老师本来应该是社会型特征的工作类型，但是有的音乐老师具有深厚的艺术造诣，将其所从事的音乐教育工作重点放在用自身的艺术气息感染学生，这样他就很可能成为一名艺术型特征的音乐教师。

要科学、理性地看待职业与兴趣的适配。一方面不能不顾自身兴趣盲目选择职业，另一方面也不能武断地“一棒子打死”与自身兴趣相左却有可能获得的职业。我们应该勇敢地打破思维定式，用科学的方法分析自己的兴趣与当前可实现职业之间的内在联系，找到最佳的适配点，并立足这点进行合理的开发和利用，找到自己具备且他人无法替代的特质，努力在岗位上体现自身价值，积极寻找属于自己的职业幸福。

## 三、择己所长

在人才市场的就业竞争中，必须善于认清自己的竞争优势。按照“择己所长、扬长避短”的原则进行就业选择。大学生应学以致用，发挥专业特长，把就业选择定位在与自己所学有较密切联系的行业领域。

“择己所长”，即在选择职业时要考虑自己所擅长的能力。职业的成功与否与一个人的职业能力密切相关，职业能力强的人更容易获得成功。大学生在职业选择时，应考虑自己的能力优势，选择最有利于发挥自己能力优势的职业，提高自身的职业适应性。

职业适应性是指一个人从事某项工作时必须具备的生理、心理素质特征。它是在先天因素和后天环境相互作用的基础上形成和发展起来的。职业适应性可分为一般职业适应性和特殊职业适应性两大类。一般职业适应性，指从事一般职业所需的基本生理，心理素质特征。特殊职业适应性，指从事某一特定职业所需具备的特殊生理，心理品质特征。

【案例故事】

### 杨同学的就业历程

杨同学，女，某中医药大学微生物与生化药学专业的研究生，2015 年 6 月毕业。她在本科期间表现平平，能力一般，为了研究生毕业后有一个更好的归宿，她从读研起就积极争取锻炼机会，担任了班级班长、研究生会主席，组织开展了多项活动，综合素质得到了锻炼。

由于离家多年，个人自理能力较强，在求学阶段就比较喜欢所在城市，所以她想在此找一家可以从事所学专业的工作。

她开始了自己的就业历程：

1. 关注学校和同学传递的各类招聘信息。

2. 积极参加学校组织的冬季和春季大型招聘会。

3. 主动参与市内的各类招聘会。

4. 2014 年末，她参加了某个生物制药企业的专场招聘会，这之前她是做过一些功课的。她对该企业很感兴趣，但是该企业并没有录用她。辅导员老师与企业的人事部门再次沟通，未果。她本人也进行了一些尝试，但终究未能进入该企业，主要原因是她的专业与企业招聘的岗位有些差距，同时企业当年急需招聘一名男生。

5. 虽然应聘失败，但杨同学没有气馁，又多处到几家药厂应聘，但仍未获得满意的结果。临近毕业时，辅导员老师找她谈话，帮她认真分析了自身的情况，如果想从事专业性工作，可以不局限于本地，尝试其他城市的相关技术岗位。于是毕业前她把目标城市进行了调整，最终在北京的一家医学检测中心谋求到了一席之地。

杨同学在校期间锻炼了较好的综合素质，在面临就业难和几次求职失败后都能经受住挫折，并且勇于面对现实，及时调整了就业预期，最终找到了理想的工作。

## 四、择己所利

职业是个人谋生的手段，其目的之一在于实现个人价值。大学生选择就业时很自然地会考虑职业所带来的收益，并尽可能使个人价值最大化。明智的选择是在由收入、社会地位、成就感和工作付出等变量组成的函数中找出一个最大值。当然，这里所指的利益不是单纯的薪酬待遇等，而是综合权衡多方面的因素，充分考虑国家和社会的需要，综合自己的爱好、特长和个人需要，进而得出合理的结论。

【训练活动】

**职业搜索**

拿出四张纸，在三张纸的中间画一条横线。

1. 在第一张纸的上半部分列出你喜欢的和成绩好的课程。

2. 在第二张纸的上半部分列出你的爱好和参加的活动。

3. 在第三张纸的上半部分列出所做过的工作。

在每张纸的下半部分列出与这些课程、活动和工作相关的兴趣、价值取向和实际能力。

从每张纸的下半部分找出它们的规律和共同点。

第四张纸写下由这些共同特点所提炼的你的自我职业表，其中包括你选择的专业、你与之协调的具有可能性的职业。

# 第四节　确定择业目标五步法

大学生的毕业选择可以通过五个方面的分析，逐步明确其求职目标。

## 一、选择就业行业

目前，高校所设置的专业大部分是符合区域经济发展需求、具有一定操作性的应用型专业。就业选择时，大学生可以选择从事与本专业对口的工作，通过自己的专业技能，获得适合自己的岗位。对口的用人单位也喜欢招收应用型院校的毕业生，因为这些学生只需通过简单培训，即可胜任岗位工作。

虽然如此，我们也要摒除专业与岗位“绝对匹配”的择业观念，因为能找到专业对口的工作或者岗位固然好，如果不能找到，也不必灰心，因为专业对口只是充分条件，不是必要条件。大学学习的是知识和方法，只要能发挥自己的聪明才智，有发展空间，不一定非要从事专业严格对口的工作。

## 二、确定就业地域

部分毕业生在选择就业区域的时候存在“唯直辖市、沿海、发达地区不可”的倾向，都希望选择大中城市，而忽略了西部或者小城市及农村地区。其实在欠发达的中西部地区，发展潜力和发挥空间更大，而且这些地区对人才的需求更加旺盛。

麦可思《中国毕业生就业报告》的就业地分布：

经济区域：把中国内地31个省、自治区和直辖市分为八个经济体区域。

①东北区域经济体：包括黑龙江、吉林、辽宁。

②泛渤海湾区域经济体：包括北京、天津、山东、河北、内蒙古、山西。

③陕甘宁青区域经济体：包括陕西、甘肃、宁夏、青海。

④中原区域经济体：包括河南、湖北、湖南。

⑤泛长江三角洲区域经济体：包括上海、江苏、浙江、江西、安徽。

⑥泛珠江三角洲区域经济体：包括广东、广西、福建、海南。

⑦西南区域经济体：包括重庆、四川、贵州、云南。

⑧西部生态经济区：包括西藏、新疆。

就业城市类型：按行政级别把中国内地城市分为以下三种类型。

①直辖市：包括北京、上海、天津、重庆。

②副省级城市：包括哈尔滨、长春、沈阳、大连、济南、青岛、南京、杭州、宁波、厦门、广州、深圳、武汉、成都、西安 15 个城市。部分省会城市不属于副省级城市。

③地级城市及以下：如绵阳、保定、苏州等，也包括省会城市如福州、银川等，以及地级市下属的县、乡等。

## 三、遴选就业单位

基于当前的就业形势和我国的社会经济发展，毕业生在就业单位的选择上呈现多元化。这种现象产生的原因在于大学毕业生的人才特点和竞争优势，以及社会人才的多元化需求。毕业生一般不再注重就业单位的性质，只要有发展潜力，国家机关、事业单位、外资企业、民营企业、自由职业等都应去尝试和争取。

当前形势下，大学生就业单位选择更偏向事业单位和国有企业，外资企业吸引力也越来越大。总体来看，近几年大学生对就业单位性质的倾向度相对稳定。有研究表明，大学生最倾向的就业单位性质依次是事业单位、国有企业、外资企业、政府部门、民营企业、合资企业和其他。愿意到事业单位和国有企业工作的大学生人数超过毕业学生总人数的一半以上，愿意到排在前五位的用人单位（事业单位、国有企业、外资企业、政府部门和民营企业）工作的大学生比例达九成以上，其中倾向到事业单位、国有企业、外资企业工作的大学生比例在不断提高，而合资企业和其他就业单位尚未成为大学生择业时的首选。事业单位和国有企业向来以其稳定的工作性质和较高的薪酬待遇备受大学生青睐。值得关注的是，随着近年来国际化市场愈加开放、全球性竞争愈加激烈，外资进驻国内市场、给国内经济带来巨大影响的同时，也分担了国家部分的就业压力。

## 四、了解就业需求

大学生由于缺乏人生阅历和对社会与自我的认识，其就业理想值通常高于现实。此外，受传统就业观念的影响，包办式、代替式中国家庭教养理念也滋生了大学生的完美主义心理。因此，在大学生的就业指导工作中，学校和教师应着力帮助学生正确认识自我，客观评价自我，大学生自己也要逐步调整自我需要与社会发展需要之间的关系，把自己的理想与社会的需要紧密地结合起来，提高个人的心理素质，调整就业期望值。

在择业过程中，尤其是薪酬待遇方面，大学毕业生的期望值整体上符合社会的实际情况，但也有部分同学就业期望值过高，目标放在大企业、薪酬福利好的行业，忽略了自身实力和自身适合的择业定位，从而导致择业失败。正确的选择是先走上适合自己发展的工作岗位，通过自己的拼搏和努力获得较高的薪酬和待遇。

## 五、明确就业岗位

毕业生就业选择何种岗位，主要取决于自身愿望、资源条件和岗位胜任素质与能力发展。这就要求毕业生对自我的素质和能力有清晰的认识，对具体岗位的职责、任职条件的要求、职业发展路径等有深入的了解。

关系网是最有效的求职策略。发展关系网指的是开发和保持人际交往的活动。如果能够精明地培养和利用这些人际关系，这些关系人有可能成为你的雇主。发展关系网有助于在空缺职位信息对外发布之前就抢占先机。

有用的关系让成功入选和失之交臂之间存在着战略上的区别。这是因为雇用新人总是太冒险而且昂贵，在两个有着同样资格的候选者之间，大多数雇主会倾向于被推荐的那个。很多情况下，许多岗位空缺需要立刻填补，没有时间做广告招聘和浏览数不尽的简历。每年新出现的工作岗位大多数是通过业务线索来填补的。也就是说，这些工作都提供给了那些与雇主有一定关系网（哪怕是间接关系网）的候选人。许多人知晓招聘信息是通过口口相传的，因为你必须让人知道你正在找工作。例如，实习、合作训练、招聘会和社交网络会帮助你建立关系网，因为这些都是你认识潜在雇主的途径。

发展关系网的最佳方式是面对面交流。见面会谈并不是参加一场简单的产品推介会，所要做的是建立信任感，提高个人能见度，倾听对方的见解、经验和智慧。会面过程中表达出来的尊重和对对方付出宝贵时间的感激之情越强烈，获得进一步联系和被推荐的机会就越多，工作申请得到考虑的希望就越大。

发展关系网有两层意思：一是一群人之间的相互联系与协作；二是以增加个人与业务机会为目的，与他人建立联系并交换信息。你遇见的每一个人都有可能成为你终身事业上的助力者。

发展关系网的目的是在相互帮助的过程中实现目标。首先，关系网能帮你更好地了解某个领域和公司的情况，这些都会增加你在这个领域成功的概率。其次，发展关系网旨在回报帮助过你的人。

每天都要拓展你的关系网。尽管各类社交网络是一个强大的工具，但是要记住，真实世界的交往对你的求职才是最有用的。朋友和有用的社会关系能帮你得到面试的机会或者提供寻找工作的门路。试想：你认识越多的人，就能获取更多的信息。你的能见度越高，越积极主动，就越可能找到合适的工作。一个亲戚、邻居、同学或朋友都有可能告诉你一个工作空缺，或者向你提供宝贵的求职策略。全世界每天都有数以百万计的人们通过关系找到工作。其实很简单，就是告诉你遇见的每一个人你在找工作或者找实习单位。

你可能有许多愿意为你介绍关系或者出主意的熟人，他们可能来自组织机构、健康或体育团体，或者是你的老师（过去的和现在的）、同事和前雇主。

【案例故事】

## 于同学的成功就业

于同学，女，某中医药大学公共事业管理（药事管理方向）专业学生，2016 年 6 月毕业。该生在校期间学习成绩优异，注重自身综合素质养成，曾担任学校校级组织的信息部部长。

入学初期，该生就根据辅导员老师的指导对大学四年的学习和个人成长进行了明确规划，在保证专业课学习的基础上加强自身综合素质的培养，积极参加学校、学院组织的各项活动。同时，身为班委会成员，在班级建设过程中积极建言献策，查阅大量有关资料，精心编辑并撰写各类文字材料，公文写作能力得到很大提升，组织协调和沟通表达能力等综合素质都有所提高。临近毕业前，该生主动找到辅导员老师咨询就业问题，并说明了自己的就业意向。辅导员认为，该生学习努力，工作积极进取，做事认真严谨，条理清晰，尤其具备公文写作特长，适合从事办公室文职类工作。

结合辅导员老师的悉心指导，该生做了充分的就业前准备，深入剖析自我，挖掘自身特长，确立就业目标，同时她也很好地与家长沟通了工作的地点、工作性质和工作待遇等相关问题，认真书写简历及面试有关口答材料，以把握住每一个适合自己的工作机会。为了找到合适的工作岗位，该生不仅参加校内举办的各类招聘会、宣讲会，同时还关注其他高等院校、人力资源市场等大型招聘会信息，有选择性地投递简历，在各类面试中积累经验并开阔视野，进一步弥补不足，不断完善并提高自我。

辅导员老师在联系就业单位过程中得知大连蓝天软伤专科医院办公室急需招聘文职人员，主要负责文件起草和办理日常性事务工作。辅导员比照医院招聘要求和学生实际情况，认为该生特别适合此岗位，因此推荐其前去参加面试。该生经与家长协商同意其到大连工作，在首轮面试中便以优异的表现顺利通过面试，随后即被邀请至医院参加实际工作考核。通过一段时间的工作实践，该生以突出的工作能力得到院领导的一致认可，毕业后正式被聘为大连蓝天软伤专科医院办公室职员，工作至今。

该生能够顺利就业，与其在就业前期的认真备战是密不可分的。她能够在征求辅导员老师和家长的意见后，给自己做出准确定位，明确就业方向，初步确定就业地区，并能够发挥自身特长，迎合就业单位的需求。

【训练活动】

## 明确就业意向

1. 我毕业后的主要选择是（选择主要包括就业、升学、留学、自由职业和创业）：

2. 选择该方向的主要理由是：

（1）________________________________

（2）________________________________

（3）________________________________

3. 选择该出路，支持资源或优势在于：
(1) ______________________________
(2) ______________________________
(3) ______________________________
4. 选择该出路，主要困难或不利条件是：
(1) ______________________________
(2) ______________________________
(3) ______________________________
5. 实现该毕业选择的目标，具体要求有：
(1) ______________________________
(2) ______________________________
(3) ______________________________
6. 实现该毕业选择的目标，目前的差距在于：
(1) ______________________________
(2) ______________________________
(3) ______________________________
7. 为缩短差距，实现目标，现制定以下策略和实施方案。

现在，请根据自己的实际，按照表 2－14 给出的选项进行填写，梳理出个人就业意向。

**表 2－14　就业意向分析表**

<table>
<tr><th>方向</th><th colspan="4">前三位选择</th><th>求职方向</th></tr>
<tr><td rowspan="3">行业</td><td colspan="4">1.</td><td>第一类求职方向：</td></tr>
<tr><td colspan="4">2.</td><td>行业：</td></tr>
<tr><td colspan="4">3.</td><td>企业：</td></tr>
<tr><td rowspan="3">企业，可用具体公司代表</td><td>国企类</td><td>公司 1</td><td>公司 2</td><td>公司 3</td><td>职能：</td></tr>
<tr><td>外企类</td><td>公司 1</td><td>公司 2</td><td>公司 3</td><td>地域：</td></tr>
<tr><td>民企类</td><td>公司 1</td><td>公司 2</td><td>公司 3</td><td>第二类求职方向：</td></tr>
<tr><td rowspan="3">职能，可用具体岗位代表</td><td>1.</td><td>岗位 1</td><td>岗位 2</td><td>岗位 3</td><td>行业：</td></tr>
<tr><td>2.</td><td>岗位 1</td><td>岗位 2</td><td>岗位 3</td><td>企业：</td></tr>
<tr><td>3.</td><td>岗位 1</td><td>岗位 2</td><td>岗位 3</td><td>职能：</td></tr>
<tr><td rowspan="6">地域</td><td colspan="4">1.</td><td>地域：</td></tr>
<tr><td colspan="4">2.</td><td>第三类求职方向：</td></tr>
<tr><td colspan="4" rowspan="4">3.</td><td>行业：</td></tr>
<tr><td>企业：</td></tr>
<tr><td>职能：</td></tr>
<tr><td>地域：</td></tr>
</table>

【实践拓展】

## 第一印象

这是你第一次有机会去思考自己并记录下你的反应。请认真如实地回答以下问题并填在横线处。回答必须真实，不能为了取悦他人而弄虚作假。尽量凭直觉回答，不可考虑过久，因为时间越久越刻意为之。

1. 我是____________________

2. 我需要____________________

3. 我想要____________________

4. 我想改变____________________

5. 如果未来5年里一切发展顺利，5年后我将从事下列工作：

____________________

6. 如果未来5年里发展不顺利，5年后我将从事下列工作：

____________________

7. 我害怕：____________________

8. 回顾过去所做的工作和志愿者经历，哪份工作或哪段经历是我最喜欢/最不喜欢的？这些偏好是否有规律可循。

____________________

【本章小结】

本章详细介绍了毕业生的就业去向，毕业生要对相应的就业去向进行深入的了解，以此初步设定个人的职业目标；介绍了职业发展路径和典型岗位胜任力，职业发展路径涉及相关医药的主体职业，指明了该职业的大体发展方向，有利于毕业生更真实地了解个人的职业方向，做出准确的职业定位；简要介绍了中医师、药师和护理岗位的典型岗位胜任力，为毕业生初步了解和认识该岗位需要具备的一些能力和素质提供借鉴；择业的四大“黄金法则”告诉毕业生择业的基本原则，综合考虑社会需求、个人特长、个人爱好和人生价值，以做出符合自身特点、促进个人成长和发展的重要选择；五步法确定择业目标提出了择业的基本步骤，通过科学确定地域、行业、就业单位、兴趣和关系网，最终达到确定理想的求职目标的目的。

【资源拓展】

## 四种择业定位策略

择业定位通常有四种策略。

1. 单一定位策略

单一定位策略即只考虑一种职业，而不考虑其他职业。如学工商管理的只把自己未来的工作定位于职业经理人；学市场营销的只定位于销售人员；学会计的只打算今后从事会计工作；学法律的只想今后作为一名律师；学计算机的只选择计算机研究与软件开发工作等。

2. 双重定位策略

双重定位策略即同时考虑两种不同的职业，如学动物药学的，把自己未来的职业优先定位于动物药品的技术研究与开发，但同时也考虑从事动物药品的营销工作；学工商管理的既考虑企业管理工作，也考虑做销售工作；学环保工程的除了从事环保技术研究与开发外，还可以从事环保产品的销售、技术支持等。

3. 多重定位策略

这种策略是同时考虑三种以上的职业去向。如学社会工作的把自己的未来择业定位于政府机关工作，或高校任教，或企业专门从事市场调研，或统计工作，或从事秘书工作等。

4. 改变定位策略

改变定位策略即根据特定的市场机会和客观情势变化改变自己先前的定位。如有位学工商管理的大学生，开始时把自己的择业定位于企业管理培训生，后改为一般的销售人员，最后又参加公务员考试被录取，进入政府机关做了公务员。择业定位并非一成不变的选择，特别是在大学生刚步入职场的职业生涯初期，可能会一次或数次改变或修订当初的择业定位，以适应新的社会变化，获得更好的生存和发展空间。

【课后作业】

1. 马上就要毕业了，你对自己的未来出路有什么打算，对这些毕业选择进行调研了吗？

2. 如果毕业后你打算就业，请具体描述你的就业意向。

3. 未来如果你从事了中医药相关职业，你的职业理想是什么。

# 第三章 大学生求职准备

【学习目标】

1. 掌握中医药类专业毕业生从事典型职业所需的核心职业技能，寻找差距，为成功就业做好技能准备。

2. 熟悉求职过程中常见的心理问题以及就业心理调适的基本方法。

3. 了解当前中医药类毕业生的就业形势与发展趋势。

【导入活动】

### PPM 大会

PPM，即 Personal Priority Management 的英文缩写，意为“个人优势管理”。请在下表中快速写出你的优势，时间为 3 分钟。

| | | |
|---|---|---|
| K 知识<br>（如新闻理论、阅读书籍等） | 已发现： | 后补充： |
| S 能力<br>（如创新能力、绘画技能等） | 已发现： | 后补充： |
| A 态度<br>（如积极乐观、好奇心等） | 已发现： | 后补充： |

**思考：**你有哪些能力优势，你对待求职的态度是怎样的，你做好就业的心理准备了吗？你了解最新的就业形势与政策吗？

【案例故事】

### 机会总是垂青于有准备的人

周同学，女，某中医药大学2010级中医骨伤专业方向学生，2015 年 6 月毕业。该生家住四川省泸州市，她在大三阶段就确立了今后工作的地区，即回四川省就业，最好是离家比较近的城市，想从事医疗工作。

**付诸行动：**

为了实现自己的就业目标，周同学做出了以下一些努力：

1. 在大五毕业实习阶段，选择了回四川省泸州市一家医院实习。

2. 在实习岗位上，她刻苦努力，苦练医学基本功，得到了医院老师的好评。

3. 2014 年 12 月份，四川省泸州市举办了事业单位公开招聘，周同学报名参加了招聘考试及面试。

4. 在面试中，她通过了泸州市中医医院和泸州市医院的面试。两家医院有所不同，泸州市医院是一家以西医为主的医院，医院的中医科规模较小，可以直接落实编制。泸州市中医医院是一家以中医为主的医院，暂时没有编制，需要等到有机会，参加事业单位考试才能够落实编制。经选择，周同学最终选择到以中医为主的四川省泸州市中医医院工作。

**后续影响：**

2011 级中医骨伤专业王同学家住贵州，也想在家附近找工作。在辅导员老师的帮助下，王同学与周同学取得了联系，周同学为王同学提供了很多当地举办的招聘会信息，在周同学的帮助下，王同学成功到贵州省的一家事业单位就业。

**点评：**在这一案例中，周同学较早地确定了今后就业的地域及目标岗位。在就业的过程中，周同学积极主动，在毕业实习阶段就选择到预期就业地域附近的医院进行实习。实习中她勤奋努力，扎实学习，很好地锻炼了临床技能。周同学在就业信息搜集方面也做到了及时、全面，掌握了就业信息后及时参加当地的医疗系统事业编制考试，凭借扎实的理论功底和在医院实习一年的经验，成功考取了事业编制。周同学在就业岗位的选择上，选择了中医发展空间较大，今后能提供更多机会的中医院就业，也体现了择己所爱、择世所需的原则。周同学的就业观念和就业方法不仅为自己创造了成功就业的机会，也影响到了周围的同学。

## 第一节　行业就业形势分析

随着我国社会主义市场经济体制的建立和完善，高等教育迈向大众化的步伐加快，当代大学生的就业形势发生了重大变化，可谓机遇与挑战并存。随着国家医疗卫生事业的改革和大力弘扬中医药传统文化的倡导，中医药行业的就业发展趋势有哪些新变化，将为中医药院校学生就业带来哪些新契机呢？

### 一、中医药行业就业趋势

#### （一）临床类专业就业去向良好

医学专业的学生在毕业之后主要从事与医疗卫生事业相关的工作，但由于医学学科有很强的专业性和独立性，对口单位主要是医疗卫生机构和相关医药产业，随着医药卫生改革的深入以及人口的老龄化，临床类医师的需求上升较快。

中医药高校历来重视毕业生的就业工作，将实现毕业生的充分就业、高质量就业作为工作重心。近两届毕业生规模有所增长，就业率稳中有升，始终保持较高水平，就业状况良好。

### （二）药学类需求持续旺盛

药学类专业每年初次就业率及年终就业率均在90%以上。大学生考研热继续升温，报考人数增幅很大，录取率占当年学生总数的20%左右。医药公司仍是毕业生最主要的就业单位，村官、西部计划报名及录取人数不多，对于城市与乡镇就业，90%以上的学生选择在城市就业。

### （三）非医药专业受到肯定

非医药专业毕业生的就业率逐步提高，一些专业还颇为抢手，譬如市场营销、计算机类专业，早早就参与实习，被单位预定或签约。经济管理类专业、计算机科学与技术、应用心理学等专业经过多年建设已得到社会认可，有了一批相对固定的就业接收单位，毕业生的就业去向相对来说比较稳定，就业率相对稳定，管理等相关专业毕业生需求量很大，学生选择面广，学生就业呈现多元化特征。

### （四）基层就业和创业不断增加

国家给予大学生就业优惠政策和鼓励措施，并提供了较多的就业岗位，如大学生村官、应征入伍、西部计划、研究生支教团、“三支一扶”计划等，也拓宽了毕业生的就业选择面。此外，在国家“大众创业，万众创新”的理念驱动下，很多大学毕业生纷纷开始自主创业，自主创业为大学生提供了个性的就业途径。

### （五）毕业生主要留在本省就业

中医药高校的毕业生在高校所在省份就业的比例均处于较高水平。这一流向与学校服务地方经济建设和服务中医药的战略定位相契合，为当地的社会发展提供了持续的人才支持和智力支撑。同时，学校立足本地，服务区域，面向全国，积极为地方经济发展服务，尤其要在服务本省医药卫生事业、生物医药产业及健康服务业方面提升学校社会参与度、贡献率和影响力。

## 二、中医药行业就业需求

### （一）人才需求结构发生变化

《中医药发展战略规划纲要（2016—2030年）》提出，到2020年，中医医疗服务体系进一步完善，每千人口公立中医类医院床位数达到0.55张，每千人口卫生机构中医执业类（助理）医师数达到0.4人；中医药产业现代化水平显著提高，中药工业总产值占医药工业总产值30%以上，中医药产业成为国民经济重要支柱之一；中医药对外交流合作更加广泛。

在整体行业以及国家政策扶持的大背景下，“十三五”期间我国的中医药产业得到了较大发展，行业的发展必然催生中医药相关人才需求的增加。医药卫生行业在人口老龄化所引发的大健康产业拉动下，继续保持快速增长态势。在政府宏观政策推动及民众对中医中药认可度提升的大背景下，中医药在大健康产业中扮演的角色越来越重要。

在行业利好因素推动下，中医药人才需求量保持稳定增长态势，从医药人才网等相关招聘网站及高校等机构反馈信息综合判断，我国对中医药相关的人才需求量将保持稳定上升趋势。随着社会经济的发展，人们对医疗保健提出了更高要求，一些新兴的行业将得到发展，如养老服务、健康教育管理和培训、保健院、康复医院、治未病中心、体检中心、体育健身中心等，这些都将成为吸纳毕业生就业的新空间。

在人口老龄化趋势以及民众对健康关注度提升的背景下，营养师和中药师的需求增长加快，一线城市及发达地区的需求增加最为明显。与大健康产业有关的健康产品研发人员、产品管理人员乃至健康服务人才供不应求。未来急需一批熟悉中医药、懂市场、善经营、精管理的复合型人才。《中医药健康服务发展规划（2015—2020 年）》《中医药发展战略规划纲要（2016—2030 年）》将极大推动整个中医药行业发展。

在规划期间，与大健康产业有关的中医药养生保健服务、中医药医疗旅游、中医药产品推广等方面的人才需求将大大增加。据相关权威网站分析，预计执业药师（中药师）、中药调剂员、针灸推拿、理疗师的需求量增长均超过 30%。

随着各地中医药服务体系的建立及完善，发达地区的医疗卫生机构对中医药专业人才的学历水平要求逐步提高，三级医院和地级城市的二级以上医院多要求研究生学历；欠发达地区及县、乡镇等基层医疗卫生机构人才需求主要以本科层次为主。

### （二）需求主体日趋多元化

主要就业行业仍以卫生和社会工作为主，但日趋多元化。从毕业生就业行业分布来看，体现了医学专业的特色及优势。今后毕业生就业的主要行业仍为与专业相关度较高的卫生和社会工作行业。随着大健康产业的发展，国内外 500 强企业、民营的养生馆等机构对中医药人才需求量也会日益增加。到 2020 年，我国健康服务业总产值预计将达到 8 万亿元以上，使得大健康产业中行业不断细化，由此毕业生就业行业方向日趋多元化。

2015 年 5 月份，国务院办公厅印发了《中医药健康服务发展规划（2015—2020 年）》，对当前和今后一个时期我国中医药健康服务发展进行了全面部署。这既是对前期国务院《关于扶持和促进中医药事业发展的若干意见》（国发〔2009〕22 号）和《关于促进健康服务业发展的若干意见》（国发〔2013〕40 号）等文件的贯彻执行，也是国家层面上关于中医药健康服务发展的具体规划。规划在保障措施中提到，要“拓宽中医药健康服务技术技能人才岗位设置，逐步健全中医药健康服务领域相关职业（工种）”。

### （三）医师规培助推就业

随着 2015 ~ 2020 年国家住院医师规范化培训项目的深入实施，医学生的继续教育得到极大加强，考研升学毕业生比率将有所增加，此类毕业生就业形势较好。参加规培后，有社保、有签订培训协议或合同、有固定的工资收入，以上特点完全符合就业的特征。

国家中医药管理局发布的《中医药人才发展“十三五”规划》指出，到2020年，全面实施中医住院医师规范化培训，初步建立中医医师专科规范化培训制度，支持建设一批中医住院医师、专科医师规范化培训基地和师资培训基地，培训中医住院医师7.2万名（含中医类别全科医生1万名），对5000名中医医师开展专科规范化培训。

目前，有的大学生眼高手低，专业知识和基本操作技能还不够扎实，这才是毕业生就业难的切实所在。而中医本身具有独特优势和潜力，在各个方面，如内科、外科、妇科、儿科、疑难杂病科、全科等都具有自己的优势，这是西医学所不可比拟的。因此，毕业生要具备扎实的专业技能，以便在工作中发挥出中医应有的魅力，将我国的传统精华发扬光大。只有专业知识够扎实、综合素质够全面，才能谋得理想职业。

### （四）迈向国际化方兴未艾

随着中华文化在海外的进一步传扬，中医药作为中华文化的重要组成部分，将发挥不可替代的作用。除了中医药类专业人才外，其他具有中医药知识背景的经济管理类、计算机科学与技术、英语等专业的毕业生也将获得更多在国际舞台上施展身手的机会。

《中医药发展“十三五”规划》提出要积极参与国家“一带一路”建设，制定并实施中医药“一带一路”发展规划，实施中医药国际专项，支持优秀中医药机构与“一带一路”沿线国家合作成立中医药中心；打造高水平合作机制与平台；深化与世界卫生组织、国际标准化组织等国际组织的合作，积极参与国际规则、标准规范的研究与制定，构建中医药国际标准体系和认证体系；大力发展中医药服务贸易；支持有条件的中医药机构在境内外设立中医药服务贸易机构，鼓励有条件的非公立中医医疗机构向境外消费者提供高端中医医疗保健服务。

### （五）基层就业天地广阔

按照《基层中医药服务能力提升工程“十三五”行动计划》的目标要求，到2020年，以社区卫生服务中心、社区卫生服务站、乡镇卫生院、村卫生室为主体，县级综合医院等为骨干，中医门诊部、诊所为补充的基层中医药服务网络基本完善，人员配备合理、管理更加规范。同时，要求70%以上的村卫生室至少配备1名中医类别的医师。随着国家进一步加大基层中医药服务能力建设，在乡镇卫生院和社区卫生服务中心建立中医馆、国医堂等中医综合服务区，中医的乡村化与社区化，使得中医药人才就业渠道逐渐向基层医疗单位倾斜。随着《中华人民共和国中医药法》关于中医诊所实行备案制度政策的实施，一、二线城市私人中医诊所、中医馆、康复保健机构快速增加，人才需求增加明显。

中共中央办公厅、国务院办公厅2017年2月印发了《关于进一步引导和鼓励高校毕业生到基层工作的意见》。一是进一步引导和鼓励高校毕业生到基层工作，以服务基层发展为目标，以更好地发挥高校毕业生作用为核心，加快构建“下得去、留得住、干得好、流得动”的长效机制。更好地发挥政府购买服务作用，聚焦基层短缺人才，聚焦基层和艰苦地区迫切需要的现代农业、教科文卫等重点领域，精准对接、精准施策开发更多适合高校毕业生的就业岗位；二是拓展基层机关事业单位就业空间，编制政策、编制标准向基层适当倾斜，空缺岗位择优或拿出一定比例专门招录高校毕业生。同时适当放宽学历与专业限制，降低开考比例或拿出一定招录数量面向本地生源。

### （六）行业新岗位、新职业涌现

随着中医药事业的发展，与中医药健康服务人才有关的中医预防保健、养生康复、健康养老、健康管理方面的需求大增。适应中药产业发展和中药研发的中药专业人才，中药炮制传承人才也在走俏。中药材种植栽培、质量检测、品种鉴定、资源普查、产业经营等相关岗位所需人才也在增加。

2015 年 7 月 29 日，国家职业分类大典修订工作委员会审议并颁发了 2015 版《中华人民共和国职业分类大典》（简称《大典》）。中医行业新增中医亚健康医师、中医康复医师、中医营养医师、中医整脊科医师、中医全科医师、民族药师、中医技师、中医护士、中式烹调师（含药膳制作师工种）9 个职业。新版《大典》，除新增职业外，还完善中医行业特有工种，如将保健调理师细分为保健刮痧师、保健艾灸师、保健拔罐师和保健砭术师。

此次调整后，中医行业职业共有中医医师、中西医结合医师、民族医医师、药学技术人员、护理人员、保健服务人员等共计 37 个职业。

### （七）大健康产业蕴藏巨大潜力

所谓大健康是围绕人的衣食住行、生老病死，对生命实施全程、全面、全方位的呵护，既追求个体生理、身体健康，也追求心理、精神等方面健康。发展大健康产业，转变传统医疗产业发展模式，即从单一救治模式转向“预防－治疗－康养”一体化防治模式。为此，除了继续发展以医疗器械为主、以药品为主的医疗医药工业，还加快发展以保健食品、药妆、功能性日用品等为主的保健品产业，以个性化健康检测评估、咨询服务、疾病康复等为主的健康管理服务产业。

“十三五”时期是全面建成小康社会的决胜阶段，健康中国建设为大健康产业发展提供了前所未有的大好机遇。健康是促进人的全面发展的必然要求，是国家富强和人民幸福的重要标志。没有全民健康，就没有全面小康。党的十八届五中全会从协调推进“四个全面”战略布局出发，提出“推进健康中国建设”的宏伟目标，凸显了国家对维护国民健康的高度重视和坚定决心。

同时，我国也拥有大健康产业发展的社会土壤。首先，除患者人数多外，亚健康人群也比较大，人口老龄化进程加快。以人口老龄化为例，我国从 20 世纪末进入老龄化社会，目前 60 岁以上人口接近 2 亿。2030 年我国将迎来老龄化高峰，老龄人口将超过 3 亿，成为全球人口老龄化程度最高的国家之一。在庞大的人口数量、老龄化进程加快、技术突破、互联网＋、医疗体制改革等背景下，我国的医疗健康产业必将迎来井喷式发展，到2020年，中国医疗健康产业总规模有可能突破8万亿元。发展大健康产业，不仅可以提高人的体质和生活质量，而且可以让庞大的老龄人口变为扩大内需、推动发展的新引擎。其次，我国有着悠久的中医药文化传统，讲求“药食同源”，注重治防并举、养疗结合，所以大健康产业的理念更容易被人民群众所接受。

【案例故事】

## 阿里智能健康大药房

2019年9月12日，阿里智能健康大药房在三周年店庆之际，发布超级药房2.0标准，从药品零售平台升级为以家庭为核心的健康服务平台。除了升级平台外，阿里健康还联手天猫精灵，首发定制版“鹿小佳”智能音箱，为中国千万家庭提供“健康管家”智能化场景服务。

### 一、每6个国人就有1个逛过这家药店

阿里健康大药房是线上线下一体化的大药房。2018年，阿里健康大药房首次揭秘新零售时代的“超级药房1.0”标准。经过一年的摸索，阿里健康大药房以“一个家庭成员的健康需求”为服务场景，将超级药房升级为2.0健康服务平台。

“‘全与安全’是一家药房服务好消费者的关键。”阿里健康大药房总经理刘恒浩在发布会上表示，超级药房2.0有6大标准，包括全品类商品、全人群覆盖、全场景服务，并通过品质严选、用药管理、健康陪伴提升安全保障。

一系列数据印证了这家超级药房的“全”——过去3年，已有超过两亿人，也就是将近每6个国人就有1个逛过这家药店。截至2019年9月，阿里健康大药房共上线来自22个国家和地区的6万多款商品，与近3000家品牌合作，商品范围涵盖OTC药品、保健滋补、成人用品、医疗器械、隐形眼镜、美妆个护、母婴孕产等多个种类，覆盖从婴儿到老人不同年龄人群的健康解决方案。

为了增加商品地域覆盖，就近发货提升时效，2018年阿里健康大药房在原有的广州、石家庄、昆山等三个仓库的基础上新增佛山、重庆中心仓库，五仓配送全国。目前，通过菜鸟联盟合作，偏远地区覆盖增加，北至漠河，南至三沙，阿里健康大药房的健康实物商品都能送达。其中，北上广深杭等20座核心城市可实现当天19点前下单，次日送达。

### 二、选对药　买好药　安全流程全面迭代

对于用户来说，选对药、买好药是实际的需求。超级药房2.0从用户需求出发，也对安全流程全面迭代。

目前，阿里健康大药房有2000多名执业药师7×16小时在线，购买前用户免费咨询，购买后客服回访。线上购药过程中，消费者能看到适合自己需求的内容，并通过完善的页面说明和评价帮助消费决策。在品质把关方面，仅过去一年，阿里健康透明实验室就完成了3000余批次的样品检测，并制定了西洋参、枸杞、蜂蜜、蛋白粉等27项推

优标准。

此外，追溯技术也进一步保障药品安全，购买前可以看到产品页面“码上放心”认证；收货后打开淘宝或支付宝扫药品盒上的码，就能帮助鉴别真伪。

**三、天猫精灵“鹿小佳”健康陪伴**

超级药房中，健康陪伴的场景也是新增的服务升级。阿里健康大药房联手天猫精灵，此次推出定制版外观的“鹿小佳”精灵，今后所有的天猫精灵都将具备健康语音服务能力，做家庭健康的陪伴，答疑解惑。

目前，包括“鹿小佳”在内的天猫精灵，已掌握4000多条药品用药指南和服药禁忌知识，270多种头疼脑热、拉肚子、烫伤等常见症状的专业回复，2000多种疾病百科。在智能AI的帮助下，天猫精灵根据用户询问内容不断迭代健康知识内容，有望解决用户绝大多数健康疑问。

“可以预见，未来中国最大的药房一定会出现在线上。”阿里健康CEO沈涤凡表示：“我们的愿景是‘为十亿人提供公平、普惠、可触及的健康服务’，所以阿里健康大药房不追求做最大药房，但追求的是更全、更安全、更普惠。大药房50%的消费者来自三线以下的小城镇，我们让这些人享受到了与一线城市居民一样的医药健康产品服务。”

**【知识链接】**

## 国家出台与中医药事业发展相关的重大政策

近年来，国家领导人和各级政府对中医药事业高度重视，加强了中医药事业发展的顶层设计和中长期规划，以及中医药事业的立法。2009年，中共中央、国务院印发了《关于深化医药卫生体制改革的意见》（中发〔2009〕6号文件）。同年，国务院颁布了《国务院关于扶持和促进中医药事业发展的若干意见》。党的第十八次全国代表大会和十八届五中全会提出“坚持中西医并重”“扶持中医药和民族医药事业发展”；《中共中央关于全面深化改革若干重大问题的决定》明确要“完善中医药事业发展政策和机制”。

国务院印发了《中医药发展战略规划纲要（2016—2030年）》，国务院办公厅首次印发了《中医药健康服务发展规划（2015—2020年）》《中药材保护和发展规划（2015—2020年）》等中医药发展领域的专项规划。2016年8月26日，中共中央政治局召开会议审议通过了《“健康中国2030”规划纲要》，2016年12月6日国务院新闻办公室发表了《中国的中医药》白皮书。

2016年12月25日，十二届全国人大常委会第二十五次会议审议通过了《中华人民共和国中医法》。见表3－1。

**表3－1 国家近年出台的相关政策**

| 时间（年） | 文件 | 内容及意义 |
|---|---|---|
| 2013 | 关于促进健康服务业发展的若干意见 | 将“健康服务业”提升到国家战略层面，要求力争到2020年，把健康服务业的总规模从现在的2万亿元提高到8万亿元以上 |

续表

| 时间（年） | 文件 | 内容及意义 |
|---|---|---|
| 2015 | 中医药健康服务发展规划（2016—2030年） | 基本建立中医药健康服务体系，中医药健康服务加快发展，成为我国健康服务业的重要力量和国际竞争力的重要体现 |
| 2015 | 十八届"五中"全会公报 | 推进健康中国建设，深化医药卫生体制改革，理顺药品价格，实行医疗、医保、医药联动，建立覆盖城乡的基本医疗卫生制度和现代医院管理制度，实施食品安全战略 |
| 2016 | 中医药发展战略规划纲要（2015—2020年） | 提出了两个阶段性目标，到2020年实现人人基本享有中医服务，中医医疗服务体系进一步完善。中医药产业成为国民经济重要支柱之一。到2030年中医药服务领域实现全覆盖 |
| 2016 | "健康中国2030"规划纲要 | 到2030年，主要健康指标进入高收入国家行列。提高中医药服务能力，发展中医养生保健治未病服务，推进中医药继承创新 |
| 2016 | 中华人民共和国中医药法 | 建立符合中医药特点的管理制度，加大对中医药事业的扶持力度，加强对中医医疗服务和中药生产经营的监管 |

这些都是中医药发展史上具有里程碑意义的大事，这些高密度的决策部署，描绘了全面振兴中医药、加快医药卫生体制改革、构建中国特色医药卫生体系、推进健康中国建设的宏伟蓝图，中医药进入新的历史发展时期，对人才的需求十分迫切，健康产业蓬勃兴起，中医药类专业学生在未来大有可为。

【训练活动】

### 关于“大健康”话题的讨论

1. 你了解“大健康”产业吗?

2. 你了解“互联网＋大健康”吗?

3. 你想从事“大健康”相关的工作吗?如果是，如何立足所学专业，更好地为“大健康”产业做出自己的贡献。

## 第二节　就业心理调适

毕业季，中医药院校的莘莘学子走出校门，踏入求职的道路，一场又一场招聘会，一波又一波企业宣讲，一次又一次面试通关，不断的尝试、选择、竞争、抉择。这个时期的毕业生经历着从未有过的紧张节奏和内心对未来的无限期盼。求职过程中，有的人因成功而喜悦，有的人因失败而沮丧。面对逐年增长的就业大军和切实感受到的就业压力，大学生在智力和情绪方面都面临着极大的挑战，随之产生的心理反应也是多种多样的。通常毕业求职时的心理状态包括积极心理状态和消极心理状态两种。当外部环境和外部条件等因素与大学生心理预期有差别，不能达到内心原本期待的时候，求职过程中就会显现出情绪上的波动和心理上的不良反应。诸种就业心理现象的背后是大学生面临求职压力时所产生的应激反应，是一种心理失衡的状态。如果大学生不能及时合理地调适这些心理状态，就可能会出现不适应社会发展、不能结合自身实际判断和决策、盲目追求短期效益、没有长远打算，以及消极选择推迟就业或逃避就业等现象。

## 一、求职常见的心理问题

具体而言，毕业生求职常见的心理困扰表现为焦虑、自卑、从众、攀比、依赖、自负、嫉妒、矛盾、偏执等心理。

### （一）焦虑心理

焦虑是大学生最常见、最普遍的一种情绪反应，一般表现为对未来的忧虑、不安、紧张、慌乱等不良心理状态。一般来说，适度的焦虑可以使人产生一定的心理压力，增强人的进取心，产生积极的作用。但过度的焦虑会严重影响大学生的正常生活和择业活动，增加其精神负担。毕业求职季，部分学生会表现为过度焦虑，其原因主要是因为过分地为未来的不确定性而担心，又找不到排解忧虑的办法。引发毕业生焦虑的情况很多，例如，自己的择业期待能否实现；能否找到一个适合自己专业特长又条件优越的单位；求职面试多次遭遇失败而受挫；自己的意见与父母、恋人发生冲突等等。心理处于焦虑状态时，毕业生通常会紧张不安，心神不宁，愁眉不展，意志消沉，严重者甚至会遇事惊慌失措，焦躁武断。例如，毕业求职时着急找到用人单位，急着拿到Offer。尤其是在有限时间内还未能签订就业协议的同学，在对用人单位不是很了解的情况下就匆匆签约，导致事倍功半或事与愿违。还有的同学因为求职过程中遭到用人单位拒绝心情抑郁、情绪低落。正是求职就业中的这种过度焦虑的心理，影响到毕业生正常的判断和决策，并导致忧心烦躁情绪恶性循环，令人无所适从。

### （二）自卑心理

自卑心理是一种缺乏自信心和自尊心的表现，是对自己的能力、品质评价过低而引起的一些情绪体验，常常与怯懦、害羞、内疚、忧郁、失望等心理联系在一起。自卑心理多见于自我意识发展不健全、自我效能感较低的大学生或部分女大学生和生理有缺陷的大学生，主要表现在自我评价过低，面对求职竞争时怕自己经验不足，怕自己学识和能力不够，怕自己身材不好，担心学习成绩不够出色或自己学校的牌子不如别人，怕自己是女生竞争不过男生，如此等等，使得自己在求职过程中缺乏信心和勇气，不敢参与竞争。甚至经历失败后悲观失望、精神不振。应聘时，自卑型大学生面对用人单位，常表现为语无伦次、逻辑不清、答非所问、不够自信，甚至对于单位开出的不平等协议不敢发表见解，盲目签约，从而影响了就业质量。大学生求职时因为自卑心理，常会拘泥于自己的不足，难以发现自己的优势和特长。很多人不能突破自己因“自卑”而树立的消极自我形象，在心理上觉得自己比别人差，轻视或低估自己的能力和优势，对职场心存恐惧，难以建立自信。这里借用一个具有启发意义的小故事“白纸与黑点”供毕业生思考。

【案例故事】

## 白纸与黑点

老师在黑板上挂了一张“画”，白纸中画了一个黑色圆点。“你们看见了什么?”老师问。“一个黑点。”全班学生一起回答。老师说：“只说对了极少一部分，画中最大的部分是空白。只见小，不见大，就会束缚我们的思考力。”就像故事中说的一样，不要总盯着一个黑点即自己的缺点看，而忽视了大部分的空白即自己的优点。

### （三）从众心理

从众指个人受到外界人群行为的影响，而在自己的知觉、判断、认识上表现出符合于公众舆论或多数人的行为方式。通常情况下，多数人的意见往往是对的，少数服从多数，一般是不错的。但缺乏分析，不做独立思考，不顾是非曲直的一概服从多数，随大流走则是不可取的，是消极的“盲目从众心理”。毕业生在求职过程中常常因为对就业单位信息把握得不够全面，在对个人认知和自己的职业定位没有明确判断的情况下，受到周围因素的影响。个体行为，通常具有跟从群体的倾向。比如，在求职过程中，寝室同学都觉得待遇才是求职的首选时，自己也觉得选工资水平高的岗位才是对的；看到多数同学选择留在城市大医院或大企业，就觉得自己想回基层就业的想法层次低。也就是说，当发现自己的行为和意见与群体不一致，或与群体中大多数人有分歧时就会感到一种压力。这种盲目求职的毕业生，一脸茫然地趋向于与群体一致的从众心理和从众行为，常常使自己陷入“大多数人钟情的工作一定是好工作，大多数人选择的一定没错”的片面认知中，缺少求职准备阶段对自我价值认同的再度确认，对自我个性与优势的认真发掘和对工作单位相关信息的详尽了解和理智判断，结果忽视了自己的价值判断，放弃了自身的优点，失去了适合自身特点的工作机会。

【案例故事】

## 盲目从众的求职

毕业生小耿，第一次面试是“随大流”跟着同学一起去参加南京某药企的“医药代表”职位。可是面试之前，他对这家企业的了解不多，只是在头一天的宣讲会上了解了企业概况和应聘职位的基本信息。看到同班同学都去应聘，于是他也草草地做了简历，打算去碰运气，心想“今天的面试就是试试看的，成不成就看自己和企业之间的缘分了”。因为没有充分的准备，面试时并没给企业留下什么特别的印象。上午面试完，下午一起面试的同学有 8 人与企业签了协议，其中自然没有小耿。拿着一纸简历回到寝室的小耿心想，“看来自己与这家企业无缘”。看着寝室同学大都在等一个月后的大型双选会，也就随大流一天天度过了。一个月后的大型招聘会上，在经过一家药企面试后，他被录用了。但他看到自己同专业的其他同学没有与该单位签约，自己又对企业不太了解，就又产生了盲目从众心理。觉得既然大多数人都没有签约，自己签约可能是不合适的，于是犹豫不决。经过两个小时的再三考虑，当他准备与该单位签约时，该单位已经招聘结束了。让他万万没想到的是自己面试的这家药企是全国10强企业。他很后悔，一种失落感涌上心头。多数同学在招聘会上都能找到“婆家”，自己却又一次遭遇不顺，一下子感觉到了落差，情绪很低落。

读了小耿的例子，你对盲目从众的求职行为是怎样想的呢？

### （四）攀比心理

攀比心理是指个体发现自身与参照个体发生偏差时产生负面情绪的心理过程。毕业生求职过程中横向比较的对象和机会很多，所以经常会出现攀比情况。攀比分为正性攀比和负性攀比。正性攀比是指正面的、积极的比较，是在理性意识驱使下的正当竞争，往往能够引发个体积极的竞争欲望，产生克服困难的动力。负性攀比是指那些消极的、伴有情绪性心理障碍的比较，会使个体陷入思维的死角，产生巨大的精神压力和极端的自我肯定或者否定。负性攀比的最大问题在于缺乏对自己和周围环境的理性分析，只是一味地沉溺于攀比中无法自拔，对人对己都不能起到积极的作用。

【案例故事】

#### 小娟求职

卫生事业管理专业的小娟同学毕业找工作时，正赶上学校下发鼓励大学生基层就业的相关文件通知，因为小娟家乡所在的县城有一个基层就业的职位，辅导员老师便特意将通知精神告知小娟。可是小娟觉得自己应该像大多数同学那样选择留在城市，在知名企业工作。于是，她委婉谢绝了。后来在应聘投简历时，她选中了浙江一家不错的医药企业应聘医药代表。面试过程中小娟表现得很理想，但当了解具体工作业务时，企业人事经理告诉她需要负责的工作是在县级医院开展，小娟顿时感觉有些失望。看着其他同学找到了比自己好的工作机会可以稳定留居城市，自己实在不愿意选择这份工作。于是，她又一次拒绝了这次工作机会，一心想找一个和别的同学相比毫不逊色的工作。

从案例中可以看出，毕业生在求职过程中在个人因素、群体因素与情境因素的综合作用下多会与他人进行比较。仍然一味地与他人攀比，如工作单位名气比他人大、工作条件比他人好、待遇比他人高等，久而久之就会导致“这山望着那山高”的心理失衡。此外，当看到有的同学比自己提前拿到更好的Offer；有的同学面试中表现得比自己好；或者有的同学家庭条件优越，利用社会关系不愁找不到好工作时，自感心中不甘，总要找到更好的单位心里才能平衡。负性攀比会使人产生虚荣、好面子、自卑、失落等不良情绪，加重心理负担，影响正常的求职。

### （五）依赖心理

依赖心理是在依靠他人或事物而不能自立或自给的情况下的一种心理表现，通常与惰性心理相联系。毕业生求职过程中出现的依赖心理是存在于社会关系中的一种形式，具体指缺乏独立生活能力和条件的毕业生，在毕业求职时因自主能力较差或责任意识不足，不能很好地适应社会情景，从而产生的一种过分依赖家庭或其他社会成员的帮助而解决就业问题的行为。这种依赖心理在近年的求职毕业生身上尤为常见。

目前网络时代下长大的新一代年轻人纷纷步入职场，他们在易于接受新事物、敢于创新的同时也因大部分来自独生子女家庭，从小依赖父母规划，故在毕业求职时往往缺乏自主性和生涯规划的自觉性。这些对未来“没想过、走着看”的毕业生，往往会依赖老师动员和被动等待招聘会，甚至依赖家长“包办”。有依赖心理的毕业生常常处于被动就业状态，不仅会错失一些不错的就业机会，还会因为依赖他人做出被动选择，影响未来对职场的适应和职业生涯道路。对每个人来说，成功的道路并不都是一帆风顺的，那些拥有独立人格的大学生，在步入社会的时候会显现出相对成熟的气质和自立自信的特质，能够从容应对和解决问题，尽快适应社会环境。

### （六）自负心理

自负心理就是盲目自大，过高地估计个人的能力，缺乏自知之明。有些大学生在择业时，往往急切地希望走上重要的工作岗位并发挥关键作用。他们往往不能正确认识自我。自负心理使求职者无法正确评价自我，缺少对周围环境的洞察力，降低其分析和判断问题的能力，以至于与本来很适合自己个性发展的理想环境相对立。如面试时表现出以自我意见为中心，优越感极强，出现排斥或轻视他人的言语和行为。对年轻人来说，适当地高估自己可以激发其斗志，树立必胜的信念，坚定战胜困难的决心，做到勇往直前。但是有认知偏差的自负与自信有着本质的不同，自我感觉良好的自负不是自信，自信是建立在客观现实基础上的自省和自我认知。因此，脱离实际的自负不但不能帮助求职成功，反而会影响生活、学习、工作和人际交往，严重的还会影响心理健康。

**【案例故事】**

#### 自负的小吴

药学专业的毕业生吴同学，称得上是同龄人中的佼佼者，中共党员，担任过四年主要学生干部，策划和组织过学校许多大型活动，还获得过很多校级奖励。求职之初，不少单位都看中了他，但他总是觉得这些单位不适合自己，以自己的条件应该找到更好的工作，所以都回绝了。后来，他看到许多同学都找到了好工作，开始着急了。

一次，某知名药企招聘销售部门储备经理，虽然只有两个名额，但他信心十足，认为自己十拿九稳。结果，第一轮面试他就泄气了。面试时，当考官问他学习经历时，他对答如流，但当考官让他谈谈对公司营销观念的看法时，他却语无伦次，因为他只看中了公司的名气，对于公司的情况一点也不了解。第二天英语测试，他自动放弃了。

从案例中可以看出，自负心理造成的盲目自信会成为求职中的隐患，只有正确认识自己，才能在求职中做出正确判断，并通过求职过程发现自己需要学习完善的地方，促进职业生涯发展。

### （七）嫉妒心理

嫉妒心理是指人们为竞争一定的权益，对应当团结的人怀有一种冷漠、贬低、排斥或敌视的心理状态。求职过程中的嫉妒心理表现为对他人的成就、特长或优越的条件既羡慕又敌视。从本质上看，嫉妒心理是一种不健康的心理。无论是何种形式和内容的嫉妒，都不利于保持正常的人际交往及健全的社会生活。毕业求职过程中，同一个专业学习四年的同学彼此之间会在争取工作机会时形成竞争，当看到他人比自己更早更好地实现就业时，有些人会报以祝福，有些人会觉得不公，怀有嫉妒心理。如果嫉妒心理在合理竞争工作机会时出现，就会影响人与人之间的正常关系。

【案例故事】

#### 都是嫉妒惹的祸

护理专业大四的齐同学有一天来到就业咨询室，她跟老师说："毕业季找工作期间突然觉得同学关系变得很微妙。以前都是同班同学，很团结，但就业找工作期间，大家一下子变成了竞争对手，在求职应聘时感觉彼此暗中较劲。最近不知怎么了，看到那些平时表现突出被推荐去了好医院、好科室的同学一副得意的样子，总忍不住拿自己与她们比较。比如，有一天她们从医院回到寝室，大家在临睡前交流试用期的医院工作情况，我听她们有声有色地在我面前聊医院里的工作，而自己却还不知未来工作去向的时候，便会莫名地恐慌，甚至心中暗暗嫉恨对方。虽然也知道这样的想法很不对，但我就是控制不住自己。感觉她们就是我的竞争对手，忍受不了她们比自己强。"

还有一位刘同学，药学专业的毕业生，大学期间辅修了管理学第二学位，凭借这么好的条件和自身努力，他顺利得到了一份待遇优厚、知名外企的工作机会，同学们也都羡慕他。他也以为胜券在握，于是就暂时外出了。但是他万万没想到，由于外企对应聘人员的性格以及与人打交道的能力比较看重，虽然他通过了笔试和面试，但用人单位出于谨慎仍打电话到他的宿舍调查了情况。他当天不在，寝室里的一名同学接了电话。这个同学一直没有找到合适的工作，看到刘同学找到了这么好的单位，心理有些失衡。当用人单位问及刘同学的平时表现时，这位同学说："我们对他不太了解，他不怎么跟我们说话和交往。"用人单位由此感觉刘同学可能在性格上存在一些问题，最终放弃了对他的录用，一直没有再和他联系。两个月后，待他联系到单位的人力资源部门，才知道原因。

案例中的两种情况虽然表现形式不同，但都因为对他人产生嫉妒心理而影响了正常的同学关系。毕业求职阶段一定要做到真诚待人，互助互爱。能够彼此支持和鼓励的同学关系更为珍贵。

### （八）矛盾心理

矛盾心理是指对同一对象同时存在两种对立的情绪或态度，或对同一对象的感情或态度游离不定。比如想接近又想回避；时而喜爱，时而厌恶。求职就业时毕业生又一次站在了人生岔路口，面临种种选择。比如，是选择去“北上广”，还是去二线城市或是下基层；是做药品质检员还是医药代表；是到公立医院还是去私立医院；是先就业还是先考研；是否要跨专业就业；是否要远离父母去另一个城市就业等等。当对同一问题的两种看法或两种解决办法无法兼顾得失与利弊时，就会举棋不定，如果不能及时调适就会演变为矛盾心理。毕业生在求职这段重要而特殊的人生经历中做出怎样的选择才利于今后的职业发展，需要大学生以更长远的视角对当下的选择做出判断、结合自己的实际情况，自己的优势和职业定位做出明智的选择。

### （九）偏执心理

求职就业中大学生因不能很好地适应环境变化，有的会出现偏执心理倾向，导致不能正确、客观地分析形势，有问题易从个人感情出发，主观片面性大。通常会表现为极度的感觉过敏，对失败和挫折耿耿于怀，思想狭隘，行为固执死板，敏感多疑。遭遇挫折时还善于把失败和责任归咎于他人，总是过高地要求别人，但又不信任别人，偏执于他人或事情的不足等。这种心理倾向的大学生总觉得环境不顺心，又很难从自身找原因，调适自己的心理状态。严重的偏执倾向甚至会出现情绪失控，给自己和他人带来极大的困扰，影响与周围人的日常相处。

## 二、异常求职心理的调适

面对市场竞争，就业压力，高校毕业生在求职过程中不可避免地会遇到许多困难、挫折和心理冲突。对此会出现一些负能量的声音。例如“如今就业难，医学生拿着本科学历去竞争，感觉前途未卜，步入社会总感觉自己还不能应对”；“今天第一次面试医药代表的职位，这家药企是我最看好的企业，可是因为紧张表现得不理想，就这样错过了一家好企业，我感觉自己很失败”；“平时比我成绩差的同学都拿到不错的药企 offer 了，可我面试过好多次了还没有找到投缘的单位，感觉自己运气真的很差 ”；“学了四年的卫生事业管理，到了毕业时竟然无所适从，不知道自己该干什么”；“好不容易考上大学来到城市，不太愿意回基层就业”；“父母不希望我离他们太远就业，可是我实习的那家医院真的不错”。求职路上原本就充满挑战，毕业生在各种求职压力下如何保持动力和信念，不仅需要强大的心理能量，更需要通过一些合适的方法对自己的心理状态进行觉察，适时调适和应对。

### （一）心理调适的常用方法

出现心理问题并不是什么坏事，出现问题的时候恰恰是需要学会自我觉察与合理规划的好时机。也就是说，借着这个契机可以学会正视自己的心理状态，然后通过适当的调节及时加以改善，最终使自己切换到正常的积极的求职轨道上来。求职毕业生在就业心理调适的过程中可以尝试以下三种方法。

**1. 自我激励法**

自我激励是指个体不论遇到怎样的境遇，都能为设定的目标进行努力的一种心理特征。德国斯普林格在其所著的《激励的神话》一书中写道：“强烈的自我激励是成功的先决条件。”人的一切行为都是受激励产生的，不断的自我激励，会使人有一股内在的动力，朝着所期望的目标前进，最终实现自己的理想。因此，自我激励是一个人迈向成功的引擎。大学生在求职过程中，要相信自己的实力，通过自我激励，增强自信心，保持良好的情绪和心态。要学会积极地看待和转化意料之外的事情，把握困难带来的机遇，增强求职路上的勇气和动力。此外，还可以用生活中的哲理、榜样的事迹或明智的思想观念来激励自己，用正向积极的心态自我赋能，调整状态。坚信未来是美好的，失败、挫折只是暂时的考验，终将过去，学会勇敢地面对下一次。要鼓励自己不要惊慌失措，冲动急躁；要开动脑筋，积极内省，自我激励，冷静思考，寻找对策。

**2. 适度宣泄法**

实现目标的道路绝不是坦途。它总是一条波浪线，有起也有落。因挫折造成焦虑和紧张时，消除不良情绪最简单的方法莫过于“宣泄”，切忌将其深藏于心底。忧虑积压得越久，受到的伤害就越大。尽管目前尚处在求职道路上最艰难的阶段，但也不要灰心丧气，找个可以支持你的朋友或长辈跟他们聊聊自己的烦恼和委屈，或索性慢下来去读读自己喜爱的书籍、写写自己的心境，唱唱歌、听听喜欢的音乐也是不错的选择，或是吃点自己喜欢的甜点等。适度宣泄一下郁闷的情绪，也许会让人感觉好一些。总之，要相信阳光总在风雨后。乐观的心态一定会产生快乐的生活。当求职受挫、心情积压的东西无法消受时，可以在不影响他人的情况下利用适度宣泄的方法，把注意力从不良的情绪状态转移到自己感兴趣的事上，如散步、打球、看电影、阅读、聊天等，体验积极情绪带来的良好状态，完成自我心理调适。

**3. 情绪放松法**

在毕业求职期，莫名的焦虑紧张是很正常的。不过也要学会随时调整心态，让自己平静下来。如采用调息放松、想象放松、肌肉放松等触手可得的情绪放松法，训练自己放松心情，使自己张弛有度，保持愉悦和充满自信。如面试前的晚上难以入睡；或回答考官问题时紧张得肩膀内缩、手心出汗。这时不妨通过情绪放松法调节自己。通过均匀的呼吸调息放松；或者想象一下把自己的优点展示给面试官时的美好画面，尝试让自己保持微笑从容，把紧绷的肌肉放松下来。情绪上的放松有益于克服小恐惧，也会增强自信心。除了使用调息放松、想象放松、肌肉放松法来进行调适外，在紧张的生活间隙进行适度的运动，可以释放体内的内啡肽，进而产生快乐的感觉。也可以吃一些对放松有帮助的食物，例如坚果类、香菇、鳕鱼、菠菜、南瓜子、黑巧克力等。总之，要注意发现适合自己的放松方法，并经常练习养成习惯，使自己在任何时候都精力充沛，自信满满地应对各种挑战。

### （二）个性化心理调适方法

就个体而言心理问题有的体现在情绪上，有的体现在自我认知方面，有的体现在意志力等方面。因此，每个人的实际情况不同，采用的方法亦不同。

**1. 认知调适**

认知调适即改变认识事物的角度。美国心理学家阿尔伯特·艾利斯（A. Ellis）早在20世纪50年代就曾指出，人的困扰并不一定由诱发性事件直接引起，而是由经历者对事件不正确的认知和评价所引起的不合理信念，最后导致在特定情景下的情绪和行为后果。如果改变认知事物的角度，树立理性观念，困扰就会消除。毕业求职中的许多事情也是这样，如果换个角度理性认识社会现实，客观评价当今职业世界的变化进而正确认识自己，就会在新的认知角度上树立科学的择业观和职业价值观，从而主动寻找机遇，积极应对求职挑战。

（1）客观认识社会现实，树立科学的择业观和职业价值观：随着中国经济结构的转型升级，就业市场发生了很大的变化，无论是事业单位还是企业单位的人力资源定位都发生了相应的转变。以能力为中心的实用主义的用人方式渐渐改变着人们的就业观念。就业观是指对职业选择的基本看法。传统的就业观特别强调专业对口，一步到位，优先考虑稳定性好的职业。例如，国企、事业单位或政府行政机关的工作仍然是传统观念中的理想就职方向。然而，新时期职业世界的变化和人才市场的激烈竞争，使毕业生在踌躇满志踏上求职道路的时候，不得不客观认识新的就业现状，并学会适时改变传统的就业观，树立新的择业观和职业价值观，顺应未来职业世界的发展趋势。

首先，职业选择固然要抓住机遇，但并不是一次选择定终身。职业选择虽然影响人生的道路，但并非完全决定人生的价值，更不是完全决定个人的命运。因此，毕业生要学会兼顾自身条件，审时度势，逐步实现职业理想。

其次，地区的发展潜力不是一成不变的。中国改革开放至今，“北上广”、东部一线城市的先发动力已经逐步带动中西部的渐进发展。2018 年，各地为争夺人才出台了一系列优惠政策。西安、郑州、武汉、成都、江西等内陆城市为吸引人才，通过放宽落户条件、加大补贴力度等优惠政策“广栽梧桐，争引凤凰”。随着供给侧结构性改革的不断深入，中西部城市为实现高质量发展，越来越注重提供平台引进人才。大学毕业生应清醒地认识到，未来地区的发展潜力不是不变的，今天的二三线城市，明天也许会成为经济发展的又一热点地区。大学毕业生要善用长远发展的观点来看待和指导自己择业。

再次，专业是否对口并不是绝对的。在现代新的人事劳动制度和新的就业制度下，招聘单位既看专业、看专长，更看人的综合素质。而传统的求职是把专业对口作为一项基本原则，使得一些大学毕业生在职业选择时，教条于一门专业甚至一个工作而矢志不移，导致自我封闭，自我束缚，使求职择业陷于被动。

随着中国人口结构的变化，医药产业不断发展，尤其是“互联网 + 大健康”的思路，给医药行业的就业带来了新的机会。因此，大学生要树立新的择业思想和与时俱进的职业价值观，既重视专业素养，学以致用，又要灵活变通，适应市场对中医药人才的时代需求。敢担时代重任，大胆拥抱医药产业中的一些新兴行业、新兴企业的新机遇，为中国社会的未来发展添砖加瓦。

（2）正确认识自我，主动寻找机遇：毕业生在择业之前，必须要对自己有一个全面的认识和正确的评价，不但要清楚自己想干什么，更要弄明白自己适合做什么和能够干什么；要清楚自己的兴趣爱好、气质特点、性格特征和能力最适合干什么。在职业选择中，有三个主要因素：①清楚地了解自己的能力、兴趣、志向、限制及其原因。②了解各种职业所需要的知识，不同职业成功的必要条件，各种职业的利弊、回报和晋升机会。③对以上两个因素进行明智的思考。在职业选择中，正确认识与职业活动相关的自身因素，了解专业或工作中成功的条件是很重要的。这是去除烦恼、理性选择职业的前提。

正确认识自我包括正确认识自己的性格、兴趣、能力和心理素质等。要想正确认识自我，可以通过一些职业测试进行了解。可以通过大学时参加的社会实践活动，梳理自己的职业志向；通过听取老师、同学的评价，了解他人眼中的自己。只有对自己有充分的了解，明晰自己的职业方向，才能提高自我调适的自觉性，最大限度地发挥自己的潜能，保持心理平衡，寻找到个人特质与职业特点相适配的工作。

**2. 情绪调适**

在求职过程中，遭遇挫折后难免会产生消极情绪，如何应对负面情绪进行心理调适极为重要。有的人采取抑制的办法，遇到挫折时压抑自己的情感，表面上看似若无其事，其实内心并不平静。有的人采取逃避的方法，回避问题，退缩沮丧。对待消极情绪的正确态度是做情绪的主人，积极管理自己的情绪。当不良情绪困扰自己时，要理性面对，自我省察，合理接纳，主动调适，或采取适当的方式进行宣泄。当求职遇到困境而心情抑郁、焦虑不安、情绪低落时，可以采取迂回的办法，把自己的情感转移到其他有意义的行动上，逐渐带动自己产生正向情绪。例如，可以找朋友或师长向其倾诉，及时化解抑郁，或者拿自己的兴趣抵消内心的不愉快，以缓和焦虑，淡化紧张。无论哪种调适方法，只要大胆尝试，均有助于走出情绪困惑。克服情绪障碍的关键在于直面现实，树立远大的理想和志向，端正人生观、世界观和职业价值观。

**3. 意志调适**

其实，求职过程中遇到的每一个困难和每一次挫折都是对意志力的一种考验。只有经过考验，才能最终取得成功。正所谓“天将降大任于斯人也，必先苦其心志，劳其筋骨，饿其体肤，空乏其身，行拂乱其所为也，所以动心忍性，增益其所不能”。有的毕业生遇到求职受挫便消沉苦闷，烦躁不安，究其原因在于始终以为“大学生就业本应该很理想”“自己过去事事顺利，这次也不应例外”等，未做好应对困难和挑战的思想准备。Offer 被拒、面试失败、与父母意见不统一、要不要跨行就业等人生谜题不断消耗着意志力，使求职路上的困顿重重。事实上，这是认识和适应社会、提高自己韧性和意志力的一个过程。正是社会现实告诉我们，毕业求职好比翻山越岭，会遇到许多困难，消沉或抱怨是没有用的。重要的是调整心态，提高自己承受突发事件的心理能力和百折不挠的意志与决心。

当困难出现在眼前时，需要用冷静和坦然的态度面对，客观分析，合理规划。求职前先要告诫自己，在就业市场不断变化、人才竞争日益激烈的今天，求职可能会遭遇失败，要对可能出现的挫折做好充分的心理准备，把就业看作了解社会、认知职业和适应变化的机会。通过求职经历促进自我成熟。另外，不以成败论英雄。有时求职失败并不一定就是因为能力不够，原因很多，有可能是求职单位的方向不对，也可能是价值观与单位的企业文化不符，或是其他一些偶然因素。

总之，要学会及时调适自己，培养乐观豁达的心态，坦然面对挫折，提高心理承受能力，不断磨炼意志品质。只有这样，才能在择业的重要关头，始终保持积极向上的精神状态。

**4. 目标调适**

目标调适指的是基于自我认知，结合就业环境动态合理地定位职业目标。社会上的职业多种多样，职业的性质参差不齐，而职业的好坏是相对的。毕业生选择适合自己的职业，就要给自己希望从事的职业目标做出合理的定位。

首先，客观认识自己，结合自身优势，进行综合分析、判断，确立适合自己的职业目标。“尺有所短，寸有所长”，毕业生对自己和自身能力应有客观和正确的认识，应知晓自己想干什么、能干什么和适合干什么，确立与自己综合情况相当的职业做目标，使自己在择业中发挥优势，抓住机遇。同时，不盲从攀比，切合实际地规划求职的每一步。

其次，立足社会需求，合理进行职业目标调适。职业目标的确立不是一蹴而就的，也需要适当调适。职业目标的确立是建立在对社会需求、具体环境条件和个人能力充分认知的基础上的。求职过程本身是一个不断学习、融入社会的过程，在求职过程中要结合社会实际不断吸取经验，调整求职行为，明晰职业期待和职业定位。确定职业目标时，避免不合理期待，不可单纯把经济收入、名利地位放在首位，而应从长远角度考虑职业的社会价值和对社会的贡献。面对职业未来，合理定位职业目标，脚踏实地勇敢探索，学会调节自己的心态，使自己能从容、理性地面对挑战，最终做出正确、理智的人生选择。

总之，求职择业要有合理的目标，既要看到前途的光明，又要看到道路的艰难和曲折，保持心境开阔，情绪乐观，使生活充满希望和朝气。

【案例故事】

## 科学规划，成功就业

小张是针灸推拿专业的学生，自进入大学最后一个学期，他就对“求职”一词变得越来越敏感。加上就业形势严峻，他便早早地加入到求职者的行列，为自己科学规划求职过程。

求职伊始，他积极、乐观的态度受到了严酷现实的打击。从此，他变得消极，不相信自己。在老师和家人的开导下，他尝试用时间管理的办法管理自己的求职历程。他把自己的求职过程分为四个象限（图 3－1）。

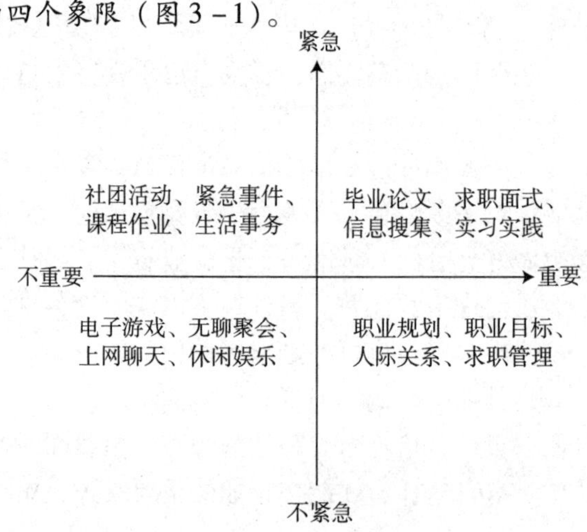


**图 3－1　小张的求职管理图**

他认为，职业规划、职业目标、人际关系、求职管理是重要而不紧急的事情，应该未雨绸缪，可用65%的时间有条不紊地进行。毕业论文、求职面试、信息搜集、实习实践是重要而又紧急的事情，应该花20%的时间全力以赴、高效率地做好。社团活动、紧急事件、课程作业、生活事务是不重要但是紧急的事情，可以花15%的时间集中来做。电子游戏、无聊聚会、上网聊天、休闲娱乐则是不重要、不紧急的事情，可以不做或等有空再做。通过有效的时间管理计划，当其他同学还在为求职就业焦头烂额的时候，小张却感觉比较轻松。他明白，机会总是留给有准备的人。通过科学的时间管理，他妥善安排了求职过程中各项事务的权重和时间，明确了自己的定位，找到了自己的职业目标，最终被福建中医药大学附属医院录用。

【训练活动】

### 成长足迹

基于本章学习的就业心理和调适，请同学们尝试把自己的心理状态和成长足迹记录下来。

1. 结合实际情况，对自己目前的心理状态进行度量（在1～10分区间度量）。

压力程度在几分的位置：________________________________________；
情绪稳定度在几分的位置：________________________________________。

2. 结合目前状态，描述一下自己的求职准备情况，哪些是做得好的地方，哪些还可以继续努力。

做得很好：________________________________________
基本做到：________________________________________
勉强做到：________________________________________
继续努力的部分：________________________________________

3. 我的思考

结合自己的求职目标，把下一步确定目标的思路和想法记录在下面：

________________________________________

4. 你能想到的有助于实现下一步目标的资源、能力以及支持者：

________________________________________

## 第三节　职业技能评估

社会上任何一种职业对工作者的能力都有一定的要求，应聘时，毕业生不能单从兴趣爱好出发，要实事求是地对比一下自己的学识水平和职业技能，这样才能做到人职匹配，找到理想工作。

### 一、职业技能分类与表达方式

美国学者辛迪·梵和理查德·鲍尔斯研究发现，技能可以分为三类，分别是知识技能、可迁移技能和自我管理技能。

**1. 知识技能**

知识技能是通过教育或者培训才能获得的特别的知识或能力，即个人所学习的科目、所懂得的知识。一般用名词表示。例如，中医基础理论知识、中药学知识、中医内科学知识、英语、办公软件的操作等。

专业知识技能并非只通过正式专业教育才能获得，其获取还有下列途径：

（1）在校学习：主修课程，辅修课程。

（2）通过会议和学术活动：专业会议、讲座和研讨会。

（3）通过实践活动：社会实践、社团活动、辩论赛、演讲比赛等。

（4）通过业余生活：自学、休闲读书、爱好、影视、音乐。

（5）通过社会培训：上岗培训、课外培训、职业技能认证、培训认证、辅导班。

知识技能的表达方式：我学习过，我还学习过……

**2. 可迁移技能**

人所获得的各种技能之间往往可以相互作用，已经掌握的技能可能对新的技能具有促进作用，也有可能会妨碍学习新的技能，这种现象叫作技能的迁移。例如：一名医生在临床工作中因经常与患者进行沟通，锻炼了语言表达能力，后因工作突出，该医生被调任管理岗位，这样该医生在临床工作中习得的语言表达能力就迁移到了医院管理工作，这就是技能的迁移。

可迁移技能也被称为通用技能，是用人单位最看重的技能，一般用动词表示。它的特征是可以从生活中的方方面面特别是工作之外得到发展，并迁移于不同的工作之中。它适用于各种职业，适应岗位的不断变换，是伴随人终生的可持续发展能力，大致包括十项能力：①自我管理能力。②学习和适应能力。③解决问题能力。④创新能力。⑤团队合作能力。⑥语言表达能力。⑦信息处理能力。⑧人际交往能力。⑨系统化工作能力。⑩自我规划能力。

事实上，知识技能的运用都是在可迁移技能基础之上的。例如，你的知识技能是中医学，那么如何运用呢？是“教授”中医学课程，还是运用中医学技能为患者“治病”，或者是运用中医学知识撰写中医养生保健文章。你在大学期间没当过老师，但通过做家教、参加大赛、进行项目介绍等经历，锻炼了你的“教学”技能。当你把教学技能与中医学知识结合在一起的时候，你就可以去应聘与教学相关的职位。当你把治疗技能与中医学知识结合在一起的时候，你就可以去应聘与医生相关的职位。所以可迁移技能可以从生活中的方方面面得到锻炼，特别是工作之外得到发展。可迁移技能也是个人最能持续运用和最能够依靠的技能。

作为一名大学生，可迁移技能可以从以下途径获得。

（1）从事与求职目标岗位相同或相近的岗位进行兼职。

（2）积极参加校内外实习培训。

（3）对成功的生涯人物访谈并进行观察学习，模仿体会。

（4）发展自身的业余爱好，从兴趣中发展可迁移技能。

（5）参加校内外社团活动，锻炼沟通、合作、创新等可迁移技能。

（6）参加专业训练，专门训练某方面的技能。

可迁移技能的表达方式是：我善于……

**3. 自我管理技能**

自我管理技能是指个人依靠自己的主观能动性，按照一定的目标，有意识、有目的地对自己的思想、行为、价值观进行控制的能力。自我管理又称自我控制，是个体通过内控力量控制自己的行为，减少对个人发展目标不利的行为，增加好的行为出现。

良好的自我管理技能能够帮助个体更好地适应周围环境，应对工作中出现的问题，因此它也被称为“适应性技能”。自我管理技能常常被看作个性品质，被用来描述或说明人具有的某些特征，常以形容词或副词的形式出现。

事实上，人之所以被解雇或离职，更多的时候是因为缺乏自我管理技能，而不是因为缺乏专业能力。用人单位对刚毕业的大学生的普遍看法是缺少敬业精神，缺乏服务意识，眼高手低，不认真，不踏实，缺乏主动进取精神等，而这些都与自我管理技能相关。很多大学生因为从小受到父母、老师的呵护，缺乏这方面的意识，在处理工作问题和人际关系上往往显得不成熟，以自我为中心，没有认识到用人单位的要求是成熟，负责任，能独立解决问题。大学生在从校园走上社会之前，培养良好的自我管理技能、学会如何为人处事是至关重要的。

自我管理技能并非先天所具有的，是需要后天习得的。它不是通过专门的课程能够学习到的，而是需要在日常生活中不断地养成。

自我管理技能的表达方式是：我是一个……的人。

【训练活动】

## 盘点知识技能

分别对照知识技能的获得途径、可迁移技能的获得途径、可迁移技能词汇表（表3－2）和自我管理技能词汇表（表3－3），回顾自己的大学生活，填写三个表格：盘点我的知识技能库（表3－4）、盘点我的可迁移技能库（表3－5）、盘点我的自我管理技能库（表3－6）。

**表3－2　可迁移技能词汇表**

| 词汇 | | | | | | | | | | |
|---|---|---|---|---|---|---|---|---|---|---|
| 服务 | 照顾 | 执行 | 洞察 | 适应 | 控制 | 烹调 | 协调 | 分析 | 联络 | 驾驶 |
| 鼓励 | 编辑 | 协助 | 写作 | 设计 | 调和 | 解释 | 探索 | 表达 | 咨询 | 倾听 |
| 唱歌 | 维修 | 追随 | 预见 | 管理 | 演讲 | 讲解 | 阅读 | 激励 | 调解 | 测量 |
| 记忆 | 示范 | 支持 | 种植 | 激发 | 服从 | 帮助 | 想象 | 操作 | 组织 | 研究 |
| 观察 | 翻译 | 绘画 | 安装 | 互动 | 安排 | 摄影 | 计划 | 销售 | 记录 | 发明 |
| 调查 | 判断 | 创新 | 计算 | 学习 | 交际 | 宣传 | 分类 | 总结 | 绘制 | 促进 |
| 收集 | 应变 | 领导 | 准备 | 打字 | 描述 | 影响 | 创造 | 制图 | 搜集 | 评价 |
| 预测 | 交流 | 忍耐 | 评估 | 权衡 | 分享 | 推理 | 提问 | 审视 | 引导 | 修改 |
| 合成 | 建议 | 指导 | 监督 | 编程 | 遵守 | | | | | |

**表 3-3　自我管理技能词汇表**

| 词汇 |
|---|
| 诚实　正直　自信　开朗　合作　耐心　细致　慎重　认真　负责　可靠　灵活 |
| 幽默　友好　真诚　热情　投入　高效　冷静　严谨　踏实　积极　主动　豪爽 |
| 勇敢　忠诚　直爽　现实　执着　机灵　感性　善良　大度　坚强　随和　聪明 |
| 稳重　热情　乐观　朴实　渊博　机智　敏捷　活泼　果实　敏锐　公正　宽容 |
| 勤奋　镇定　坦率　慷慨　清晰　明智　坚定　乐观　亲切　好奇　独立　成熟 |
| 谦虚　理性　周详　客观　平和　独特　独创　同情　自发　文雅　礼貌　准时 |
| 有创意　有激情　有远见　有抱负　有策略　有条不紊　善于观察　坚忍不拔 |
| 足智多谋　精力旺盛　头脑开放　多才多艺　善解人意　吃苦耐劳　深思熟虑 |

**表 3-4　盘点我的知识技能库**

| 知识技能获得途径 | 获得的知识技能 |
|---|---|
| 学校课程学习 | |
| 参加培训讲座 | |
| 资格认证考试 | |
| 实习实践活动 | |
| 个人娱乐休闲 | |

**表 3-5　盘点我的可迁移技能库**

| 我的可迁移技能 | 获得可迁移技能的生涯事件 |
|---|---|
| | |
| | |
| | |
| | |
| | |

**表 3-6　盘点我的自我管理技能库**

| 我的自我管理技能 | 获得自我管理技能的生涯事件 |
|---|---|
| | |
| | |
| | |
| | |
| | |

## 二、识别职业技能优势

“知己知彼，百战不殆”。识别职业技能优势的目的主要是帮助我们判定职业技能，正确认识职业定位。只有全面、充分、准确地识别出自我职业技能优势，才能找到自我定位与社会定位的恰当结合点，做出适合自己的职业定位。识别职业技能优势是胜任职业的前提。

成就经历法是根据辛迪·梵和理查德·鲍尔斯的技能分类产生的技能开发工具。技能的规范描述与提取是有效运用成就经历法的关键，通常需要遵循三个要点。

**1. 使用描述技能的规范句式**

标准格式为“（主语）+状语（副词）+谓语（动词）+宾语（名词）”，如“我成功策划过一次全校的春节晚会”就是把三种技能结合起来的表达方法。

**2. 准确提炼规范句式中的技能描述用语**

管理技能与可迁移技能通常可以参考相关技能词汇表中所列的用语，知识/专业技能需要准备提炼出所涉及的某项具体知识或专业技能，这是技能提炼描述中的难点。如“全校性的晚会”，其本质是一次人数众多、程序复杂、有特定意义的大型活动，用“大型活动”代替“全校晚会”，更能反映出知识/专业技能描述的准确，因而宜用“成功地策划大型活动”这样的技能描述，依此类推。

**3. 提取技能描述句中的“技能”**

一般来说，状语（副词）概括的是“管理技能”，谓语（动词）概括的是“可迁移技能”，宾语（名词）概括的是“知识/专业技能”，可参见表3－7中的具体示例。

**表3－7　成就经历法中技能识别方式举例**

| 管理技能（副词） | 可迁移技能（动词） | 知识/专业技能（名词） | 故事来源例子 |
|---|---|---|---|
| 成功地 | 策划 | 大型活动 | 成功地策划了1次全校晚会 |
| 系统地 | 掌握 | 药物分离技术 | 毕业前在药物分析室实习半年 |
| 独立地 | 操作 | 针刀 | 师从针刀名师临床两年 |
| 大量地 | 记忆 | 处方 | 参加方剂背诵比赛获二等奖 |
| 有韧性地 | 执行 | 枯燥任务 | 每天坚持跑2000米 |

利用成就经历法来识别技能，通常可以按照三个步骤进行。

第一步：成就经历表的准备。用一张A4白纸竖放在自己面前，在上面写上题目，如“小张的技能识别表”。将纸纵向折为左右两部分，左侧占2/3，右侧占1/3，在左侧的上方写上“成就经历描述”，在右侧上方写上“可识别出的技能”（表3－8）。

**表3－8　李同学的技能识别表**

| 成就经历描述 | 可识别出的技能 |
|---|---|
| 在附属医院做导诊志愿者<br>大二的时候，我报名参加了附属医院组织的导诊志愿者活动。我放弃周末休息时间，坚持每个月参加两次活动，每次3个小时<br>服务地点是医院1楼大厅，周末人也很多，有很多病人需要帮助，比如不知道挂哪个科的号、不知道科室的具体位置、不知道哪里取报告单等。我热情地为他们做向导，多数人很感谢我，我很开心<br>但是一些人并不信任我们学生志愿者，问完我又问穿工装的导诊，刚开始我有点儿生气，真想过去责问他们，但我忍住了。我想，毕竟是初次相识，看病着急，换位思考，这样要求别人也不对，时间长了，也就习惯了<br>很多患者对周边的餐厅、药店、医疗器械有需求，我就组织志愿者做了图标示意图，打印出来，这样既节省时间，患者用起来更方便，受到领导和患者的认可 | 无私地服务他人<br>积极地安排生活，有规律地执行计划<br>主动地帮助弱者<br>宽容地理解不信任，有效地处理负面情绪<br>及时地发现问题，创造性地探索解决方案，成功地达成满意的结果 |

第二步：撰写成长经历故事。回忆生活、学习、成长的经历，把认为自己做得好的经历逐一记录下来，越具体越好，而且最好给每个经历起一个名字。之后你会发现，记

录得越详细，可识别的技能越多。

第三步：提炼描述技能的规范句式。将经历故事中的具体事件改写为技能描述的规范句式，分别识别出该具体事件中使用的自我管理技能、可迁移技能和知识/专业技能。

【训练活动】

### 撰写个人成就故事

回忆自己到目前为止取得过的自认为感觉很好、给自己带来成就感的事情，并把它们逐条列出，内容包括完成的事情、当时遇到的困难、大体的行动步骤和最终的结果。

注意：成就事件不一定必须是大事件，也可以是一些微不足道的小事，既可以是工作中的，也可以是学习上的，还可以是生活中的事情。其评判标准并非世俗所公认的“成功”，而是个人内心的真实感受，如喜欢做这件事时体验到的感受，或完成后自己觉得有成就感，或获得了他人的认可和表扬等。

(1) ____________________

(2) ____________________

(3) ____________________

(4) ____________________

(5) ____________________

请将以上成就经历体现出的技能进行总结，并填入下面的表格。

| 我做得很好 | 我可以做，但做得不是那么好 |
| --- | --- |
| 我只要努力，就可以做得好 | 不是我所擅长的能力 |

## 第四节　职业技能

不同的职业具有不同的职业特点，对从事这一职业的从业人员具有特定的要求。对于个人来说，没有哪个人是全能的，也没有任何一种职业技能是与生俱来的，都需要经过后天的锻炼和学习而获得。中医药类职业有特有的职业特点，对中医药类大学生的职业技能有特定的要求。

### 一、中医药类职业技能

我们借鉴美国“全国大学生与雇主协会”关于美国雇主们最为重视的职业技能和个人品质的调查结论，按其中的项目对中医药类的职业技能进行分析。表 3－9 以强、较强、一般等表示对某一项职业能力的要求强度。

表 3-9　中医药类的职业技能

| 技能类型 | 所属能力 | 临床医生 | 护士 | 医药购销人员 | 医药研究人员 | 医药行政管理人员 | 其他职业 |
|---|---|---|---|---|---|---|---|
| 可迁移技能 | 沟通能力 | 强 | 强 | 强 | 较强 | 强 | |
| | 领导能力 | 一般 | 一般 | 一般 | 一般 | 强 | |
| | 人际交往能力 | 较强 | 较强 | 强 | 一般 | 强 | |
| | 适应能力 | 较强 | 较强 | 强 | 较强 | 强 | |
| | 分析和解决问题的能力 | 强 | 较强 | 强 | 强 | 较强 | |
| 自我管理技能 | 积极主动性 | 较强 | 较强 | 强 | 较强 | 强 | |
| | 团队合作精神 | 较强 | 强 | 强 | 较强 | 强 | |
| | 诚实正直 | 强 | 强 | 较强 | 强 | 较强 | |
| | 职业道德 | 强 | 强 | 较强 | 强 | 较强 | |
| 知识/专业技能 | 学习能力 | 强 | 较强 | 一般 | 强 | 较强 | |
| | 专业技术 | 强 | 强 | 一般 | 强 | 一般 | |

如果你将要从事的不是以上 5 种职业，可在最后一列“其他职业”中填写，并逐条进行分析。

## 二、中医药类职业核心技能

学习和实践被认为是中医药类职业成功的“硬件”，属专业技能，道德、思维、沟通被认为是中医药类职业成功的“软件”，属通识技能。按照 BLOOM 的教育目标进行分类，道德、沟通属于情感领域，学习、思维属于认知领域，实践属于运动技能领域。

道德和沟通是中医药类职业最基本的素质，是根本要件。一名中医药从业者如果没有坚定的信念、崇高的使命感和良好的道德修养，只能算是一个操作者，而称不上优秀。因此，道德的重要性不言而喻。同时，良好的沟通和充分的交流，能够促进医患双方共同努力，实现医疗水平的整体提高。

学习和思维是从事中医药类职业的关键素质，是道德的延伸和拓展，是处于核心层面的优秀能力。对于未知的领域，要求医生能适应时代发展需求，不断更新自己的知识水平，拓宽视野。同时优秀的中医药从业者应该掌握中医的哲学思想，能够运用中医思维，有明确的医学发展方向和路径。

实践是从事中医药类职业的核心能力，是处于实施层面的能力，是相关素质中最外显的能力。在实现目标的过程中随时会出现意想不到的危机和挑战，这就要求具备超强的实践能力。

2001 年国际医学教育组织（HME）公布了《全球医学教育最基本要求》（GMsR），对医学生提出了 7 种核心能力、60 个标准，包括职业价值、态度、行为和伦理，医学生必须具备坚实的医学科学知识、沟通技能、临床技能、群体健康、信息管理、批判性思维和研究等。中医药类大学生要根据职业发展需要，重点培养核心技能（表 3-10）。

表 3-10　中医药类职业核心技能

| 职业 | 核心技能 |
| --- | --- |
| 临床医生 | 临床技能、应急能力、沟通表达能力、学习能力、批判思维能力 |
| 护士 | 临床护理技能、应急能力、沟通表达能力、操作技能、学习能力 |
| 医药购销人员 | 学习能力、沟通能力、说服能力、抗压能力 |
| 医药研究人员 | 专业能力、创新能力、求异思维能力、执行力、学习能力 |
| 医药行业行政管理人员 | 专业能力、组织协调能力、沟通能力、执行力、学习能力 |
| 其他职业 | |

如果你未来从事的不是以上5种职业，可在最后一行“其他职业”中填写，并尝试列出核心技能。

【训练活动】

## 解读招聘广告中的职业技能

请同学们初步确定求职目标岗位，通过网络、咨询等途径找到求职目标的招聘广告，如何识别招聘广告中对毕业生的技能要求呢？我们能否达到企业的招聘条件，下面通过一则招聘广告训练一下。

### 上海恒瑞医药有限公司2019年招聘启事

**一、招聘岗位**

临床医学部行政助理。

**二、岗位职责**

1. 协助监察员管理和解决试验相关的问题。
2. 帮助监察员与试验相关人员保持良好和有效的沟通。
3. 协助监察员组织研究者会议。
4. 协助整理临床试验文档和科学文献数据的检索、收集。
5. 协调临床部的行政事务工作。
6. 与其他职能部门共同合作。
7. 完成直线经理和/或项目经理分配的其他工作。

**三、岗位要求**

1. 医学、护理、生物类等相关专业本科以上学历。
2. 熟悉药物临床试验流程及文件管理，熟悉药品临床试验管理规范（GCP）。
3. 大学英语四级以上水平。
4. 良好的计算机技能，包括熟练应用微软 Word、Excel 和 PowerPoint，能够熟练使用笔记本电脑。
5. 良好的口头和书面表达能力。
6. 良好的组织协调能力。

7. 有效的时间管理技巧，具备处理冲突工作的能力。

8. 与同事、经理、客户建立和维护高效工作关系的能力。

9. 能独立思考，改进流程。

这则招聘广告内容详细，分为招聘岗位、岗位职责和岗位要求三个方面，岗位职责从七个方面描述了“临床医学部行政助理”这一岗位的工作内容，岗位要求从九个方面提出了从事该岗位所应具备的技能，下面由6～8人组成小组展开讨论，从招聘广告中找出表示专业技能、可迁移技能、自我管理技能的词汇，并填写到表格中（表3－11）。

**表3－11　求职目标与技能匹配表**

| 解读求职目标的招聘广告 | 我的技能库 |
| --- | --- |
| 招聘广告中的知识技能：<br>______、______、______、<br>______、______、______、<br>______、______、______、 | |
| 招聘广告中的可迁移技能：<br>______、______、______、<br>______、______、______、<br>______、______、______、 | |
| 招聘广告中的自我管理技能：<br>______、______、______、<br>______、______、______、<br>______、______、______、 | |
| 针对求职目标，目前欠缺的技能： | |
| 为缩小差距，实现目标，制定实施方案为： | |

在这则招聘广告中，通过讨论，找到了用人单位需要的技能，盘点一下我的知识技能库、我的可迁移技能库和我的自我管理技能库，目前我们为自己积累了哪些技能，今后要加强哪方面的技能，将答案填到“求职目标与技能匹配表”中。

**招聘广告技能词汇表参考答案**

知识技能（名词）：医学、护理、生物、本科、流程、GCP、英语四级、Word、Excel、PowerPoint、笔记本电脑

可迁移技能（动词）：沟通、组织、协调、时间管理、处理冲突工作、建立、维护、思考、改进、整理、检索、协调、收集、合作

自我管理技能（形容词或副词）：熟练的、良好的、有效的、高效的、独立的

【实践拓展】

## 职业技能水平评估

参加或回忆自己的一项专业实习或实训活动，评估自己的专业技能水平。

【本章小结】

本章介绍了求职择业的准备，一是认清当前就业形势，分析中医药行业就业的新形势和新契机；二是做好就业心理调适，毕业生求职常见的心理困扰主要为焦虑、自卑、从众、攀比、依赖、自负、嫉妒、矛盾、偏执等，遇到问题可采用自我激励法、适度宣泄法、情绪放松法进行调适；三是评估自己的职业技能，介绍了知识技能、可迁移技能、自我管理技能的表达方式，分析了中医药类职业应具备的职业技能，如何充分挖掘技能优势，为将来择业做足准备。

【资源拓展】

1. 麦可思2019年中国大学生就业报告。
2. 《中国卫生和计划生育统计年鉴》。

【课后作业】

## 评估你具备哪些求职条件

**一、作业要求**

梳理求职条件，分析优势与劣势，挖掘求职成功的制胜因素。

**二、作业说明**

按要求填写表3－12，分析目前你所具备的相关求职条件。

**表3－12　成功求职的条件分析**

| 序号 | 必备条件 | 要素 | 评估规则 | 个人条件、详细条件、状况分析 |
|---|---|---|---|---|
| 1 | 目标策略 | 目标定位 | 1. 要有明确的初、中、高目标层次<br>2. 至少有岗位或专业要求，薪酬、工作环境、个人发展等方面有定性和定量要求 | |
| | | 策略 | 1. 要有实现目标的基本原则<br>2. 要有实现目标的时间要求<br>3. 要有实现目标的基本手段 | |
| 2 | 途径和方法 | 求职途径 | 至少有3种明确的求职途径 | |
| | | 实施方法 | 至少针对3种求职途径提出具体的实施方法 | |

续表

| 序号 | 必备条件 | 要素 | 评估规则 | 个人条件、详细条件、状况分析 |
|---|---|---|---|---|
| 3 | 个人条件 | 人格和能力 | 具有能够满足用人单位需要的职业人格和能力 | |
| | | 经验 | 具有能够满足用人单位需要的职业经验 | |
| | | 学历 | 具有能够满足用人单位需要的学历 | |
| | | 社会关系 | 具有能够帮助自己就业的社会关系 | |
| | | 其他 | 具有求职能力、外貌、语言等有助于求职成功的条件 | |
| 4 | 就业环境的掌握 | 本地区就业信息的掌握 | 对本地区总体就业情况和求职意向所涉及的岗位信息有所了解 | |
| | | 其他地区就业信息的掌握 | 对其他地区总体就业情况和求职意向所涉及的岗位信息有所了解 | |

# 第四章 就业信息的搜集与利用

【学习目标】

1. 掌握就业信息搜集的渠道和方法，能够建立预期职业信息库。
2. 熟悉合理利用就业信息的方法。
3. 了解就业信息的内容和分类。

【导入活动】

## 小组讨论：你最关注用人单位的哪些招聘信息

6~8人组成讨论小组，针对这一话题，每人写出5个关键词，将小组所有成员写出的关键词汇总归纳，看看本组同学求职时最关注的5个招聘信息是什么？

【案例故事】

## 不同的求职者

小A和小B是某中医药大学生物制药专业大四的学生，面对校园招聘会，两个人持有不同的观点。小A同学会经常参加校园招聘会，投递简历，主动与用人单位交流，了解公司的招聘流程、工作内容、岗位职责、工作待遇等情况，并将这些信息记录在专门的“求职记录本”上。对于求职目标小A同学很明确，要在江浙一带找一个国内知名药企从事药品销售工作，工作地点可以在东北三省，公司管理规范，工作环境好，对刚入公司的员工有系统的培训。当问及小A同学为什么会有这样明确的求职目标时，她说，从开学到现在她已经参加了十余场校园招聘会，这些目标是经常与招聘人员交流后自己总结的。

小B同学则不然，她参加的招聘会不多，理由是目前来到学校招聘的单位都不是自己理想的求职目标，参加招聘会浪费时间。当问到小B同学想要找什么样的工作时，她又说不清楚。

总结：小A同学的做法是正确的，能够充分利用学校为学生搭建的招聘平台搜集招聘信息，总结求职经验，为今后的成功就业奠定基础。小B同学的做法非常普遍，这类同学一般成功就业会比较晚，有时还会出现从众、草率等情况，不利于自身就业。

# 第一节　就业信息的搜集

21 世纪是信息爆炸的时代，借助互联网技术的发展，人们每天都会接触到大量的信息。在大学生求职阶段，就业信息的获取是一个非常关键的环节，谁获得的就业信息多，谁的择业的视野就会更广，成功的概率就更大。反之，如果视听闭塞，信息失灵，就会盲从，糊里糊涂地从事某种工作。就业信息的搜集、整理、筛选、利用可以帮助求职者在择业的过程中充分了解职业世界，了解工作岗位，积累求职经验，提高就业竞争力，从而缩短求职择业的时间，找到最适合自己的工作。

就业信息是指择业的准备阶段，通过各种媒介传递的与就业有关的，并成为求职者选择所从事的职业或工作岗位的有价值的消息、资料、情报等的总和。

就业信息有广义与狭义之分，或称为宏观信息和微观信息。

宏观信息是指国家的政治经济情况，国家或地区社会经济的方针、政策、规定，国家对毕业生的就业政策与劳动人事制度改革的信息，社会各部门、企业的职业需求情况及未来产业、职业发展趋势所需要的信息。简言之，宏观信息包括行业信息、职业信息、企业信息等。

微观信息是指某些具体的求职信息，如用人单位的职位空缺情况、岗位职责、职业发展前景、需求专业、任职条件、福利待遇等，这些信息是大学生即将毕业时所必须搜集的具体材料。

## 一、搜集就业信息的方法

**1. 全方位搜集法**

根据自己的专业，把与专业有关的就业信息搜集起来，再按一定的标准进行整理、分类和筛选。

**2. 定向搜集法**

根据自己选定的职业方向或求职行业范围来搜集信息。

**3. 定区域搜集法**

根据个人对某个或某几个地区的偏好来搜集信息。

**4. 地毯式访问法**

在不太熟悉或完全不熟悉用人单位的情况下，采用直接访问某一特定地区或某一特定行业中的所有单位进行信息搜集的方法。

**5. 连锁介绍法**

通过亲戚、朋友、熟人寻找目标单位，或委托其亲戚、朋友、熟人帮忙寻找目标单位的方法。

不同的就业信息搜集方法的优缺点比较见表 4－1。

表 4－1　就业信息搜集方法的优缺点比较

| 方法 | 优点 | 缺点 |
|---|---|---|
| 全方位搜集法 | 范围广，针对性强，选择余地大 | 投入时间和精力较多，筛选信息相对较难 |
| 定向搜集法 | 以自身专业方向、职业能力、兴趣、性格、价值观为依据，能找到更适合自己特点、更能发挥作用的职业和岗位 | 求职范围比较窄，选择余地小 |
| 定区域搜集法 | 求职目标比较明确，与定向搜集法结合，能找到理想工作 | 求职范围较小 |
| 地毯式访问法 | 比较实用 | 访问前需做大量准备工作，访问时要保持足够的信心 |
| 连锁介绍法 | 范围广 | 时效性差 |

## 二、搜集就业信息的途径

就业信息的来源主要有以下几种方式。

**1. 学校就业主管部门及学校就业信息网**

学校就业主管部门负责学校整体就业工作，定期举办各种类型的就业洽谈会，掌握大量准确、可靠、与所学专业相关的就业信息，是毕业生获取就业信息最直接、最有效、最主要的途径。学校收集的就业信息会及时转发至二级学院，或通过就业信息网、就业微信平台等媒体进行发布（图 4－1）。毕业生也可以就有关求职、就业问题向就业主管部门进行咨询。

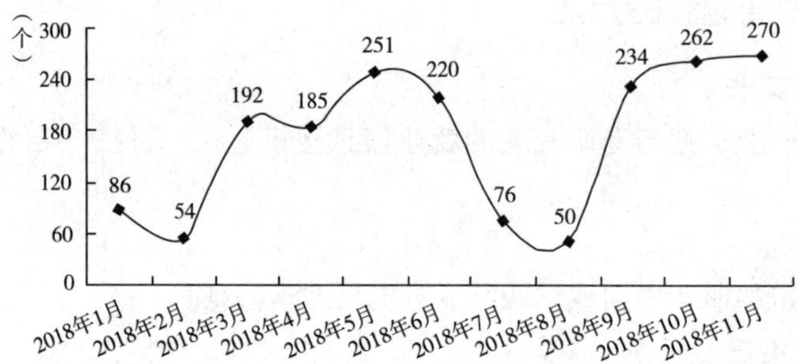


**图 4－1　某中医药大学 2018 年就业微信平台发布就业信息统计**

**2. 校园招聘会**

在招聘季，各高校一般会组织召开大型、中型和小型的毕业生洽谈会，也会邀请用人单位召开专门的校园宣讲会。到学校参加各类洽谈会的用人单位，都是经过学校就业主管部门资质审核，或与学校长期合作的企业，比较可靠。通过校园招聘会搜集的就业信息，信息量大，信息准确；也可通过咨询本专业毕业的校友了解相关情况，或通过校友争取到企业进行实地考察。

【知识链接】

### 参加校园招聘会的准备

参加校园招聘会要做好如下准备。

**一、圈定信息**

提前拿到招聘会参会单位信息表，根据自己的求职目标重点确定4~5家用人单位，并充分了解重点求职单位的各项信息。

**二、制作简历**

根据用人单位发布的招聘广告，制作有针对性的一页纸简历。

**三、面试训练**

准备好1分钟、3分钟、5分钟等不同内容的自我介绍，做好面试问答训练。

**四、学习礼仪**

学习与用人单位招聘人员握手、交流等礼仪，在招聘会上展现综合素质。

**五、其他准备**

准备好参会服装，提前了解招聘会时间、地点、乘车路线等信息。

**3. 各级毕业生就业主管部门和人才服务机构**

各级毕业生就业主管部门和人才服务机构，是沟通用人单位与毕业生的桥梁和纽带，是为毕业生提供就业服务的专业机构。毕业生可通过他们组织的定期或不定期的人才交流洽谈会、线上线下毕业生供需见面会等获取就业信息，这也是获取信息的重要渠道。例如，可登录吉林省高等学校毕业生就业信息网、辽宁高校毕业生就业信息网等搜集就业信息。

**4. 各级政府主管部门和就业指导机构**

这些主管部门主要是教育部和省教育厅、人事厅及各市的教育局、人事局。这些部门和就业机构的主要职责就是制定辖区的毕业生就业政策，提供高校毕业生和用人单位的信息，为毕业生就业提供咨询与服务，来自这方面的信息也是真实可靠的。

**5. 社会各级人才服务交流中心**

随着社会主义市场经济的发展，我国人才市场中介机构应运而生，通过这一渠道可以了解到许多不同的机构和职位，还能够为毕业生提供锻炼面试技能和增强面试自信心的机会。

**6. 新闻、报纸、网站等媒体**

在传媒业高速发展的今天，广播、电视、报纸、杂志等新闻媒体受到了招聘机构和求职者们的共同青睐，网络求职也成为高校毕业生求职的一种渠道和方式。

【知识链接】

## 医学生需要关注的网站

| 网站名称及网址 | 网站简介 | 网站首页图片 |
|---|---|---|
| 新职业网<br>www. ncss. cn | 由教育部、全国高等学校学生信息咨询与就业指导中心运营的服务于高校毕业生及用人单位的公共就业服务平台 | |
| 中国卫生人才网<br>www. 21wecan. com | 由国家卫生健康委员会人才交流服务中心主办，主要承担全国卫生健康人力资源开发与服务职能 | |
| 丁香人才网<br>www. Jobmd. cn | 丁香园旗下专业的医疗行业招聘平台，与医疗行业公立民营医院和医药生物行业各大知名企业建立合作关系，发布超过6万个临床医药相关职位，同时拥有专业人才简历220余万份，为各类企事业单位持续输送专业储备人才及高端精英 | |
| 中国医疗人才网<br>www. 120job. cn | 网站成立十四年，是广东省人才交流协会医疗人才专业委员会旗下官网，是中国专业、权威的医疗行业人才招聘网站 | |
| 医学人才网<br>www. yixuezp. com. cn | 杭州聚途人力资源服务有限公司多年来运营的专业在线招聘求职服务平台，专业的医疗、卫生、健康产业招聘网站 | |

**7. 社会实践或顶岗实习**

社会实践是大学生自我开发职业信息的重要途径。在社会实践过程中，通过自己的努力赢得用人单位信任、取得职业信息甚至直接谋得职业的大学生不乏其人。大学生在各种社会实践活动中，在了解社会、提高思想觉悟、培养社会能力的同时，要做一个搜集职业信息的有心人。另外，毕业实习也是一个很重要的实践环节。实习单位一般比较对口，通过实习可以直接掌握就业信息，如果能在实习过程中与用人单位达成就业协议可以说是一个很好的就业途径。

**8. “生涯人物”访谈**

针对与自己密切相关的职业或想从事的职业，选取在此就业的“生涯人物”进行访谈，进一步认识自己想要从事的职业。

【知识链接】

## “生涯人物”访谈搜集就业信息

大学生可根据自己的兴趣，选择相应的职业人（称为“生涯人物”）进行访谈。“生涯人物”的选择可采用“三三制原则”，即选择三位在本岗位工作3~5年或更长时间的职业人为访谈对象。访谈的目的是获取就业决策信息，而不是利用“生涯人物”

求职。

访谈提出的问题包括工作方面和生涯决策经验等。

**一、工作方面**

1. 工作环境和性质。
2. 工作时间、地点和内容。
3. 工作岗位所需的资历和技能。
4. 岗位薪酬和福利。
5. 行业就业机会。
6. 进修或升迁机会。
7. 未来发展前景。

**二、生涯决策经验方面**

1. 获得此职位的途径和方法。
2. 个人教育背景、能力水平。
3. 对该职业的决策过程。
4. 个人生涯发展历程。
5. 近年的工作心得。
6. 此职业获得成功的标准。
7. 个人未来发展愿景。
8. 对职业新人的建议。

访谈后要根据获取的就业信息，结合自身情况，撰写“生涯人物”访谈报告，以对就业信息进行进一步筛选。此外，还可根据个人要求，如对用人单位性质的要求、对用人单位规模的要求、对地理位置的要求等，从各种就业信息中选出有价值的、适合自己的信息。

**9. 主动与用人单位联系**

毕业生可通过电话咨询、登门拜访等方式获得相关就业信息。由此获取的就业信息精准、有效。获取信息的过程也是向用人单位很好地展示自己和锻炼能力的过程，有时还可直接取得面试机会。

**10. 人脉关系**

人脉关系搜集就业信息主要以“三缘”为基础，即“血缘”“地缘”“学缘”。

（1）“血缘”：通过父母、亲友以及其人脉关系获得就业信息。

（2）“地缘”：通过家乡的朋友、同学以及他们的朋友、同学等获得就业信息。

（3）“学缘”：一是通过老师或研究生导师而获得就业信息。因为本专业的教师比其他人更了解本专业毕业生适合就业的方向和范围，在与校外的研究所、企业、公司合作开发科研项目和教学活动中，对一些对口单位的人才需求信息了解得比较详细。这种信息非常有价值，而且信息内容非常丰富、具体，通常具有毕业生所希望的行业或地区的定向性，对用人单位可以进行更具体的了解，易于双向沟通，因而就业成功率较高。

二是从校友、学长处获得就业信息。校友提供的职业信息的最大特点是比较接近本校，尤其是本专业的毕业生在人才市场上的供求状况及其在具体行业中的实际工作、发展状况，近几年毕业的校友更有对职业信息的获取、比较、选择、处理的经验和竞争择业的亲身体会，这比一般纯粹的职业信息更有参考、利用价值。

搜集就业信息方法的难度与精确度关系见图4-2。

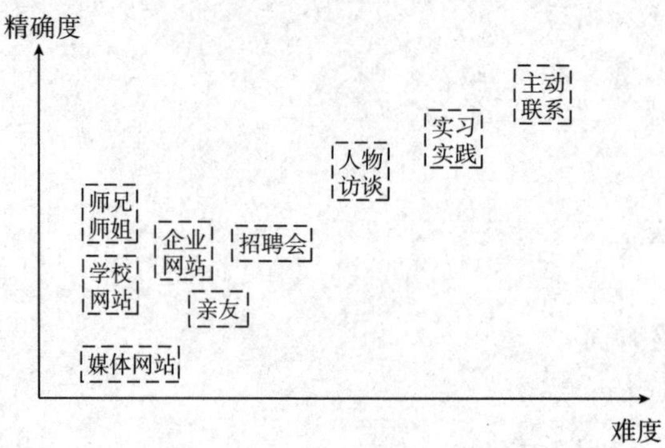


**图4-2 搜集就业信息方法的难度与精确度关系图**

【训练活动】

登录本校就业网站，查看近期学校举办招聘会、校园宣讲会的情况，找到与自己就业意向相符的用人单位4~5家，搜集对自己有用的就业信息。

# 第二节 就业信息的使用

毕业生搜集到就业信息后，首先要对信息的真实性进行辨别，建立就业信息库，然后再根据个人的职业性格、职业兴趣、职业技能和职业价值观，结合个人的就业意向，有时还要考虑家人的意见，综合评估进行筛选和利用。

就业信息使用步骤见图4-3。

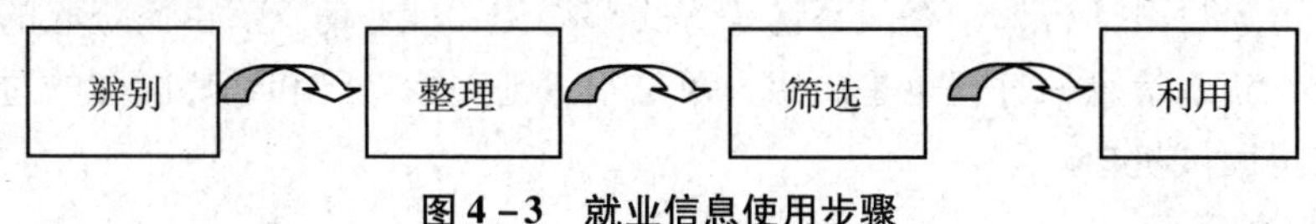


**图4-3 就业信息使用步骤**

## 一、理性辨别就业信息

毕业生在搜集就业信息时要去伪存真，辨明就业信息的真实性。政府和学校有关部门发布的就业信息较为可靠；报刊、网络和人才中介机构的就业信息要辨别真伪。

### （一）虚假就业信息的特征

1. 公交车站、大马路、广场等一些公共场合粘贴的招聘小广告。
2. 门槛低、薪酬高、设置责任底薪，必须完成规定业务额。

3. 莫名而来的就业机会。

4. 要求毕业生交纳数额不菲的工作保证金。

5. 不透露公司的名字或者名字像化名、公司的基本资料不完整、找不到地址等。

### （二）就业“陷阱”的形式

**1. 以招聘为名盗取信息**

例如，要求提供身份证号码或复印件，以此骗取求职者信用卡号、银行账号、照片等个人隐私信息。

**2. 以招聘为名骗取钱财**

例如，收取报名费、抵押金、培训费、服装费等，钱骗到手就人去楼空。

**3. 以招聘为名获得劳动力及成果**

通过高职、高薪等条件来诱骗劳动力，招聘标明的是行政经理，实际工作干的是打杂。

**4. 以试用期为名榨取劳动力**

试用期较长，且试用期没有工资待遇，利用试用期与正式签约的时间差来榨取劳动力。

**5. 以“霸王条款”进行各项克扣**

用人单位通过苛刻的条件剥夺毕业生的既得利益。

**6. 以“培训”为名骗取培训费**

以高薪就业、保证就业之类的机遇进行岗前培训，但培训结束仍然不能工作，或者安排的工作根本不适合大学生，逼迫自己违约。

**【训练活动】**

### 王同学该怎么办

王同学通过某招聘网站查到一条招聘信息，广州一家药企高薪招聘医药营销人员，基本工资高，并提供住宿，发放餐补、电话费，报销每年往返探家路费，带薪年假等，工资待遇非常吸引人。于是王同学在网上提交了电子简历，当天就收到了对方的回复，邀请他到广州进行面试，并表示公司会到火车站接他，非常热情。

你是王同学的室友，小王与你讨论他的这份邀请，你会给王同学怎样的建议？小组进行讨论。

解题思路：建议王同学继续核实公司的具体地址、公司广州固定联系电话、面试的具体时间、面试的具体地点、其他应聘该公司的人获得的相关情况。如确定去广州面试，要与亲朋好友结伴同行，与公司接触的过程中注意保护身份证、银行卡等个人重要信息。

## 二、整理完善就业信息库

将搜集到的就业信息去伪存真后，余下的信息要进行整理，录入就业信息库中（表4－2）。一条完整的就业信息一般包含以下内容。

1. 用人单位的准确全称。

2. 用人单位的隶属关系，它的上级主管部门是谁（指人事管理权限）。

3. 用人单位的联系方式：如人事部门的联系人、电话、通信地址、邮政编码等。

4. 用人单位的所有制性质。

5. 用人单位需要的专业、使用意图、具体工作岗位。

6. 用人单位对所需人才的具体要求。

7. 用人单位的规模、发展前景、地理环境、经营范围和种类等。

8. 用人单位的福利待遇（包括工资、福利、奖金、住房等）。

**表4－2　就业信息库记录表**

| 收集时间 | 单位名称 | 单位性质 | 招聘专业 | 招聘人数 | 地址网址 | 联系人 | 联系方式 | 电子邮箱 | 备注 |
|---|---|---|---|---|---|---|---|---|---|
| | | | | | | | | | |
| | | | | | | | | | |
| | | | | | | | | | |
| | | | | | | | | | |
| | | | | | | | | | |

## 三、科学筛选就业信息

就业信息库中的信息可以通过以下方法进行进一步筛选。

**1. 分清主次**

把与自己有关的信息按重要程度排序，标明并注意留存，一般的信息则仅供参考。信息具有明显的时效性，过期的信息及时删除，有用的信息抓紧利用。

**2. 深入了解**

对于排在信息库前面的、重要的信息，毕业生要注意寻根究底，争取对该单位和职位有一个较为深入的认识。一方面要核实用人单位的性质、隶属关系、工作条件、发展前景、管理状况、地理环境等基本情况及有无用人自主权、主管部门的用人规定、户口要求等；另一方面要查实用人单位对求职者的要求。详细掌握这些材料，就能在随后进行的面试中处于主动地位。

**3. 专业相关**

专业知识是毕业生在择业中比其他非专业人员更具竞争力的一个因素。所学专业是否符合用人单位岗位要求，往往是用人单位和毕业生双向选择中的一个共同标准。

**4. 人职匹配**

在信息选择中，要把握"适合自己的就是最好的"的原则，这一点应是筛选信息的核心。要结合自己的兴趣、爱好、能力等条件，决定自己能够适应和胜任的职业，不要好高骛远、人云亦云、迷失自我。不顾自己的专长，以待遇、地点作为首选原则的毕业生，即使侥幸在求职中取得"成功"，在未来的发展中也会逐渐暴露出自己的弱势，发展后劲也不足。

另外，在筛选就业信息时还要考虑就业地域、个人能力、工资待遇、用人单位未来发展前景等方面，要根据这些考虑因素逐一过滤就业信息，最后保留 5～10 条对自己最有价值的就业信息，形成高权重预期就业信息库（图 4－4）。

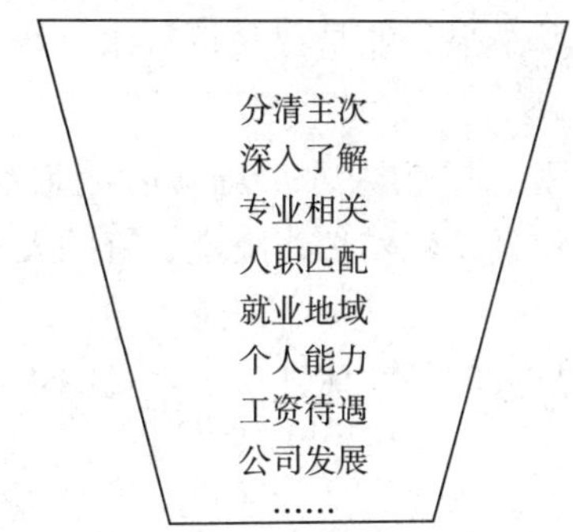


**图 4－4 形成高权重预期就业信息库示意图**

## 四、合理利用就业信息

就业信息的利用是指毕业生在对就业信息整理后，依据信息进行择业的过程。

### （一）利用就业信息的方法

**1. 及时利用信息**

对那些急需就业人员的招聘信息，要放入优先级考虑，判断要准，反应要快。否则，信息一旦过时，将失去其价值。

**2. 及时反馈不足**

根据职业信息的要求及时调节自己的知识、技能结构，提高自己的工作能力，弥补原来的不足。如发现自己哪方面的课程、知识不足，就主动去学习。如发现自己哪方面的技能欠缺，就赶快参加必要的训练，主动学习和掌握相应的技能。

**3. 及时与家人沟通**

当采纳了自己认为理想、满意的就业信息，确立了求职择业的重要选择方向，准备上岗工作时，要及时与家人沟通，得到家人的同意和支持。

**4. 及时共享信息**

有些信息对自己不一定有用，可对他人十分有用，遇到这种情况，要及时输出对他人有用的信息，帮助周围的同学共同就业。

### （二）应用就业信息时应注意的问题

**1. 从众行为**

从众行为表现为缺乏主见，人云亦云，他人说哪里好就往哪里跑，别人往哪里走就往哪里凑。

**2. 轻信行为**

轻信行为表现为一味盲从，认为亲友告诉的信息就一定可信，报刊上的信息百分之百准确，未做筛选就做选择。

**3. 模棱两可**

模棱两可表现为陷入大量的信息旋涡中不能自拔，在眼花缭乱的信息面前左思右想，犹犹豫豫，拿不定主意，其结果只能是“竹篮打水一场空”。

**4. 急于求成**

有的毕业生因缺乏社会经验，一到人才市场就心慌意乱；有的自感择业条件不如人，一旦抓住信息，不经深思熟虑，就匆忙作决定；有的人不慎重，没有广泛搜集信息便轻易作决定。

毕业生获得就业岗位的难易程度与整体评价关系见图4-5。

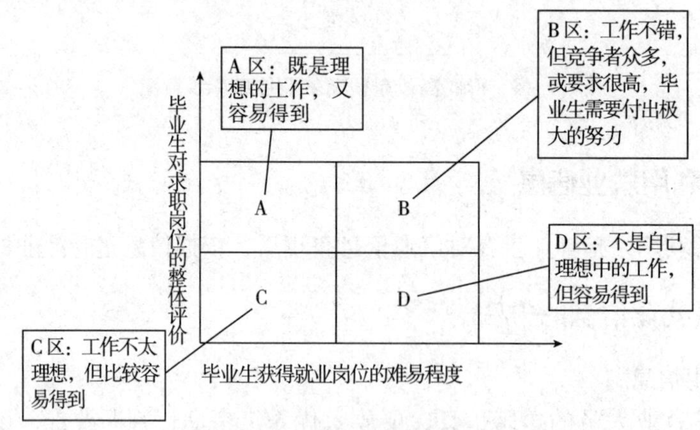


**图4-5 毕业生获得就业岗位的难易程度与整体评价关系**

## 【实践拓展】

参加学校大型供需见面洽谈会，搜集5~10家用人单位信息。

## 【本章小结】

在职择业过程中，机会对每个人都是均等的，就看如何把握。对用人单位的信息掌握得多一点，求职的选择机会就多一点；对招聘单位了解得多一点，求职的成功希望就会多一点。掌握和了解用人单位的信息量越多，判断准确率就越高，反之，则越低。能否很好地搜集、分析和活用用人单位信息，是对毕业生四年或五年大学生活所学知识和能力的一次检验。

## 【资源拓展】

1. 应届生求职APP。
2. 前程无忧APP。

## 【课后作业】

根据本章所学内容搜集、整理就业信息，形成一份高权重的预期就业信息库。

# 第五章　求职材料撰写与准备

【学习目标】

1. 掌握求职简历制作原则、求职简历的内容和制作技巧，能够制作合格的求职简历。

2. 熟悉求职简历的投递渠道和投递技巧。

3. 了解求职材料的组成；求职信的内容、格式及书写技巧。

【导入活动】

## 角色扮演：人力资源顾问最关注简历中的哪些内容

### 一、活动内容

步骤一：两名同学组成小组，并提前准备好求职简历一份。

步骤二：其中一名同学扮演HR（Human Resource的缩写，指人力资源，统称人力资源顾问），另一名同学扮演求职者。HR审阅求职者的简历，结合求职者的求职目标，说明自己最想在简历中看到的信息有哪些，写出3~5个关键词。求职者仔细倾听并做记录。

步骤三：角色互换，另一名同学完成步骤二。

步骤四：拿出两名同学做的记录并讨论，两个人的选择哪些相同，哪些不同，针对求职目标，为什么要从求职者简历中看到这些信息？

### 二、活动总结

HR在筛选简历过程中，最关注简历的哪些内容？

HR一天要在最短的时间内浏览几十份甚至上百份简历，每份简历停留的时间为10~20秒。一位资深的HR表示，初次筛选简历，一般比较关注四个方面。若条件基本满足，简历会留下，以进行第二次筛选。这四个方面包括硬性要求、工作能力、工作经验和简历细节部分。

1. 硬性要求

每个工作岗位都有具体的岗位要求和岗位职责。一些工作岗位对学历、专业、英语能力、性别、年龄等有硬性规定，拿到一份简历后，HR首先关注的是这些硬性规定。不满足企业岗位要求的，直接out！如三甲医院招聘医师一般要求硕士研究生以上学历，本科医学生关注县级、基层医疗单位就业机会较大。

2. 工作能力

HR 筛选简历关注的第二个要点是工作能力，如求职者会什么，拥有什么样的个人能力，能否更好、更快地胜任该岗位工作。这就要求求职者书写个人简历时要把能力罗列清楚，最好是与求职岗位相关的能力。例如，医学专业、护理专业的学生，简历中要体现其专业技术能力，多写一些在医疗单位的实习实践经历。药学专业的学生要体现的是实验研究能力，管理专业的学生要体现出沟通表达、团队合作等综合能力。

3. 工作经验

与个人能力相比，HR 更看重从业经验。求职者有过相关工作经验，意味着能尽快接手新的工作，培育成本低。因此，求职者若有与所求岗位类似的工作经验，一定要写在简历的明显位置。由于高校毕业生工作经验较少，故可多体现与求职岗位相同或相近的社会兼职、实习实践经历。自我评价部分要写得精彩，以给 HR 留下好印象。

4. 简历细节部分

简历是求职者第一次自我介绍，其细节能在一定程度上体现求职者对所求工作的重视程度。简历是否整洁，书写是否规范，态度是否认真，有无语法、排版、文字等错误，都是 HR 关注的细节。简历潦草、不规范，会给 HR 工作不认真、不负责等印象，影响招聘效果。

**【案例故事】**

### 打造个性化、针对性的求职“名片”
——视频简历让求职更具创意

如果你在百度上输入“视频简历”四个字，会出现 1200 万个结果。随着信息化时代的到来和智能手机的普及，抖音、火山小视频等视频软件颇受青睐，视频简历悄然而生。

视频简历在国外早已盛行。随着国内高科技的不断发展，视频简历开始被许多求职者所使用。使用者将自己的形象、学习经历和职业能力等内容，通过数码设备录制下来，经过编辑，格式转换，采用影音形式加以呈现。视频简历凭借客观的影音效果及丰富的信息量，快速拉近了求职者与用人单位的距离，让用人单位面对堆积如山的简历时，不禁眼前一亮。

很多求职者在自己的平面简历上印上二维码，HR 通过扫描二维码即可看到求职者的视频简历。与平面简历相比，视频简历可在互联网上发布和浏览个人经历、技能和素质的动态影音画面及相关文字资料，不仅浏览方便，而且有平面简历无法比拟的信息量。

## 第一节　求职简历的制作

一份好的简历是求职成功的第一步。

简历是对个人学历、经历、特长、爱好及其他有关情况所做的简明扼要的书面介绍。简历是有针对性的自我介绍的一种规范化、逻辑化的书面表达。个人简历的真正目的是为了让用人单位全面了解自己，从而创造面试机会，最终达到求职成功。

## 一、概述

简历有不同的格式和类型。

### （一）简历的格式

目前常用的简历格式有两种，一种是表格式简历，另一种是开放式简历。表格式简历是简历的传统格式，是指用表格的形式列出简历的信息。优点是制作简单。

开放式简历是近年流行的一种简历格式，是指无表格约束，按照自然表述顺序书写的简历。优点是整洁美观，一目了然，设计性比较强。

### （二）简历的类型

简历可分为时序型、功能型、混合型、业绩型和目的型等。

**1. 时序型**

这是应用最广泛的简历类型，即按照时间顺序（一般是倒序）撰写的简历。这种类型的简历清晰、简洁，便于 HR 阅读。一般包括教育背景、获奖情况、担任学生干部经历、参加实习实践情况、社会兼职等部分。

时序型简历一般适用于以下情况：

（1）申请的职位非常符合求职者的教育经历。

（2）求职者的工作经历能很好地反映出相关工作技能不断提高。

（3）求职者的工作调动、升迁具有一定的连续性。

（4）求职者最近所担任的职务足以体现其自身优势。

举例：

学生干部经历：

| | |
|---|---|
| 2016 年 9 月—2017 年 8 月 | 担任中医学院学生会学习部部长 |
| 2015 年 8 月—2016 年 7 月 | 担任中医学院学生会学习部干事 |
| 2014 年 8 月—至今 | 担任班级学习委员 |

**2. 功能型**

功能型简历强调求职者的资历与能力，主要以求职者具备的能力为核心展开陈述，忽略时间顺序。

功能型简历一般适用于以下情况：

（1）跨专业求职，但求职者具备职业所需技能。

（2）求职者的教育、工作经历有过间断。

（3）求职者想突出综合学习、工作等方面的能力。

（4）求职者学习、实习、工作等频繁变动且没有太大的相关性。

举例：一位公共事业管理专业学生应聘“新媒体运营实习生”的简历。

实践经历：
2016 年 8 月—至今 在百度知道栏目回答热点问题，一个月完成 100 余条问题。
2014 年 2 月—2016 年 8 月 担任“课程格子”校园经理，参与公司品牌宣传、产品推广，负责校园策划工作，工作表现赢得部门经理好评。

**3. 混合型**

该型简历是时序型与功能型的结合运用。采用时间倒序的陈述方式，使简历的逻辑性更加清晰，采用技能总结，使岗位胜任力更加突出。混合型简历融合了时序型简历的清晰感和功能型简历的实用性，是一种非常好的简历类型。

混合型简历适用于以下情况：

（1）应届毕业生求职，没有任何实习、工作经历。

（2）求职者既想突出成就与能力又想突出个人经历。

（3）求职者曾有过事业的巅峰。

（4）求职者想改行。

**4. 业绩型**

业绩型简历以突出成绩为主，一般将“成绩”栏直接写到“应聘岗位”之后。业绩型简历一般包括工作经历、资历、技能、取得成绩及学历等。业绩型简历适用于有工作经验的求职者。

**5. 目的型**

简历也可根据求职目的进行安排。只要适用于具体情况，目的型简历可以是上述类型中的任意一种（一般多为复合型）。目的型简历一般适用于特定职业的求职，如教师、电脑工程师、律师等。

## 二、简历制作前的准备

孙子兵法告诉我们，用兵打仗要做到知己知彼。要想制作一份属于自己的具有自身特色的简历，在制作准备阶段也要做到知己知彼。知己就是对自己的深入了解，包括职业兴趣、性格、技能、价值观及个人信息的掌握。知彼就是了解应聘单位和应聘岗位。制作简历前要做好两方面的准备，一是形成自己的简历信息库；二是读懂招聘广告，了解岗位要求。

### （一）盘点大学生活，形成简历信息库

简历信息库其实就是大学期间的各种经历，是求职者对大学情况进行全面盘点的过程。从所学课程、参加的培训、科研情况、参与的校内外实习实践、学生干部经历、社团经历等方面挖掘自身的知识、技能和综合素质。挖掘出的信息可采用一般方式进行整理，即在什么时间、什么地点、做了什么事情，有哪些收获等。

例如：2018 ~ 2019 学年，被某中医药大学评为“优秀学生干部”。

2017 年 7 ~ 8 月，在某中医药大学附属医院心血管内科实习 1 个月，每天早上 7 点上班，为患者测量血压、熟悉病历。跟带教老师查房，写病历，共记录 10 余位患者的

入院用药治疗情况，初步了解了胸痹、心悸等疾病的症状和诊断。

**1. 明确内容**

简历信息库的内容一般由以下几方面构成。

（1）求职意向。

（2）个人基本信息。

（3）教育背景：主修课程、二学位、学分绩点、专业排名、外语及计算机等级等情况。

（4）荣誉奖励：在校期间获得的各种奖励和荣誉。

（5）专业技能：取得的外语、计算机、从业资格证书等。大学期间发表的论文、成果、取得的专利等。

（6）校园活动：科研项目经历、科研竞赛、学生干部经历、各级各类竞赛等。

（7）社会实践活动：专业实习、工作经历。

（8）爱好特长：体育运动、艺术、学习等方面的爱好和特长。

（9）自我评价：与职业相关的优秀品质词汇表，用动词、形容词或者副词表示。

**2. 科学分类**

简历信息库的内容丰富之后，要对其进行科学分类，可按照信息库的内容进行分类，如荣誉奖励类、社会实践活动类；也可根据体现的能力特点进行分类，如学习能力类、团队合作能力类、沟通表达能力类等。

**3. 动态补充**

随着学业的推进，一些新的经历不断被补充进来。所以有学者认为，简历不是写出来的而是走出来的。同学们可参照《简历信息库记录表》进行个人简历信息库的建设与完善。

## （二）读懂招聘广告，明确岗位要求

按照岗位胜任力标准，每个岗位对求职者都有具体的要求，简历的制作要符合岗位要求，这也是简历制作的原则。

招聘广告不仅包含显性要求也包含隐形要求。所谓显性要求是指招聘广告上明确列出的要求，如英语四六级证书、护士证书等。隐性要求是指企业不愿公开表达的需求，如招聘护士的时候，希望身高达到一定要求、形象端庄等。所以简历的制作不仅要符合招聘广告的显性要求，也要符合隐性要求。

**【训练活动】**

### 某单位 2018 年招聘计划

**基本条件**

1. 思想政治素质好，遵纪守法，作风正派，具有良好的职业道德，团队合作意识强，热爱中医药教育事业（隐性要求：中共党员、学生干部，具有竞争优势）。

2. 身体健康，仪表端庄，能胜任应聘岗位的工作（隐性要求：形象、气质俱佳，成绩优秀，有相关工作经验者优先）。

3. 专业基础扎实，学习成绩优良。通过大学英语六级考试或达到规定分数（425分），英语以外语种需获得相当级别的语言成绩（显性要求）。

当求职者收到一份招聘广告，并准备制作一份简历时，需打开简历信息库，按照用人单位的岗位要求筛选匹配信息（图5－1）。

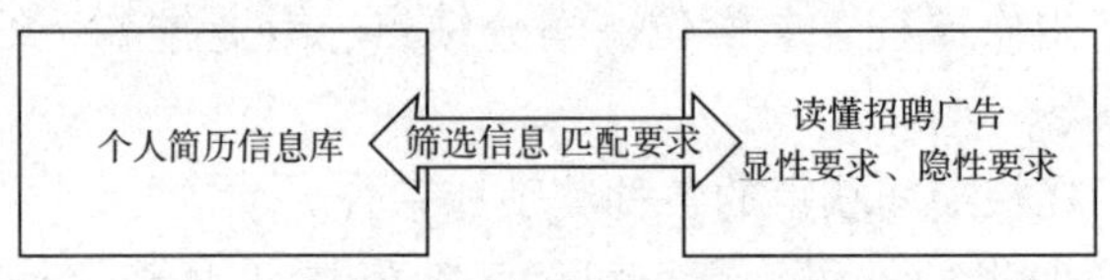


图5－1　匹配信息筛选

## 三、简历的撰写

一份完整的简历应包括求职目标、个人信息、教育背景、实践活动、荣誉奖励、专业技能、兴趣爱好、自我评价等几个方面，其可概括为一个目标、两个信息、三个支撑点（表5－1）。

表5－1　简历的主要内容

| 一个目标 | 两个信息 | 三个支撑点 | 其他要素 |
| --- | --- | --- | --- |
| 求职目标 | 个人信息 | 实践活动 | 兴趣爱好<br>自我评价 |
| | 教育背景 | 荣誉奖励 | |
| | | 专业技能 | |

### （一）一个目标：求职目标

求职目标是简历的核心，应放在简历的黄金位置，即简历的前三分之一处。求职目标所列出的岗位名称为所要应聘的用人单位的具体的岗位名称。简历的所有内容要紧紧围绕求职目标的岗位要求。求职目标的撰写方法如下。

**1. 一份简历只写一个求职目标**

如果有多个求职目标，最好分别撰写不同的简历，什么都能干，什么都行，只能说求职目标不明确，对自己的了解不够深入。切记：不能一份简历走天下。

【拓展阅读】

#### 一份简历走天下 out 了

——毕业生及时调整简历，终获用人单位青睐

进入11月，校园招聘拉开帷幕。在激烈的求职竞争中，如何书写有针对性的简历，成为应届毕业生冲出求职大军重围的重要一环。曾发了10多份简历都石沉大海的中药学专业学生冯同学，对简历进行研究并改进后，针对不同企业的“口味”发送简历，成功率超过了80%。目前，他已拿到三家知名药企的入职邀请函。对此，职场专家提

醒，一份简历闯天下是当今求职者的一种常用手法，然而这也是应聘失败的根源。同一份简历无法对应不同的公司、不同的职位，即使职位相同，面对不同的公司，简历也一定要区别对待。

8 月一开学，冯同学就加入了求职军团。丰富的实习经验、学校社团管理者、性格积极乐观……冯同学对简历中给自己贴的标签颇为自信，但向 10 多家知名药企发送后两个多月却均未见回应。对此，他很纳闷。

经过反思，他认为可能是简历制作上出了问题，于是认真向就业部门的老师请教。修改后的简历，冯同学再次投递给十余家国内知名医药企业，这次他的求职经历也是大逆转。"电话一个接一个，都是这些企业打来的"。一个月的时间，超过 80% 的药企人力资源部门都通知笔试或面试。目前，他已得到包括江苏恒瑞在内的三家知名药企的入职邀请。

为什么简历的命中率会如此之高呢？冯同学的经验是：必须有的放矢。他说，应聘对象不同，简历的重点也应有所不同。比如国企，与私企或外企不同，更看重是否是党员、是否有过社团管理经历、是否在国企实习过等，这些闪光点要在简历中着重强调。而私企和外企更看重业务能力和特长等。最忌讳的是一份简历海投、表格罗列经历，这样很容易埋没自己的个性。冯同学建议，制作简历前一定要了解应聘企业的企业文化等，根据不同的信息制作与企业相契合的简历，可针对目标意向做几个不同版本的简历。

职场专家：梳理亮点，有针对性筛选简历内容

简历需要有针对性，针对性有两层含义：一是简历要针对所应聘的公司和职位；二是简历要针对自己，写出自己在大学的亮点。写简历前要将自己的学习、工作和生活仔细回想一遍，写一些有亮点的事情。如成绩优秀、获得过奖学金或一些竞赛奖励等；参加过学生会工作、学生社团工作；到哪些单位实习过、组织过什么活动、取得什么业绩等；在大学做过什么有意义的事。找出自己与众不同的地方，以及能反映自己良好素质的成绩或实践活动。

根据应聘的公司和岗位进行一定的筛选和修改。如果应聘技术型工作，要突出专业成绩、实践能力、团队精神等。如曾做过的与应聘岗位有关的项目和所取得的成绩，或发表的论文。可稍加一点参加的社会活动，以表现团队合作精神。如果应聘销售类职业，要重点突出沟通能力、人际交往能力和不服输精神，体现社会活动业绩，做过的兼职，以及因坚持和毅力取得的成绩。

企业 HR：有针对性的简历更受青睐

每次参加现场招聘会后会收到一大摞简历。刚开始从事人力资源管理工作时，企业 HR 史先生总是迫不及待地拿起简历，寻找所需要的人才。慢慢地这种热情没有了，因为这么多简历，除了姓名、电话不一样外，其他部分如出一辙。"简历虽然是经历的介绍，但也不是流水账，什么都可以写进去。最典型的，像应聘技术人员，许多求职者把摆夜市、做家教，甚至去餐厅做服务员的经历都写进去了，结果适得其反。人力资源专家看到这样的简历就烦，应聘效果自然大打折扣。"

史先生称，简历也要有中心思想，现在大部分求职者在校期间都会参加很多社会实践或进行多份兼职，求职者的经历多不是坏事，但简历要体现的经历须与应聘职位所需技能一致。应聘职位所需的技能是简历的中心思想，应围绕中心思想撰写求职简历，这

样才能让人力资源专家一目了然。史先生建议求职者，投放简历不在多，而要针对性强。俗话说：磨刀不误砍柴工。选择自己中意的单位和职位，制作一份针对性简历，能大大提高应聘成功率。

#### 2. 直截了当表明应聘职位

例如，求职意向：中医内科医师。

求职岗位：儿科护士。

应聘岗位：产品专员。

书写小妙招：如果实在没有头绪，请仔细阅读招聘广告，根据招聘广告提供的岗位信息制作简历。

### （二）两个信息：即个人信息和教育背景

#### 1. 个人信息的撰写

个人信息包括姓名、性别、民族、年龄、政治面貌、家庭住址、学历、邮箱、联系方式、证件照片等。个人信息的书写要按照简单、完整 、醒目、方便查找的原则有选择地写。

（1）联系方式：为方便 HR 拨打电话，座机前要加区号，8 个号码数字中间用“－”分开，如 0431 － 1234 － 5678。手机号码采用“3 － 4 － 4”分节，如 135 － 1234 －5678。

（2）邮箱：邮箱是与用人单位取得联系的重要渠道，撰写时要注意邮箱名称的规范，不得使用繁琐、另类的邮箱名称。

（3）家庭住址：用人单位所在地与求职者的住址一致时，可将这一信息体现出来，给 HR 传达一种工作稳定的信息。家庭住址不是必要信息，可根据招聘广告的要求选择是否填写。

（4）政治面貌：一般国企比较注重政治面貌，中共党员的身份代表优秀、思想先进，可在简历中体现出来。应聘外企、民企可根据招聘广告中的要求选择是否填写。

（5）照片：简历中的照片一般为近期证件照，着正装，以蓝色底为主。如需粘贴，一般为小二寸彩色照片。

**【课堂练习】**

以下为丁叮同学求职简历的个人信息部分，请同学们对简历进行修改。

**求职岗位：中医儿科医师**

| 基本信息 | |
|---|---|
| 姓　　名：丁叮 | 性　　别：女 |
| 出生年月：1995年9月 | 民　　族：汉族 |
| 籍　　贯：吉林省辽源市 | 政治面貌：中共党员 |
| 学　　历：大学本科 | 健康状况：健康 |
| 身　　高：160cm | 体　　重：50KG |
| 联系电话：13512345678 | 邮　　箱：12345678@qq.com |

HR 点评：

个人信息，一般写在简历的上 1/3 版面，这部分被称为“简历的黄金位置”，是HR 最先看到的内容。因此，个人信息的选取要以有效、简明为原则，以吸引 HR 的眼球。丁叮同学简历中的个人信息非常详细，但有些是不必要的，如健康状况、身高、体重等带有隐私性信息，如果用人单位没有特别要求，可以不填。证件照片应着正装，蓝色底。

丁叮同学求职简历的个人信息部分经过修改，删除了不必要的信息，节省了书写空间。

| 求职岗位：中医儿科医师 | | |
|---|---|---|
| 姓　　名：丁　叮 | | |
| 性　　别：女 | 民　　族：汉族 | |
| 政治面貌：中共党员 | 家庭住址：吉林省辽源市 | |
| 联系电话：135－1234－5678 | 邮　　箱：12345678@qq.com | |

**2. 教育背景的撰写**

教育背景包括就读院校、就读专业、学历层次、辅修学位、主修课程及成绩等。有些单位要求提供高中就读学校。

（1）采用倒叙形式，将获取的最高学历放在最前面。

（2）与应聘岗位相关的课程，可根据招聘广告的要求选择是否列举。如果需要，则列出主干课程和成绩较好的课程，可附一些说明性文字，如专业 5%，95 分等。

**【课堂练习】**

以下为丁叮同学求职简历的教育背景部分，请同学们对简历进行修改。

| 教育背景 | 2013.08–2018.06 | **中医药大学（本科） | 中医学专业 | |
|---|---|---|---|---|
| 主修课程 | 中医基础理论　中药学 | 方剂学 | 中医内科学 | 黄帝内经 |

HR 点评：

丁叮同学的求职目标是中医儿科医师，在教育背景方面所列的主修课程应围绕这一目标展开，建议添加中医儿科学等与求职目标相关的课程。其他主干课程列成绩较好的课程。

| 教育背景 | 2013.08–2018.06 | **中医药大学（本科） | 中医学专业 |
|---|---|---|---|
| 主修课程 | 中医基础理论（90） | 中药学（93） | 方剂学（90） |
| | 中医内科学（92） | 中医儿科学（95） | 小儿外科学（92） |

## （三）三个支撑点

三个支撑点是指实践活动、荣誉奖励、专业技能。这三个方面是大学期间所积累的知识、能力和综合素质的体现，HR会通过这三个方面将求职者的能力与岗位要求进行匹配。

**1. 实践活动的撰写方法**

这是简历中最能展现素质能力的部分，也是用人单位最看重的内容，从中能够判断毕业生的工作能力、社会阅历和社会经验。实践活动包括校内经历和社会兼职，如实习、社会实践、志愿者工作、学生会工作、团委工作、社团等其他活动。

**【课堂练习】**

丁叮的个人简历中实习经历是这样撰写的。

| 实践活动 | |
|---|---|
| 2017.08–2018.05 | 在某中医药大学附属医院儿科实习，实习期间认真学习，获得带教老师的好评。 |
| 2016.01–2016.02 | 利用寒假时间，在辽源市中医院内科实习。 |
| 2015.06–2015.08 | 在长春市中医院儿科门诊课间实习两个月。 |
| 2016.09–2017.12 | 多次利用双休日时间到养老院慰问老人。 |
| 2015.06–2016.12 | 多次跟学校实践团到孤儿学校义诊，为小学生讲解夏季腹泻预防常识。 |
| 2013年至今 | 担任班级生活委员。 |

HR点评：

丁叮同学的实践经历比较丰富，所选取的事件与求职目标相关性较大，但仍存在事件内容不丰富、事件支撑度不突出、选取事件的排序不合理等问题。下面介绍几种简历的撰写技巧。

（1）STAR法则：STAR是SITUATION（背景）、TASK（任务）、ACTION（行动）和RESULT（结果）四个英文字母的首字母组合。

例如：

2017年8月~2018年5月：在某中医药大学附属医院儿科实习，实习期间认真学习，得到带教老师好评

丁叮同学在简历中体现的只是交代了一次实习的经历，没有体现通过实习经历展示出来的知识、技能和态度。按照STAR法则改写如下。

| SITUATION（背景） | 毕业实习期间在某中医药大学附属医院儿科实习 |
|---|---|
| TASK（任务） | 期间重点学习了小儿呼吸系统疾病、小儿消化系统疾病 |
| ACTION（行动） | 坚持每天按时上班，认真研究每一位患儿的诊疗方案 |
| RESULT（结果） | 经过实习，已能独立处理呼吸系统疾病和消化系统疾病患者，得到带教老师的好评 |

（2）关键词法则：关键词是描述专业活动或成就的表示知识技能、可迁移技能、管理技能的名词、动词和副词。在简历中简单地罗列事实，陈诉情况，没有关键词，不能吸引 HR 的眼球。从 HR 读简历的习惯来看，读的时间非常快，通常 10～20 秒读完一份简历。可以说，HR 对简历的审查不是在“阅读”而是“扫描”。扫描的重点是能体现与岗位需求匹配的技能的关键词。

表格中所标出的词语都是能引起 HR 注意的关键词。

| SITUATION（背景） | 毕业实习期间在某中医药大学附属医院儿科实习 |
|---|---|
| TASK（任务） | 期间重点学习了小儿呼吸系统疾病、小儿消化系统疾病 |
| ACTION（行动） | 坚持每天按时上班，临床查房、分析化验结果、书写病历，认真研究每一位患儿的诊疗方案 |
| RESULT（结果） | 经过实习，已能独立处理呼吸系统疾病和消化系统疾病患者，得到带教老师的好评 |

（3）巧用数字法则：简历中如果能量化求职者的成绩，用人单位就会对求职者有非常客观的看法，增强可信度。所以一定要把包含数字或百分比的陈述用量化的方式加以表达，不要使用“多次”“大概”等字眼。

例如：

| SITUATION（背景） | 毕业实习期间在某中医药大学附属医院儿科实习 10 个月 |
|---|---|
| TASK（任务） | 期间重点学习了小儿呼吸系统疾病、小儿消化系统疾病 |
| ACTION（行动） | 坚持每天 7 点钟上班，临床查房、分析化验结果、书写病历，认真研究每一位患儿的诊疗方案，10 个月期间，共接诊患儿 100 余名 |
| RESULT（结果） | 目前已能独立处理呼吸系统疾病和消化系统疾病患者，得到带教老师的好评 |

（4）强支撑法则：实习实践经历是用人单位非常看重的部分，因此这部分事件的选取要有一定的支撑力度。根据支撑力度由强到弱的顺序，第一为相同岗位经历，第二为相似、相关经历，第三为支撑点相关经历。以应聘医药销售岗位为例（表 5－2）。

**表 5－2　医药销售岗位的强支撑法则应用**

| 与目标岗位相关性 | 事件举例 | 支撑力度 |
|---|---|---|
| 相同岗位经历 | 药企实习生、药店销售员 | 强 |
| 相似、相关经历 | 商场促销员、校园代理 | ⇩ |
| 支撑点相关经历 | 社团负责人、学生干部、荣誉证书、爱好特长等 | 弱 |

**2. 荣誉与奖励的撰写方法**

这一部分主要列举在校期间获得的荣誉，以展示在校期间的突出表现。这部分的撰写也要遵循 STAR 法则、关键词法则、巧用数字法则和强支撑法则。另外，撰写荣誉与奖励时要注意前后顺序，可以按照荣誉奖励的级别，由高到低的顺序；也可按照时间顺序，或按照荣誉奖励个人贡献由大到小的顺序。

**【课堂练习】**

例如丁叮同学简历中：

| 荣誉 |
| --- |
| 1. 在校期间多次获得校级奖学金 |
| 2. 荣获第十届中国—东北亚博览会志愿服务荣誉证书 |
| 3. 荣获国家级大学生创新创业训练计划项目荣誉证书 |

HR点评：

丁叮同学应聘的岗位是儿科医师，根据强支撑法则的要求，应聘儿科医师，企业比较看重的是与专业学习相关的能力，因此丁叮同学所列的三个奖励的顺序应该为：①在校期间多次获得校级奖学金。②荣获国家级大学生创新创业训练计划项目荣誉证书。③荣获第十届中国-东北亚博览会志愿服务荣誉证书。

第一项代表学习成绩优秀，第二项代表科研能力（如果此项科研能力与儿科医师有关将更具有说服力），第三项代表沟通、服务能力。

修改后的简历：

| 荣誉奖励 |
| --- |
| 1. 在校期间获得校级一等奖学金3次（1/50），二等奖学金3次（5/50） |
| 2. "小儿哮喘病治疗方案综述"荣获国家级大学生创新创业训练计划项目三等奖 |
| 3. 荣获第十届中国—东北亚博览会志愿者服务荣誉证书 |

**3. 专业技能的撰写方法**

这一部分主要列出除学历和学位证书之外的证书，包括技能证书、专业技能。技能证书：如大学英语等级证书、计算机等级证书、从业资格证书、营养师证书等。专业技能：如大学期间的论文、成果、发表的文章、专利等。

**4. 其他内容的撰写方法**

简历还可包括特长爱好和自我评价，但这两项不是必须内容。因为这两项带有很强的主观性，很难满足HR的要求，求职者可根据招聘广告的要求有选择的撰写。

（1）特长爱好：特长爱好可以展示求职者的品德、修养、社交能力、合作能力等，要能支撑所应聘的岗位要求，要具体，不能泛泛而谈，否则会弄巧成拙。例如，坚持健身5年，每周两次，每次1小时。这一爱好体现了求职者持之以恒的优秀品质，无论医务人员还是医药销售人员，都会成为闪光点。

（2）自我评价：自我评价是对简历内容的补充，不宜过多，两三行为宜。内容应结合所应聘的岗位要求，用简练的语言高度概括，注意不要使用"责任心强""有耐心"等千篇一律、毫无特点的词语。

**【知识链接】**

## 简历制作小贴士

学生：都需要准备什么版本的简历？

HR：根据求职需要，我们一般会准备Word、PDF、纸质等版本。其中，Word版是最基本的，适用于诸多场合；PDF版能够弥补Word版易带病毒的不足，又比较美观；

纸质版是参加各类现场招聘会必不可少的版本。

学生：简历几页为宜？

HR：对本专科生来说，一页纸简历为宜；经历比较丰富的毕业生，两页也可以。硕士、博士的简历可以2～3页。

学生：如何突出简历中的重要内容呢？

HR：把重要内容放在明显位置，也可采用加粗字体、扩大字号、改变字体颜色、加项目符号等方式引起招聘者的注意。

学生：简历使用哪些字体，多大字号？

HR：一般字体不超过两种，颜色不超过三种。正文部分一般用宋体，小标题和题头部分可用黑体。字号的选择根据简历内容和排版情况而定，字号不宜过小，以免影响阅读。

学生：制作简历是否要留白？

HR：文字太拥挤的简历会给人一定的视觉压力，影响应聘效果。

学生：简历排版要注意什么？

HR：一是对齐，即联系方式，如姓名、电话、邮件、住址等信息可采取左对齐、居中或右对齐的方式，千万不要几种方式并用，让人无所适从。

二是一致，即内容写完，要统一调整行距和缩进量，确保文字格式一致，不要出现对不齐的情况，重点注意检查缩进、大写、字体、行距是否一致。

三是注意不要有错别字和格式方面的错误。

学生：用什么颜色的纸打印比较好？

HR：白色，A4纸，彩色打印。有人认为使用彩色纸张更能在众多白色简历中“脱颖而出”，殊不知对HR来说，彩色纸比较刺眼，有哗众取宠之感。

## 四、个性化简历

很多简历因缺乏个性，往往被招聘人员丢弃。只有个性突出、特征鲜明的简历，才易吸引招聘主管的眼球。

**创新方法一：为目标企业量身定做**

认真分析所应聘企业的情况，研究招聘主管的心理愿望，之后再结合自己的情况写简历。简历中要突出招聘主管最想看到的要素，这是最容易打动人心的个性化简历。例如，小王想应聘某图书公司，他把简历按公司图书的样式进行制作，封面是企业的LOGO、企业名称、企业主导色等Ⅵ系统元素。招聘主管看到这些元素后，立刻产生了情感共鸣，很大程度上增加了对简历主人的认同感，希望能见到应聘者面谈。有了招聘主管对简历的认同，也就增加了求职成功的概率。

**创新方法二：结合应聘岗位来创意**

简历从求职者应聘岗位需要的职业技能和职业修养的角度进行创新。例如，小李想应聘某公司的网站设计工作，他仔细了解该公司和该职位的要求后，发现公司正在对原网站进行改版。他利用自己所掌握的专业知识，提出了网站改版的思路，并精心设计了网页。当招聘人员看到这样的简历时，很快判断出小李具备所应聘岗位要求的能力、水平和职业意识，马上拿起电话通知他前来面试。

**创新方法三：从所学专业上创新**

各个专业有其专业特点和专业语言，从专业角度出发进行求职简历创新，可以通过简历体现专业素养。例如：小张是会计专业毕业的，在应聘某公司财务人员时，他把求职简历做成了一份会计报表。会计报表是会计人员体现专业技能的主要形式，能表现出极好的专业意识和专业素养。对于招聘主管而言，看到这样的简历，首先不会怀疑小张的专业能力和修养，其次面对每天千篇一律的求职简历，突然间看到这样一份耳目一新的简历，马上约见就不足为奇了。

简历是一个传递信息的工具，目标就是为了获得面试的机会。创新并不是一件困难的事情，但要注意简历创新要把握好方向，切不可偏离目标，更不要离谱得使人难以接受，能有效帮助求职者获得面试机会的简历才是成功的简历。

**【训练活动】**

**完善你的《简历信息库记录表》（表 5－3）**

**表 5－3　简历信息库记录表**

姓名：　　　　　　　　　　求职意向：

| 内容类别 | 具体内容<br>（时间、地点、事件等信息） | 获得能力 |
| --- | --- | --- |
| 教育背景 | | |
| | | |
| 荣誉奖励 | | |
| | | |
| 专业技能 | | |
| | | |
| 校园活动 | | |
| | | |
| 社会实践活动 | | |
| | | |
| 爱好特长 | | |
| | | |
| 自我评价 | | |
| …… | | |

# 第二节　求职信

求职信是求职者向用人单位介绍自己情况以求录用的专用性文书，起到与用人单位沟通的桥梁纽带作用，一封出色的求职信能够拉近求职者与 HR 的距离，为求职者进一步获得面试机会增加筹码。

求职信不是简历中的必须内容，只是个人简历的辅助。求职信一般在知名企业，特别是外企或500强企业的求职过程中应用比较多，如果求职者的文字功底比较好，能够通过求职信来感动对方，就会增加获得面试的机会。

## 一、求职信的内容

求职信是呈递给求职单位的，它属于书信的范畴。所以其基本格式需符合书信的一般要求。求职信的内容主要包括标题、称呼及问候、正文、结尾、署名、日期、附件。

### （一）标题

求职信的标题通常只有文种名称，即在第一行中间写上“求职信”三个字。

### （二）称谓

称谓是对受信人的称呼，写在第一行，要顶格写受信者单位名称或个人姓名。单位名称后可加“负责同志”；个人姓名后可加“先生”“女士”“同志”等，称谓后用冒号。求职信不同于一般私人书信，受信人未曾见过面，所以称谓要恰当，郑重其事。

### （三）正文

这是求职信的核心，其形式多样，通常包括求职信息的来源、应聘岗位、本人的基本情况、面试请求等内容。

**1. 求职信息的来源及应聘岗位**

这部分要写明想应聘的职位，以及如何知道该公司招聘信息的。这段是正文的开端，也是求职的开始，介绍有关情况要简明扼要，对所应聘的职位态度要明朗，要能够吸引读信者有兴趣读下去，因此开头要有吸引力。

求职信息的来源及应聘岗位写作范例

A：获取贵公司____年____月____日在我校公布的招聘__________（职位）的信息后，我寄上简历，敬请斟酌。

B：我希望应聘贵公司招聘的__________（职位）。我很高兴在招聘网站得知你们的招聘信息，我的专业是__________，一直期望能有机会加盟贵公司。

**2. 本人的基本情况**

这部分要阐明你能满足公司对人才的要求，必须写明你对单位或职位感兴趣的原因，以及你个人所特有的能够为公司作贡献的教育、技能和个人有价值的背景情况。这段内容语言要中肯，恰到好处；态度要谦虚诚恳，不卑不亢，达到见字如见其人的效果。要给读信人留下深刻印象，相信求职者有能力胜任此项工作。这段文字要有说服力。

**3. 面试请求**

正文的最后一段委婉地向招聘单位提出面试请求。需要写明对招聘单位的希望，说明招聘单位如何（何时、何地、怎样）与你联系，联系方法越简单越好。如：“希望您能为我安排一个与您见面的机会”或“盼望您的答复”或“敬候佳音”等。这段是求职信的收尾阶段，要适可而止，不要啰唆，不要苛求对方。

面试请求写作范例

“如果您能在百忙之中回复我，给我面试的机会，我将不胜荣幸。我的联系电话是____________________（最好是直接能联系到的手机号码）”。

### （四）结尾

另起一行，空两格，写表示敬祝的话。如：此致之类的词，然后换行顶格写“敬礼”或“祝工作顺利”“事业发达”等词语。这两行均不标标点，不必过多寒暄，以免“画蛇添足”。

### （五）署名和日期

写信人的姓名和成文日期写在求职信的右下方。姓名写在上面，成文日期写在姓名下面。姓名前面不必加任何谦称的限定语，以免有阿谀之感，或让对方轻看你的能力。成文日期要年、月、日俱全。这部分内容基本上是标准的，应当真诚地感谢招聘人员的阅读。

### （六）附件

有说服力的附件是对求职者鉴定的凭证，这是不可忽视的部分。

附件可在求职信的结尾处注明。如：附件1、附件2、附件3等。将附件的复印件单独订在一起随信寄出。附件不需太多，但必须有分量，足以证明才华和能力。

**【知识链接】**

## 求职信范例

尊敬的　　领导：

您好！

感谢您在百忙之中展开这份自荐材料，给我一个争取成功的机会。

我是　　，男，22岁，某专业的学生。久闻贵院医术精湛，学术自由，服务热情，深受各界好评，我怀着对贵院的无比敬仰与向往向您毛遂自荐。

在校期间，我怀着对医学一如既往的热忱，系统学习了针灸推拿学的基本知识和技能。临床实习阶段，我在长春中医药大学附属医院毕业实习一年，为今后走上临床打下了坚实的基础。纸上得来终觉浅，绝知此事要躬行。在兼顾学业的同时，我先后担任了班级团支部书记、前程学社会长。这些经历锻炼了我吃苦耐劳的精神与坚毅的品质。我的付出也得到了回报，2015~2016学年我获得了“优秀团干部”荣誉称号。在学习方面，我多次获得学校学习奖学金，以461分的好成绩通过了英语四级考试，还取得了计算机国家二级证书。

选择是双向的，物色千里马是您的期望，寻找伯乐是我的愿望，初出象牙塔的我如此年轻，在经验稍显不足的同时也有着朝气与潜力，我愿为贵院的建设添砖加瓦，与贵院同进步、共发展！

祝贵单位宏图事业蒸蒸日上！

此致

敬礼

自荐人：（亲笔签名）

2018 年 10 月 1 日

## 二、求职信的书写要求

**1. 篇幅适度，凝练精干**

求职信不宜写得太长，最佳篇幅为一页 A4 纸。要针对求职进行简单阐述，并要切入重点，切忌客套话连篇；要清楚地认识到用人单位招聘部门每天都会收到很多这样的材料，所以文字越精炼越好。

**2. 针对性强，内容详实**

撰写求职信前要根据用人单位的性质、招聘岗位等要素分别对待，针对机关事业单位、科研单位、教育行业、企业单位等不同的用人单位侧重点要有所区别，在表达自身特长的时候也要根据具体岗位突出自身优势，不要面面俱到，不要给用人单位千篇一律的感觉。

**3. 实事求是，言辞恳切**

不要为了谋求职位而夸大其词，甚至弄虚作假。一旦被用人单位识破，反而失去应聘机会。求职信可根据客观事实进行适当修饰，但注意掌握分寸，避免给人留下自负或自卑的不良印象。

**4. 行文流畅，不落俗套**

写求职信要抱着严肃认真的态度，不要出现内容不完整、不全面的错误，语句要流畅，通俗易懂，不要过多引用古文或华丽的辞藻，切忌空话、大话。

**5. 字迹清晰，整洁干净**

求职信要按照格式要求进行书写，页面整洁干净。不要为了堆砌内容过分缩小字体，从而影响用人单位招聘人员阅读。如果是手书，清楚、工整是第一要求。求职信写好后，最好请老师或同学帮着修改一下，避免出现层次不清、重点不明、词不达意等情况。

## 三、求职信的注意事项

1. 突出自己的优势和特色。

2. 言简意赅，不要过多阐述，切忌繁琐。

3. 介绍专长时只选主要的一两项简单说说。有的人说“还擅长书法、绘画、写作、演讲”，并获过奖项，这些均可纳入专长中，点到为止。

4. 仔细考虑自己有没有比他人更有利的条件，以便增加录用机会。如有当地户口、有住房、懂一两门外语或当地方言等，有时一些小细节往往能成为胜出的资本。

5. 推销自己时适当，不卑不亢。过于谦卑、自贬身价会给对方留下碌碌无能的不良感觉；过于高傲、狂妄自大会给对方留下轻佻浮夸的感觉。

6. 求职信的字数一般在 500 ~600 字。

7. 实事求是，投其所好，书写工整。如果有一定的书法功底，签名可手书。

【训练活动】

### 说说哪儿不对

1. 本人于某月某日要赴外地出差，敬请贵经理务必于某月某日前复信为盼。

2. 本人谨以最诚挚的心情，应聘贵公司的会计师一职，盼望得到贵公司的尊重、考虑和录用。

3. 贵公司的某总经理先生要我直接写信给您。

4. 某部长很关心我的求职问题，特让我写信给您，请多关照。

5. 现已有多家公司欲聘我，所以请贵公司从速答复。

## 第三节　其他求职材料与投递

个人简历是最基本的求职材料，为了满足不同用人单位的不同需求，求职者还应准备好其他求职材料。简历的投递也需讲究技巧，以最大限度地为自己争取面试机会。

### 一、其他求职材料

求职材料除个人简历、求职信外，有时还要根据用人单位需要附加毕业生推荐表和支撑材料。

#### (一) 毕业生推荐表

毕业生推荐表（以下简称推荐表）是由高校统一发放给毕业生，由毕业生本人填写的并附有毕业生所在学校及学院签署意见、鉴定、评价等的表格。推荐表是高校附有推荐意见的正式书面文书，具有较大的权威性和可靠性。由于大部分高校毕业生求职时并未取得毕业证，所以大部分用人单位把该表作为求职材料的证明和接收毕业生的主要依据。毕业生推荐表的格式栏目因各个高校侧重不同而有所区别，一般包括个人基本资料、学历、获奖情况、担任社会工作、个人兴趣特长、自我评价和学校及学院推荐意见等。

毕业生应当注意的是：推荐表和就业协议书对每一位毕业生来讲是唯一的，由学校统一编号，编号具有唯一性。毕业生求职过程中需要复印，求职材料中用复印件。只有正式签约时，才能将推荐表原件和就业协议书一起交与用人单位。

毕业生填写推荐表时要注意字迹工整、清晰，尽量不要涂抹，以免影响推荐表的公信力。

### （二）支撑材料

支撑材料是高校毕业生学习生涯成绩的证明，也是综合素质的具体体现，主要包括以下几部分。

1. 成绩单。由学校教务部门出具并加盖教务部门公章。

2. 相关证书的复印件。如外语、计算机等级证书、职业认证证书，以及在校期间参加各级各类活动所获得的奖状证书。

3. 社会实践和实习的鉴定证明。

4. 发表的论文、参与的课题等证明材料。

5. 其他相关材料。

## 二、求职材料投递

常常有这样的情况，有的同学求职材料投出后几乎都能回复，有的则石沉大海、杳无音信。求职材料的投递是有一定方法和技巧的。

### （一）投递方式

通常求职材料的投递有以下几种方式。

**1. 招聘会投递**

招聘会投递求职材料是最常见的方式。毕业生参加校园招聘会或相关机构举办的招聘会前，要提前做好准备，招聘会上要积极与招聘人员进行沟通，根据招聘职位对照自身条件，在符合条件的前提下投递材料，力求有的放矢。

**2. 登门递交**

登门递交是毕业生直接到招聘单位递交求职材料。采取这种方式前期需做大量工作。例如，通过有效途径搜集用人单位的情况、招聘信息等。毕业生直接向用人单位介绍自己、推销自己，以达到给用人单位留下深刻印象的目的。直接递交求职材料的优点是求职者与用人单位能够直接接触，有利于展示其才华和素质，应聘双方都会印象深刻，更有利于双向选择。

**3. 网络投递**

如今各类招聘网站上有大量的招聘信息，毕业生通过网络求职时，先要筛选出适合自己的招聘信息，之后再根据用人单位的要求投递简历。

### （二）投递技巧

投递求职材料需注意以下事项。

**1. 做好充分准备**

机会总是留给有准备的人。投递求职材料前的准备工作包括求职材料的打印、装订等，求职材料要在整体上给用人单位干净、整洁、有条理的良好印象。

**2. 注意投递礼仪**

选择当面递交求职材料者，要有礼貌、有自信。在礼仪方面，无论是服装还是谈话，都要能展示出优良的综合素质。自信是大学生必备的心理素质。投递求职材料是求职者的主动行为，因此在推荐自己时必须积极主动，给用人单位一种态度积极、胸有成竹的感觉。

**3. 学会网投技巧**

采取网络投递者要注意以下事项。

（1）所使用的邮箱应为正式、普遍邮箱，名称应简明扼要，避免使用太另类、太过复杂的邮箱名称。

（2）发送的电子邮件名称应标明求职者的学校、姓名和求职岗位等重要信息，并用“-”符号将信息进行分隔。例如：某中医药大学-丁叮-中医儿科医师。

（3）为了节省 HR 的时间，简历应以邮件的正文形式发送，也可添加附件，但要注意附件不要有病毒。正文要有寒暄的语句，强迫阅读或直接看附件是失礼的表现。

（4）可附上已发表的文章、获得的成果等。

**4. 做好建档备案**

在招聘季，通常毕业生会向多家用人单位投递简历，这时要注意对投递求职材料的用人单位建档备案，以防接到用人单位回访电话时不知所措，忘记了是哪家用人单位，从而影响应聘效果。

【训练活动】

### 对课前准备的简历进行修改

6~8 人组成学习小组，以顺时针顺序依次传递简历。拿到一份新简历时，提出 1~2 处修改意见，直到简历传到自己手中为止。看看同学提出的修改意见是否合理，根据课堂所学及小组同学提出的修改意见修改个人简历。

【实践拓展】

### 校园模拟招聘大赛递交简历

积极报名参与学校组织的校园模拟招聘大赛活动，并递交简历。

【本章小结】

求职材料是大学生求职的“钥匙”。用人单位在了解求职者之前往往通过求职材料进行第一轮筛选。本章详细介绍了个人简历和求职信的结构、内容和写作方法。

【资源拓展】

新精英生涯 http：//www. xjy. cn/

乔布简历 http：//cv. qiaobutang. com/

【课后作业】

## 写一份有个性化简历

根据自己的求职目标，结合本节课所讲内容，写一份针对性强的个性化的求职简历。

# 第六章 求职应聘技巧

【学习目标】

1. 掌握常用面试的类型和应对技巧；掌握自我介绍的方法。
2. 熟悉面试的步骤、应对方法和注意事项；熟悉求职的基本礼仪。
3. 了解面试的类型和主要内容。

【导入活动】

## 评估你的面试水平

回忆自己的面试经历，按照下表，评估自己的面试水平（表6-1）。

**表6-1 面试评估表**

评估分数：1分、5分、7分、9分、10分。

评估等级：差、一般、良好、优秀。

应聘单位：＿＿＿＿＿ 应聘职位：＿＿＿＿＿ 面试日期：＿＿＿＿＿ 面试时间：＿＿＿＿＿

| 评估项目 | 第一次面试 | | 第二次面试 | |
|---|---|---|---|---|
| | 分数 | 自我评估 | 分数 | 自我评估 |
| 仪容仪表 | | | | |
| 态度/礼貌 | | | | |
| 动机、意愿 | | | | |
| 表达能力 | | | | |
| 反应能力 | | | | |
| 沟通效果 | | | | |
| 情绪稳定性 | | | | |
| 自信心 | | | | |
| 面试官评价 | | | | |
| 自我综合评价 | | | | |
| 面试结果 | □推荐第二次面试 □不录用 □候选 | | □聘用 □不聘用 □候选 | |
| 改进方向 | | | | |

【案例故事】

### 一场特殊的面试

某知名医药公司因业务扩展需招聘医药销售代表。经过初试，公司筛选出5名应届毕业生参加复试，面试地点定在某酒店，面试时间依次错开。5名毕业生穿着整齐按时到达指定地点。这次的面试与以往不同，人力资源经理分别给每人50元钱，让其去买烟。同一个任务，5个人的表现有所不同。

A同学：立即下楼，导航到附近超市挑了两包比较贵的烟拿了回来。

B同学：立即下楼，到超市后突然想起忘问经理抽什么烟了，赶紧拿起手机给经理打电话，连打了3遍没人接，只好选了芙蓉王、长白山、玉溪等几种常见烟。

C同学：立即下楼，直接买了一条烟。

D同学：咨询经理附近哪里有超市，考虑着怎样过去。

E同学：询问清楚经理平时习惯抽什么烟、是否还有其他需要的物品后，按照经理的意思找到附近的超市买了两包软装玉溪，额外还买了打火机。

一场特殊的面试，经理心里已经有了人选。其实，他主要想考察应聘者的执行力、随机应变能力、语言表达能力、逻辑思维和处理人际关系等综合能力。

思考：

1. 猜一猜经理中意的人选是谁，为什么？
2. 如果你是应聘者，拿到经理给的50元钱是假币，会怎样做？
3. 想象一下，面试前，5名应聘者做了哪些准备？

## 第一节　面试概述

面试是求职应聘的重要环节，是一种科学的人事测评手段。通过考官与应聘者双方面对面的信息沟通和行为交流，考察的是应聘者知识、能力、品质、经验等特质是否与应聘职位相匹配。目前，企业采用的面试形式越来越丰富，面试流程越来越复杂，目的是为了提高面试筛选的准确度和效率，降低招聘成本。对应届毕业生来说，有必要了解企业招聘的面试形式和流程，从而结合自身实际做好面试准备，灵活应对面试，助力应聘成功。

### 一、面试类型

根据内容不同，面试可分为不同类型。

#### （一）根据标准化程度划分

根据标准化程度的不同，面试可分为结构化面试、半结构化面试和非结构化面试。

**1. 结构化面试**

结构化面试也称标准化面试，是通过设计面试所涉及的内容、试题、评分标准、评分方法、分数等对面试者进行系统的结构化的面试，目的是评估应聘者工作能力的高低及是否能胜任该岗位工作。用人单位会根据岗位的特点确定面试的具体内容模块、测评流程、安排和要求，如面试达到的目的、职位的具体要求等。目前，公务员、事业单位使用此类面试的较多。

公务员的结构化面试一般分三个方面。

（1）面试程序的结构化：在面试的准备阶段、过程阶段、收尾阶段，面试官要做些什么、注意什么、达到什么目的，都会提前进行策划。

（2）面试试题的结构化：要求面试题目对报考相同职位的所有应试者必须相同，典型的结构化面试还要求在对拟任职位进行工作分析的基础上编制面试题目。

（3）面试结果评判的结构化：从哪些角度评判应试者的面试表现，如何确定等级、如何打分等，面试前会统一标准。

结构化面试流程严格，一般为资格审核、报到抽签、面试候考、入场答题、考生离场、分数核算、分数公布。结构化面试的流程见图6－1。

**图6－1　结构化面试流程**

结构化面试考场布置见图6－2。

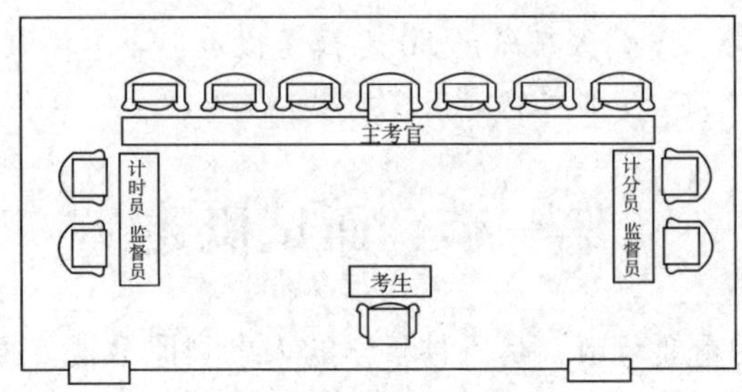


**图6－2　结构化面试考场**

扫二维码，观看结构化面试流程视频介绍。

**2. 半结构化面试**

半结构化面试是介于非结构化面试与结构化面试之间的面试，包括两种方式。

（1）主试者提前准备重要问题，但不要求按照固定次序提问，且可讨论面试过程中出现需进一步调查的问题。

（2）主试者根据事先规划的一系列问题对被试者提问，根据不同的工作类型设计不同的问题表格。

**3. 非结构化面试**

非结构化面试也称随机面试，是指面试的内容不需要遵循事先安排好的规则和框架，面试官可以与应试者任意地讨论各种话题，或根据不同应试者提出不同问题的面试。

结构化面试、半结构化面试与非结构化面试的区别见表6-2。

**表6-2 结构化面试、半结构化面试与非结构化面试的区别**

| 项目 | 结构化面试 | 半结构化面试 | 非结构化面试 |
|---|---|---|---|
| 特点 | 吸收了标准化测试和传统经验型面试的优点，结构严密，层次分明，评价维度确定 | 具有双向沟通性，面试官可以获得更为丰富、完整和深入的信息 | 没有既定模式、框架和程序 |
| 优点 | 规范，高效，客观，公平 | 有效避免单一方法上的不足 | 简单易行，过程自然 |
| 缺点 | 面试过程程序化，具有一定的局限性 | 问题具有随意性、发散性 | 主观性强，结构化和标准化低 |
| 应用 | 目前最为常见的公职考试面试形式 | 目前多企业采用结构化与非结构化相结合的方式，以使企业的人力资源管理和开发形成良性循环 | 面试人员较少，常用于销售类岗位 |

## （二）根据面试人数划分

根据面试对象的多少，面试可分为单独面试和集体面试。

**1. 单独面试**

单独面试是一种最普遍、最基本的面试方式，分为“一对一”面试和“一对多”面试两种。

（1）“一对一”面试：多用于较小规模的面试，能使应聘者的心态较为放松，话题往往能够深入，谈话过程比较简单、灵活、易控制。缺点是易受面试官个人感情因素的影响。

（2）“一对多”面试：一般由多位主考官参加面试过程，但每次均只与一位应聘者交谈，容易给应聘者造成心理压力。

**2. 集体面试**

集体面试也称小组面试，是指多位应聘者同时面对面试考官进行的面试方式。

集体面试通常要求应聘者进行小组讨论，相互协作解决某一问题，或者让应试者轮流担任领导主持会议、发表演说等。这种面试方法主要考察应聘者的组织协调能力、语言表达能力、情绪稳定性、人际沟通能力等是否达到拟任岗位的要求。集体面试最常用的测评技术是无领导小组讨论。

无领导小组讨论是由一组应试者组成一个临时工作小组，讨论既定问题，并做出决策。在不指定负责人的情况下，通过应聘者相互讨论，考察相关能力，判断是否符合岗位要求。

【知识链接】

## 无领导小组讨论经典试题

**第一类：开放式问题**

考察点：开放式问题的答案可以很广很宽。主要考察应聘者思考问题是否全面，是否有针对性，思路是否清晰，是否有新的观点和见解。

举例：有人说细节决定成败，也有人说战略决定成败。请问：你同意上述哪个观点，并说明理由。

**第二类：两难问题**

考察点：两难问题是让应聘者在两种互有利弊的答案中选择其中一种，主要考察应聘者的分析能力、语言表达能力和说服力等。

举例：假设你是市政府信息处的工作人员，信息处的重要职责是将本市有关政治、经济、生活等方面的重要信息每日摘要向市领导呈报。下面有两条信息：

信息一：某居民小区原有一个菜市场，在前一阶段全市拆除违章建筑大行动中被拆除了。市政府一直没有重新给菜市场安排场地。这样小区居民就要到距离很远的其他菜市场买菜，给居民尤其是家中仅有老人的生活带来极大不便。居民呼吁市政府尽快解决这一问题。

信息二：本市一家国有企业常年亏损，一直开不出工资。年初新厂长和新领导班子上任后，通过完善内部管理，改变经营思路，半年多时间使企业扭亏为盈，成为本市纳税大户。现在这家企业在银行贷款方面遇到了困难，该企业向市政府请求帮助，这笔贷款关系到企业的新项目能否投产。

由于各种原因，上述两条信息只能报一条给领导。请问：你认为应将哪条信息上报市领导，理由是什么。

**第三类：多项选择问题**

考察点：让应聘者在多个备选答案中选择有效的几种或对备选答案的重要性进行排序，主要考察应聘者分析问题和抓住问题本质等方面的能力。

举例：设想你们是科学考察队的队员，原打算在原始森林进行科学考察1个月后返回。但考察中遭遇地震，与外界失去联系，只能自己想办法走出原始森林。期间，必须挑选一些重要物品，以便于从原始森林走出。

下面列了13种物品，为了确保安全离开，你们的任务是将这些物品根据重要性程度进行排序，把最重要的放在第一位，次要的放在第二位，以此类推，最不重要的放在最后。

物品包括：①汽油打火机。②压缩饼干。③救生绳。④锋利的砍刀。⑤便携式取暖器。⑥小口径手枪。⑦一瓶脱脂牛奶。⑧两个100mL的汽油瓶。⑨地图。⑩磁质指南针。⑪五加仑白酒。⑫急救箱。⑬太阳能发报机。

请大家讨论，根据重要性进行排序，并说明理由。

**第四类：操作性问题**

考察点：给应聘者一些材料，工具或道具，利用这些材料设计一个或一些由考官指定的物体，考察应聘者的主动性、合作能力和在操作中充当的角色。

举例：广场舞问题一直以来有所争议。随着人们生活水平的提高，一些集体活动既能锻炼身体也能丰富精神世界，广场舞可以说大有裨益。但近年来有关跳广场舞大妈与周围邻居发生冲突的报道屡见报端。近期，又有媒体报道，北京一男子不满邻居跳广场舞的音量太大，拿出家中藏匿的双筒猎枪朝天鸣枪发泄，还放出 3 只藏獒冲散跳舞人群，被判刑 6 个月。广场舞冲突不断出现，由此引发的事件也就在所难免。这些事件引发了社会对广场舞问题的再度热议。

如何用互联网为广场舞大妈服务，从这个思路构思一个创业项目，同时要解决噪音问题，从产品、推广、商业模式等角度进行思考。

**第五类：资源争夺问题**

考察点：此问题适用于指定角色的无领导小组讨论，是让处于同等地位的应聘者就有限的资源进行分配，考察其语言表达能力、分析问题能力、概括或总结能力，以及发言的积极性和反应的灵敏性等。

举例：让应聘者担任各部门的经理，就有限的资源进行分配。要想获得更多的资源，必须要有理有据地说服他人。

### （三）根据面试进程划分

根据面试进程的不同，面试可分为一次性面试和分阶段面试。

（1）一次性面试：是指用人单位对应聘者的面试集中在一次进行，应试者能否顺利通过面试，甚至能否被最终录用均取决于此次面试的表现，一锤定音。

（2）分阶段面试：又分为按序面试和逐步面试两种。

1）按序面试：一般分为初试、复试和综合评定三个阶段。①初试的目的在于从众多应聘者中筛选出较好的人选，主要考察应聘者的工作态度、个人素质、上进心等，淘汰明显不合格者。②复试：初试合格者则进入复试。复试以考察应聘者的专业知识和业务技能为主，衡量应聘者对拟任工作岗位是否合适。③综合评定：复试后由人事部门会同用人部门综合评定每位应聘者的成绩，确定最终合格人选。

2）逐步面试：通常由用人单位的主管领导和一般工作人员组成面试小组，根据小组成员的层次，由低到高的顺序，依次对应聘者进行面试。面试的内容依层次高低各有侧重，低层一般以考察专业及业务知识为主，中层以考察能力为主，高层进行全面考察和最终把关。逐步面试实行逐层淘汰筛选，层次越高越严格。

### （四）根据面试环境的紧张程度划分

根据面试环境的紧张程度，面试可分为压力性面试和非压力性面试。

**1. 压力性面试**

压力性面试是指将应聘者置于一种人为的紧张气氛当中，故意让应聘者回答具有挑战性、非议性和刁难性的问题，针对某一事项或问题做一连串的发问，以考察其应变能力、抗压能力、思考判断能力、情绪稳定性等方面的素质。

**2. 非压力性面试**

非压力性面试是指在没有任何压力的情景下考察应聘者有关方面的素质。

【知识链接】

### 压力性面试真题举例

1. 告诉我，你最大的缺点是什么。

2. 你的学习成绩一直不好，是否代表你的学习能力很差。

3. 你对你今天的表现满意吗？是否感觉自己已是面试中的佼佼者？如果我们没有录取你，你会怎么想？

4. 你今天的这身装扮让人看起来很不舒服，你做过充分的礼仪准备吗？

5. 经调查，你在同学中的口碑一般，你是如何看待这个问题的。

## （五）其他类型的面试形式

其他面试形式还有常规面试、情景面试、综合性面试、电话面试、视频面试等。

**1. 常规面试**

常规面试是指常见的、面试官和应聘者面对面以问答形式为主的面试。

**2. 情景模拟面试**

情景模拟面试是设置一定的模拟场景，要求应聘者扮演某一角色并进入角色情景中去处理各种事务及问题，考官通过对其在情景中所表现出来的行为进行观察，以评价其素质潜能，判断能否适应或胜任所需职位。

【知识链接】

### 情景模拟面试真题

1. 如果你是一名妇产科医生，在火车上遇到孕妇身体不适，有可能马上就生了，你会怎样做。

2. 如果你是一名儿科护士，刚步入工作岗位，给孩子打针时，因为孩子哭闹扎了两次没扎进去，家属情绪激动，不依不饶，你怎样处理。

3. 如果你是医药销售代表，在医院电梯中偶遇所负责药品的科室主任，你会怎样做。

**3. 综合性面试**

综合性面试属结构化面试的一种，兼具常规面试、情景模拟面试等特点，内容主要集中在与工作职位相关的知识技能和其他素质上。

**4. 电话面试**

出于面试效率和成本等方面的考虑，特别是在招聘单位与招聘地点不一致的情况下，用人单位往往会采取电话面试。特别是异地求职者往往采用电话面试。

电话面试需提前准备好提纲，以便从容应答。面试前要将对方单位名称、岗位及所感兴趣的职位信息等弄清楚。如果面试时间短，需要配合的话不要紧张，要厘清思路，先简要介绍自己后再有条不紊地回答提问。

一般电话面试会先确认求职简历的真实性。应对时，必须冷静、快速回答，任何犹豫都有可能造成说谎的印象。因此，最好将简历放在手边，看着内容回答提问。电话面试会针对应聘岗位提一些专业技术方面的问题，如专业技能、对应聘职位的看法等，有时问得会更细一些。对此不要慌张，要抓住重点，语言简练，不得含糊其辞。

电话面试要用“您好”“谢谢”等礼貌用语，这也是职业化的一种表现。最好手边放些纸和笔，记录所提的问题要点，以便于回答。电话面试过程中不要机械背诵所准备的材料，回答问题时语速不必太快，吐字要清晰，表述要直截了当、充满热情。如果问题没听清楚，要礼貌地请求重述一次。如有必要，也可要求改用其他方式重述，不要不懂装懂，答非所问。

【知识链接】

### 电话面试宝典

电话面试前，一定要按照招聘单位规定的时间打电话，不要迟到，也不要提前太多，给对方留下你是一个时间观念比较强的初步印象。

确保电话面试良好的环境：安静、信号好、无人干扰。

电话面试过程中，注意语言表达，说话声音不要太大，要语速适中，有条理，营造和谐的通话氛围。

注意微笑回答问题，虽然对方看不到，但能感觉到你的热情、乐观和自信。

手边放些纸和笔，记录问题要点，三思后行，切忌冲动回答。

通话结束，不要先挂电话，待对方挂电话后再挂。挂电话前一定要说“再见”“谢谢”等礼貌用语。

**5. 视频面试**

求职者参加视频面试，在用人单位安排的面试时间前，要提前安装好摄像头和耳麦等相关设备，并检查电脑、网络、摄像头、耳麦、灯光等设备的使用情况，以保证视频面试按时、正常进行。

因视频面试不能看到求职者更多的姿态、动作，因此求职者的发型、服饰等给面试官留下的印象更深刻，要尽量做到干净整洁、朴实大方、和谐得体，符合大学生身份，给面试官一个良好的印象。调整好摄像头，把自己最具风采的一面展示给面试官。

由于视频招聘更多的是通过语音聊天来展示自己，因此要特别注意语言表达，要注意口齿清晰，表达有条理。视频过程中有可能出现没有听清的情况或者视频突然断掉，要非常有礼貌地解释清楚，其实这个时候你的反应也许就会成为面试官判断的标准。视频面试过程中的一颦一笑、一举一动都有可能成为面试官判断你的依据，不要有过多的小动作。在面试过程中，眼睛要直视对方，目光游移不定会影响面试官对你的判断；在面试快结束的时候，注意不要匆匆关掉视频，更不要在还没有关视频时放松自我，到处走动，显得太随意，要向面试官道谢，并保持坐姿和微笑，最好的方式是等待对方关闭视频，然后自己再关闭。

几种常见的面试类型与特征见表6－3。

**表6－3 几种常见的面试类型与特征**

| 面试类型 | 主要特征 |
| --- | --- |
| 电话面试 | 用人单位通过电话对应聘者进行提问。通常在笔试后进行，是面对面的面试之前常采用的一种面试手段，针对某些特定问题进一步了解 |
| 视频面试 | 用人单位与应聘者通过互联网进行面试，通过摄像头和耳麦进行语音、视频等沟通交流 |
| 结构化面试 | 用人单位通过设计面试所涉及的内容、试题、评分标准、评分方法、分数等对应聘者进行系统的结构化面试，目的是评估应聘者工作能力的高低，能否胜任其岗位工作 |
| 无领导小组面试 | 用人单位采用情景模拟方式进行的集体面试。通过给一组应聘者与工作相关的问题进行讨论，或是案例讨论，或是集体游戏，以考察其综合能力 |
| 情景模拟面试 | 用人单位设置一定的模拟场景，要求应聘者扮演某一角色并进入情景，处理各种事务、问题和矛盾 |

## 二、面试内容

知晓面试的考察内容，能够提前有意识地做好准备。面试通常要考察以下几项内容。

### （一）基本素质

**1. 仪表举止**

这是指求职者的衣着举止、精神状态、风度气质等。研究表明，仪表端庄、衣着整洁、举止文明的人，一般做事有规律，注意自我约束，责任心强，故应聘者应注意着装得体，举止文雅大方，表情丰富，回答问题认真、诚实。

**2. 道德品行**

道德品行主要考察的是应聘者是否有责任感，能否令人信任地完成工作；考虑问题是否偏激；情绪是否稳定；对要求较高深的业务能否适应。应聘者应注重突出自己是个自信心强、有坚强意志和责任感的人，确立与事业有关的奋斗目标，并为之积极努力，且不安于现状。

**3. 求职动机**

了解应聘者的应聘目的，对哪类工作更感兴趣，工作中追求什么，应聘单位所能提供的职位、工作条件等能否满足其期望。

**4. 自我控制能力与情绪稳定性**

自我控制能力在工作中显得尤为重要。一方面遇到领导批评、工作有压力或与个人利益发生冲击时，能够克制、容忍，理智对待，不会因情绪而影响工作；另一方面工作有耐心和韧劲。

**5. 工作态度**

一是了解应聘者的学习和工作态度；二是了解对应聘职位的态度。一个以往学习、工作态度不认真，干什么都无所谓的人，在新的岗位也很难做到勤勤恳恳、认真负责。

面试时用人单位会向应聘者介绍本单位和拟聘职位的情况与要求，就薪酬、福利等关心问题进行提问，回答应聘者可能提到的一些问题。

## （二）相关能力

**1. 口头表达能力**

用人单位一般会观察求职者能否将要表达的内容有条理、完整和准确地转达给对方；引例、用语是否确切；发音是否准确，语气是否柔和；说话的姿势、表情如何，能否将其思想、观点、意见或建议顺畅地用语言进行表达。具体包括表达的逻辑性、准确性、感染力、音质、音色、音量、音调等。

**2. 综合分析能力**

面试时，用人单位会考察应聘者对其所提出的问题能否抓住实质，说理透彻，分析全面，条理清晰。

**3. 判断能力**

面试时，用人单位会考察应聘者能否准确、快速判断面临的状况；回答问题是否简练、贴切。

**4. 应变能力**

面试时，用人单位会考察应聘者对所提问题的理解是否准确，应答是否快速；对突发问题的反应是否敏捷、回答恰当；对意外事情是否处理得当。

**5. 学习能力**

学习能力是指理解并接受新事物、新观念的能力。任何职位都要求有良好的学习能力，以跟上时代发展的步伐。面试时，用人单位会考察应聘者是否掌握了相关的基本技能和方法，是否有学习新知识和新技能的愿望，以此推测其掌握学习能力。

**6. 人际沟通能力**

面试中，用人单位通常会询问应聘者参加过哪些社团活动，喜欢与哪类人打交道，以及在各种社交场合扮演的角色，以此了解其人际交往倾向和人际沟通能力。

**7. 实践操作能力**

用人单位除注重应聘者的学习能力外，对工作实践经验也非常重视。特别是招聘技术型和技能型人才时，用人单位会考察特定岗位的专业技能和实践操作能力。为此，大学生在校期间，除重视专业课的学习与实习外，还要充分利用课余时间进行兼职、见习和社会实践等，培养其实践操作能力，丰富社会阅历，积累工作经历，以提高面试成功率。

**8. 特殊能力**

不同的行业、职位对应聘者有不同的特殊能力要求。如应聘新闻记者，考察其是否具备以下能力。

（1）下笔迅速而清楚。

（2）在嘈杂场所不乱文思。

（3）善于记述问答式文字。

（4）有推定力，能迅速推定新闻真相。

## （三）与应聘职位的匹配度

**1. 个性特征**

通过了解应聘者的兴趣、爱好等知晓其个性特征，以便日后的工作安排。

**2. 专业知识**

了解掌握专业知识的深度和广度，是否符合职位要求。面试对专业知识的考察更灵活、更有深度，所提问题更接近招聘岗位对专业知识的要求。

**3. 工作经验**

一般用人单位会根据应聘者的简历或求职登记表进行提问；进一步了解应聘者的相关背景、工作情况和实践经验，以确定是否与目标职位相匹配。

【训练活动】

### 自我介绍怎么说更精彩

**一、活动目的**

1. 了解自我介绍在面试中的重要性，做好充分准备。

2. 学会运动 STAR 法则，通过模拟训练，掌握自我介绍的技巧，提升面试自信心。

**二、活动方法**

1. 结合给出的招聘背景信息，分析自身优势。

2. 用 5 分钟时间，整理发言思路。

3. 上台做自我介绍。

4. 其他同学打分。

5. 老师点评总结。

6. 学生反思，改进练习。

（1）我的“故事”是否有趣。

（2）它令人信服吗？

（3）还有什么需要补充的。

（4）如何使我的回答更好。

**三、自我介绍建议思路**

面试的自我介绍重点是告诉面试官你是如何适合这个岗位，你的哪些学历、培训经历、工作经历能够满足用人单位的需要，你个人有什么特点。

1. 首先报出自己的姓名、身份，让对方认识你。

2. 简单介绍学历、工作经历等基本情况，让对方有个初步了解。然后结束个人基本情况，自然过渡到一两个自己学习或实习期间圆满完成的事件，以此说明自己的经验与能力，突出自己的优点。叙述的时候可以运用 STAR 法则。

某中医药大学2019届毕业生应聘医药销售代表岗位，面试过程中作自我介绍，谈及个人能力时，运用了STAR法则叙述曾协助老师组织校级运动会事件（表6－4）。

**表6－4　STAR法则的应用**

| situation（背景） | 曾协助老师组织校级运动会 |
| --- | --- |
| task（任务） | 前期负责运动员的训练、运动会的筹备和运动会现场的协调 |
| action（行动） | 连续1个月坚持每天五点半起床组织运动员训练；制作分项目秩序册；沟通教练员、裁判相关事宜；协助老师完成运动会的彩排、开幕式的组织及处理现场突发事件等 |
| result（结果） | 锻炼了组织能力、沟通能力、协调能力，运动会效果良好，受到老师的认可和好评 |

3. 着重结合职业理想说明应聘该职位的原因，让对方接受你。可以谈对应聘单位或职务的认识，表明选择该单位或职务的强烈愿望；如果被录取，将如何尽职尽责工作，并不断根据需要完善和发展自己。

### 四、自我介绍注意事项

1. 眼神：眼神要坚定，要敢于与人直视，不要有漂移、翻白眼等情况。
2. 笑容：微笑让人感觉愉悦和放松。
3. 声音：声音大而稳，语速中等。普通话要标准，吐字要清断，忌用方言。
4. 情绪：避免情绪起伏波动，以免产生负面影响。
5. 开始与结束注意个人礼貌和基本修养。
6. 时间一般控制在2~3分钟，具体情况根据面试要求调整。

## 第二节　面试的步骤与技巧

面试是求职者获得应聘岗位的关键一步，想要获得成功，必须提早准备。面试的准备是多方面的，有些准备是长期的，有些准备是临时的。根据面试进程的先后，求职者需做好以下几个阶段的准备。

### 一、面试前的准备

面试前，求职者需做好四个方面的准备。

### （一）状态准备

#### 1. 不要自卑

一些同学感到自卑，并罗列出一大堆不利的理由：学校不好、学历低、专业不对口、成绩不够好、没有干部经历、社会实践少、没有本地户口、农村长大、见世面少等。其实，大学生自己的评价标准，甚至是社会的评价标准往往与用人单位存在很多差异。就自卑的学生而言，其实际情况往往比他自己的感觉要好得多。实际上是一种自我否定的力量抑制了个人良好状态的正常发挥。

需要记住的是，你向人推销的不是你的过去而是你的未来。过去不精彩并不重要，重要的是未来你能不能给用人单位创造价值。面试前要想象自己在理想状态下，在该单位会如何做人，如何做事，如何发展，如何给单位创造价值。想清楚这些的时候，你就会信心十足地去面试。

**2. 不要自傲**

有的同学自我感觉良好，或者对面试单位不太满意，因而犹豫不决；或者觉得自己优势突出，因而疏忽大意。如果以这样的心态去面试，就会漫不经心。

面试人员都是很敏感的，你的任何不满和犹豫都会被看在眼里，他们只招那些充分认可自己单位的应聘者，犹豫不决的人一定要重新考虑。如果不想放弃机会，就要仔细研究这家公司的优势，并做好在该公司发展的规划，使自己处于渴望进入该公司的状态。

**3. 不要紧张**

除因自卑引起紧张外，过于重视这个机会，或担心自己性格内向、不善言辞也会引起紧张。对此解决的主要办法为：一是事前进行模拟面试，多进行几次，让紧张情绪提前产生和释放；二是想一下哪些事情、哪些方面、哪些活动会让自己感到轻松愉快和信心十足，如有的人喜欢打篮球，那就去打一场篮球，这样情绪就能转移。球场上的挥洒自如和兴高采烈，有利于消除面试中的紧张情绪。

## （二）信息准备 （图6-3）

| 知己 | 知彼 |
|---|---|
| ·知己why ne<br>·我有什么企业需要的能力<br>·我有什么企业需要的特长<br>·我有什么性格特征<br>·为什么是我？而不是别人 | ·知彼why you<br>·这个企业有什么业务<br>·他们需要什么样的人<br>·企业文化有哪些<br>·他们的晋升道路是怎么样的<br>·为什么是这个企业而不是其他企业 |

**图6-3 知己知彼图解**

**1. 了解用人单位和职位**

要对所面试的用人单位有一个详细的了解，了解它的企业文化、基本的组织架构、运营方式在整个行业所处的地位，可根据所了解的信息准备面试时要进一步了解的情况。这样才有可能给面试官留下好的印象。

**2. 了解不同行业的招聘要求**

根据自己的职业生涯规划目标进行有目的的调研，了解该行业的发展现状、国际国内形势、自己从事该行业的优势与劣势、该行业的知名企业，甚至每个企业的文化特点、发迹历程等。这些信息浩如烟海，如果能够熟记于心，变成自己的知识，并总结出与众不同之处，面试时就会说“内行话”，令面试官刮目相看。

要想找到一份满意的工作，必须要详细了解所从事行业的用人标准和要求。只有知晓其标准和要求，胜算的可能性才更大。例如，医疗机构招聘医生，一般要求应聘者学习成绩优秀，专业知识扎实，有良好的操作技能，更看重医学相关实习与实践经历，具有责任感和奉献精神。政府机关招聘公务员，多要求应聘者具有一定的科学决策力和有效执行力，善于沟通交流，协调能力强，同时有较高的思想觉悟和良好的道德品质。如果准备不充分，往往会与机会擦肩而过。

**3. 了解获取就业信息的渠道**

可以通过学校毕业生就业部门获取就业信息。该部门是毕业生获取就业信息的主要渠道；毕业生所在学校工作、任教的教师，比一般人更了解本专业毕业生适合就业的方向和范围，以及近几年毕业生的就业情况；高校举办的毕业生供需见面洽谈会、各地市举办的主要面向本地区的用人单位、毕业生的供需见面会和定期举办的人才市场招聘会，能在较短的时间内汇集众多用人单位和大量的需求情息，故时效性很强。对毕业生来说，高校举办的毕业生供需见面会针对性更强。

### （三）问题答案准备

温习知识，锻炼技能。不同的工作岗位需要某种专业的知识或技能要事先做好温习，面试时有可能被问到某一方面的问题或当场展示，以衡量知识或技能掌握的程度和能力。如果对相关内容没有提前准备，要想对答如流则比较困难，专业的问题答不上来会为面试减分。为此，好提前梳理专业知识，尤其要强化与求职单位业务相关的知识。其他课程也要浏览，有的用人单位有笔试，且题目不分专业，越来越重视求职者的综合素质。

### （四）面试前一天的准备

求职者需从以下四方面做好面试前一天的准备。

**1. 查找面试时间和地点**

很多毕业生接到用人单位面试的通知后只顾兴奋高兴，却忘记了面试的时间、地点这些重要信息。接到面试通知后一定要问清楚应聘公司的名称、职位、面试地点、时间等信息，最好问一下公司的网址、通知人的姓名和面试官的职位等。

**2. 查清楚路线和交通工具**

面试前，应聘者一定要查清交通路线，在哪上车、换车和下车。留出充裕时间，将一些意外情况考虑在内。如果对面试地点不很熟悉，可以提前去 1 次。同时要考虑面试当天的时间段是否会堵车等情况。

**3. 查好应聘单位的信息**

对招聘单位一无所知的应聘者，面试失败是一定的。对用人单位的企业文化、价值观等要给予详尽了解，这样也会为面试加分。

**4. 检查求职相关资料**

准备齐全面试的文件，如简历、文凭、身份证、报名表、笔、其他证明文件（包括所有复印件）等，以备面试官索要核查。同时带上一定数量的现金以备不时之需。

## 二、面试中的应对

如何才能在激烈的面试竞争中脱颖而出呢？

### （一）随机应变

面试者应明白，无论准备得多么充分，总有一些问题是想不到的，总有一些突发情况需要处理。所以随机应变能力对面试者尤为重要。

### （二）推销自己

面试的目的是向对方推销自己，所以如何适时适度地把自己的能力、潜能显示出来，在自我介绍中很重要。

首先，个人经历要尽量与所应聘的单位相联系。谈及个人经历时应从以往经历中找出合乎应聘单位理想的方面，进行重点讲述，顺水推舟地把自己的优点与长处表现出来。其次，找出优点，并大胆地说给对方。如果面试官提出“请谈谈你的优点吧”，不可畏畏缩缩，因为说不出自己优点的人，多半会被认为缺乏自信心和自我分析能力，淘汰的可能性很大。

### （三）应对面试的语言艺术

面试时如何面对用人单位，使他对你感兴趣，进而愿意录用你，是求职成败的关键。有四项原则可供参考：①根据实际需要来说服。②抓住有利时机进行说服。③提出可行性方案进行说服。④把主管人当作朋友来说服。总之，与面试官交谈时，应表现出自己是一个非常随和善谈、易于结交的人，让交谈充满热情和愉快。

### （四）注意身体语言

从心理学的观点看，身体语言会传播某些信息。与主考官谈话时应将视线放在对方的动作上，某些身体语言会暗示你他的心理活动。

主考官不耐烦时，会做些漫无目的的动作。如随手玩桌上的物品，用手敲桌上。发现这一情况后就要转移话题，改变一下现状。当主考官的目光左顾右盼时，表示对你不太感兴趣，此时不应再滔滔不绝，而应立即结束谈话，让他问你问题。

### （五）发生意外的回答技巧

面试中常常会出现一些难以预料的情况，如说错话、问题太难甚至涉及自己隐私等，这时说话更应讲究技巧。

对偶尔发生的错误不必耿耿于怀。即使说错了话也不要总是顾虑，要继续回答所提问题，因为是否录用并不在于说错了话。无法抓住问题的核心时，应使用缓兵之计。可以先起个开头，然后讲的时候想第二点，讲第二点时想第三点。如果确实不懂，就果断地说不知道，坦然承认，这不会影响面试官对你的印象（表6－5）。

表 6-5　面试中的突发事件

| 序号 | 突发事件 | 怎么办 |
| --- | --- | --- |
| 1 | 面试中没有听清面试官的问题 | |
| 2 | 面试官打电话 | |
| 3 | 面试过程中面试官出去了 | |
| 4 | 进入面试场所后发现没有椅子 | |
| 5 | 椅子离面试官的桌子特别近 | |
| 6 | 地上有垃圾 | |
| 7 | 被晾在一边没人搭理 | |

### （六）注意面试中的良好仪表和行为举止

仪表、礼貌、态度是面试十分重要的因素，不仅能反映人的人品、性格、教养、文化等，还直接影响面试官对你的印象，是否最终被录用。

## 三、面试后的追踪

面试结束并不代表一切尘埃落定。

### （一）总结经验，以利“再战”

面试结束，求职者不能认为万事大吉，要积极采取行动，设法让用人单位记住你，抓住时机，趁热打铁，真正把握成功的机会。面试结束后，适时总结面试表现或向同去的同学询问或向有经验的师长求教，你在面试中给对方留下的印象如何，回答存在什么问题，重要的事情是否遗漏或未说清楚，回忆一下有哪些失误，找出弥补的方法，尽量争取主动。

### （二）保持联系，建立感情

面试结束后，求职者不能坐享其成，静候佳音，一定要积极主动地与用人单位保持联系，建立感情。对远道而来的招聘单位要记住详细地址、电话号码、招聘部门和主试者姓名，采用发邮件、打电话、发微信、写感谢信等方式进行联系，把面试时遗漏的问题和对单位的期盼婉转地予以表明。在用人单位难以取舍之际，这些工作都会起到一定作用。要尽量与面试人员、人事部主管等关键人物建立联系，询问、请教，表明自己对到企业工作的期盼，用热情打动面试人员，做善始善终的有心人。

### （三）加深印象，强化优势

设法让自己“引人注目”，让对方在难以取舍时能关注你、重视你、记住你，把面试时准备好的信息、资料、个人情况加以补充说明。向用人单位反复强调你的敬业精神，明确表示你对单位的价值。

### （四）两手准备，评估改进

面试后做好两手准备，因为面试后有两种结果，要么被录取，要么被淘汰，对此更有足够的心理准备，不要把一次求职失败看得过重，要善于总结经验，在以后的面试中不断改进，振奋精神，迎接新的挑战。

## 四、面试的技巧

面试的类型很多，常用的是结构化面试、非结构化面试和无领导小组讨论。

### （一）结构化面试的应对技巧

结构化面试是目公务员招录和事业单位招聘的常见类型。应聘者了解和掌握面试相关技巧，如审题技巧、语言表达技巧、着装技巧、肢体语言技巧等，便可以不变应万变，从激烈的面试竞争中高出一筹，成为佼佼者。

**1. 审题技巧**

进入面试考场，绝大多数情况下桌上会放有考生用试题，考生席一般放有纸和笔，目的是便于考生思考和审题时记录。虽然面试不同于笔试，每道题的时间也有限制，但绝大多数考生都会表现出紧张状态。回答问题前一定要注意审题，有的考生还没听清主考官提的问题就急于答题，结果影响了答题质量。所以审题至关重要。

（1）审出考点：结构化面试主要是测试考生的综合分析能力、交流沟通能力、逻辑思维能力、语言表达能力、应变能力、工作能力、自我认知能力、人生观、价值观、是非观、亲情观，以及创新思维等，较快地审出考点，有助于厘清思路，为答题奠定良好基础。如考题1：领导让你邀请外地专家来单位讲座，专家推掉重要事务后与你商定了讲座时间。专家到达后，因特殊原因，领导要推迟讲座时间，你怎么办？此题主要测试考生的应急应变能力。考题2：你在什么时候，通过什么细节，第一次发现父母老了，当时你的感受是什么？此题主要测试考生的亲情观。

（2）审出高度和深度：审题有高度或深度时，便会生动感人。对于考题2，有考生答道：虽然自己不在父母身边，无法时时、事事尽孝心，但自己在工作上常常把前辈、领导和同事当成父母来敬重和关心。这样的答题一定能获得高分。

（3）审出广度：审题要审出广度，由此及彼，联系自我，答题一定与众不同。

**2. 表达技巧**

虽然每道题都有严格的时间限制，但仍有审题和拟定答题要点的时间。一般情况下，5分钟的答题时间可用1分半钟左右审题和拟定要点，8分钟的答题可用2分半到3分钟审题和拟定要点。主考官读试题时，考生可拿着笔边听边审题，审出考点后快速在纸上拟定答题要点，只写关键词即可，一般每题3~4个要点。为了缓解紧张情绪，找准声音大小和语速快慢等，可重复试题或试题的主要部分。答题后尽量避免反复、间断或插进多余的词，按照拟定的要点进行表达，用“答题完毕”作为结束。

**3. 肢体语言技巧**

面试过程中某些动作、表情会增光添彩，为考生加分。如点头、微笑、在椅子上向前欠一下身、用手势强调要点等。点头：主考官读题时，为了证明自己在用心听且听明白了，可不时地点一点头。

微笑：走进考场时、点头时或其他适当的时候微笑一下，表明你在听或在看。

在椅子上向前欠一下身：这能表明你的专注、热情和对考官的尊重。

用手势强调要点：面试过程中偶尔用手势强调所讲事件或观点，能够引起考官的注意，并可缓解自己的紧张情绪，记住某些细节。需要注意的是，手势过多会适得其反。

结构化面试的应试技巧，需要面试者进行一定的训练。面试者只有具备扎实的专业知识和技能，具备良好的心理素质才能获得成功。

【知识链接】

## 医疗岗位面试解析

医疗岗位的面试环节见图 6－4。

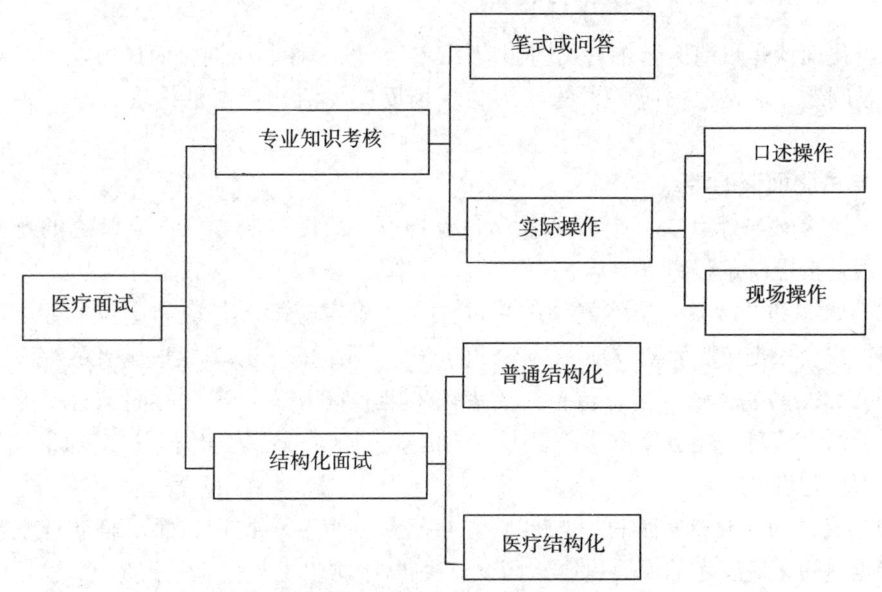


**图 6－4　医疗岗位面试环节图解**

不同岗位对应聘者的要求不同，面试环节也有所差异。比如，医疗岗位对应聘者的基础知识、实际操作等技能要求较高。一般医院招聘医疗岗位分为专业知识考核和结构化面试，承担实习、教学任务的医院还有试讲环节。专业知识考核分为笔试或问答和实际操作，实际操作又分为口述实操和现场操作，如病例书写、体格检查、心肺复苏等。结构化面试分为普通结构化面试和医疗结构化面试。普通结构化面试考题为大众性综合类题目，医疗结构化面试考题针对的是医疗背景的考生。

### 一、专业知识问答真题

1. 低钾血症的病因和治疗原则。

2. 异位妊娠的临床表现与初步诊断方法。

3. 慢性阻塞性肺疾病（COPD）的鉴别诊断。

4. 上消化道出血的治疗原则。

5. 颅内压的三主征。

**二、普通结构化面试——大众性综合类题目**

1. 送朋友去机场，但单位临时有事非你不可，如何处理。

2. 单位开展孝道文化活动，你将怎样开展。

3. 唐僧四人西天取经，要淘汰一人，你会淘汰谁？为什么？

**三、医疗结构化面试——有医疗内容的考题**

1. 患者找医生看病，但患者不配合，认为医生多开药、多做检查，你怎么看。

2. 如何应对医生压力大。

3. 医德和医技哪个更重要。

4. 政策性相关题型：对医护人员的“九不准”“知情同意”做出解释并说明意义。

## （二）非结构化面试的应对技巧

自由化面谈是目前医药销售类岗位应用最广泛的一种非结构化面试方法，是指面试官不预设问题，而是根据应聘者的简历和现场反应灵活选择谈话内容，是一种开放式交谈。

**1. 自由化面谈的特点**

（1）对象的特殊性：每个应聘者都各有特点，故漫谈法会根据应聘者的特性因人而异，不是按照既定程序进行。

（2）内容的灵活性：虽然漫谈的目的是为了确定应聘者与应聘岗位的匹配度，但面试官往往会根据应聘者的反应，从不同的角度提出问题，以考察应聘者的综合素质。

（3）信息的复合性：信息包括应聘者的专业技能和综合素质，面试官不但会注意应聘者的语言信息，还会留意非语言方面的信息，如应聘者的动作、神态和语气等，以综合考察应聘者。

（4）交流的互动性：面试官与应聘者之间是一个互动过程，面试官通常根据应聘者的特点提问，应聘者的回答也会给面试官提供更多的线索考察其素质。

（5）判断的直觉性：面试官往往依靠经验和逻辑推理来推定应聘者与岗位的匹配度。这种直觉判断很难避免受感情因素的影响。

**2. 自由化面谈的优点**

（1）操作灵活，获得的信息更丰富、完整和深入。

（2）不清楚面试官的目的，应试者的回答更真实。

（3）面试双方是一个信息反馈过程，沟通更有效。

（4）轻松的环境，有助于发现面试者的潜力，了解更为全面。

【知识链接】

## 换位思考　面试制胜
### ——常见自由化面谈问题应对宝典

**一、你为什么选择这个岗位**

1. 面试官角度

求职岗位的要求；与岗位匹配的条件；做好本职工作的优势；做好本职工作的兴趣和热情。

2. 思路点拨

以医药销售人员为例。销售岗位的工作要求是具备相关的专业知识和较强的沟通能力、应变能力、承受能力，以及吃苦耐劳精神和团队合作精神。我是市场营销专业的大学毕业生，具有较扎实的销售理论知识。销售工作的社会实践培养了我较强的沟通能力、应变能力，以及吃苦耐劳精神和团队合作精神。更重要的是，我对销售工作有极大的兴趣和热情。我相信自己能做好这份工作。

**二、你主要的优缺点是什么**

1. 面试官角度

与求职岗位匹配的优点：仔细、认真、负责任、诚实、积极、乐观；做事努力、坚持，决策快，效率高；善于自我激励。

避开与求职岗位相矛盾的缺点：直接、急躁、敏感、爱唠叨；容易相信他人，缺乏警惕性；决策太快，缺乏认真思考；缺乏灵活性、创造性。

2. 思路点拨

优点 1：我是一个诚实、积极乐观、善于自我激励和努力工作的人，对实现自己的目标充满信心和正能量。缺点是有时做事有些急躁。

优点 2：我是一个做事坚持并能吃苦耐劳、不达目的不罢休的人。缺点是追求完美。

优点 3：我是一个适应性强、决策快、办事效率高的人。缺点是做事急于求成。

**三、你未来的职业规划是什么**

1. 面试官角度

了解求职岗位的晋升路径；短期目标、长期目标，具体明确。

2. 思路点拨

以医药销售人员为例。我的短期目标是找到一个适合我的公司并在公司的培养和我个人的努力下快速成长，短时间内成为一名优秀的销售员。长期目标是在不久的将来（5～10 年内）成为一名优秀的营销主管。

**四、你最理想的工作是什么**

1. 面试官角度

对工作价值的理解，对自我价值的理解，责任心与感恩之心。

2. 思路点拨

人来到这个世界，不能白来一回，要为它做点什么。虽然我的能力有限，但我愿意为社会创造一些有价值的东西，而工作是我创造价值的载体和工具。因此，我希望找到一份能实现自身价值的工作，希望贵公司能给我这个机会。

既然是工作，那就意味着是一份责任。我选择工作的原则是能让我承担一定的责任，通过这份工作能实现自我价值，报答父母的养育之恩，报答社会的培养教育之恩。

**五、你在什么情况下会跳槽**

1. 面试官角度

无需表决心，强调选择是理性思考后的选择，把主动权交给公司，负责任地离开。

2. 思路点拨

选择贵公司是我经过理性思考后的慎重选择。我选择了的事情绝不会轻易放弃。除非公司认为我不适合在这里发展，或者我个人认为自己不适合目前所从事的工作。在没有其他选择的情况下，我才会考虑更换公司，否则我是不会轻易放弃自己的选择的。即使离开公司，我也会事先征得公司老板的同意，把手头工作交接完后再离开，不会给公司带来任何后患，这一点请你们放心！

**六、你对薪水有什么要求**

1. 面试官角度

事先了解求职公司或当地的薪酬标准；说出可以接受的薪酬要求范围；如果不详，也可以反问。

2. 思路点拨

薪酬不是我选择工作的第一考虑。贵公司是一个很好的发展平台，我寄希望于未来的发展，我相信贵公司会给我一个合理的报酬。据我了解，贵公司新员工的薪酬标准是3000~4000元。如果是的话，我可以接受。我也想知道贵公司对待新员工的薪酬标准是多少？只要能满足基本的生活需要，我就可以接受。我对薪资没有硬性要求，只要公平、合理即可。

## （三）无领导小组讨论的应对技巧

### 1. 无领导小组讨论的流程（图6-5）

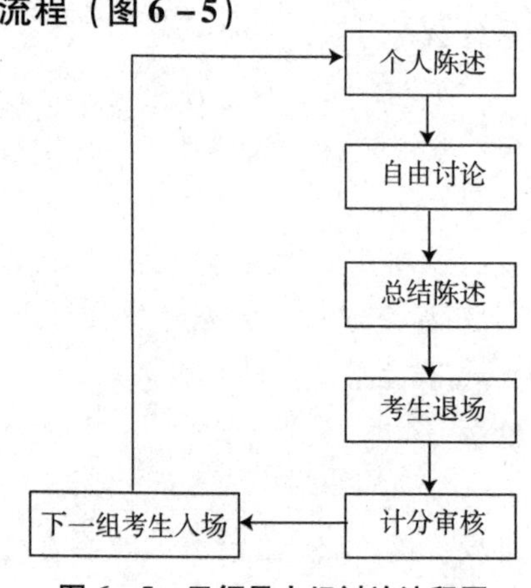


图6-5 无领导小组讨论流程图

**2. 无领导小组讨论的评分标准**

（1）思维分析能力：综合分析能力强，能够系统、全面地分析问题；论点鲜明，论据充分，逻辑性强。

（2）语言表达能力：能够清晰表达自己的观点；语言生动、流畅，表达准确、恰当，条理清晰，说服力、感召力强。

（3）组织领导能力：善于总结和利用他人观点为己所用；能积极与小组人员进行有效沟通，能协调与其他考生间的冲突，达成统一意见。

（4）团队合作能力：着眼大局，关注整个小组讨论的统一结论，甚至最终放弃个人结论，服从小组意见。

（5）压力反应能力：理解问题准确、迅速，见解独到，能镇定自若、有风度地回答对手的提问和反驳。

（6）辩论说服能力：表达意思清晰简洁，善于运用语音、语调、目光和手势，在他人发言时认真倾听，强调自己观点时有说服力。

（7）主动性、积极性：发言积极主动，有质量的发言在5次以上；每次发言均有新意、不重复。

（8）仪表举止：良好的着装，对自己很肯定、很有自信心。

**3. 无领导小组讨论“六个学会”**

（1）学会积极、主动发言：自由发言开始后，积极亮出自己的观点，有破冰效应，不仅能给考官员留下较深印象，还可左右其他应聘者的思想，将注意力吸引到自己的观点上来，争取充当小组中的领导角色。自己观点陈述完后，认真听取他人意见和看法，以弥补自己的不足。

（2）学会倾听：认真倾听他人意见并给以反馈，倾听时记录其要点。要抬头聆听，并适时地予以反馈，如点头示意等，表示自己在倾听其他成员观点。

（3）学会运用“Yes - and”技巧：如果你不赞成对方提出的观点，可先肯定对方的说法，然后转折一下，最后再否定。肯定是手段，转折再否定是目的。先予肯定，可使对方在轻松的心理感受中继续接受信息。尽管结果是否定，但婉转地叙述反对意见，对方比较容易接受。

（4）学会对他人方案提出创造性观点：有时候会发现，前面发言的人有很多点可以说，但轮到自己时论点所剩无几，这时可对前面的某些论点予以补充，这样能够拓展某些问题的深度和广度，给人感觉你不是停留在表面，而是挖掘了很多深层次的内涵。

（5）学会在混乱中引导正向讨论：有时小组讨论无中心，无目的，无时间概念。这时应以礼貌的方式引导大家有序、理性地讨论，包括提醒时间、当前最需解决的问题、是否应进入下一个讨论阶段等。工作中的团队对时间观念非常在意，能否在最终期限前确定计划十分重要，能够在自己陈述观点、倾听他人观点或讨论中有时间观念的是会加分的。即便引导没有成功，考官也会欣赏这样的意识。

（6）学会必要时妥协，以便小组最终达成结论：小组讨论通常会有一个明确的目标，比如在什么场景下遇到什么问题，运用什么资源，提出什么方案，达成什么结论，这是一个有特定任务和时间限制的团队项目。所以任何情况下，只要有一线希望都要尽量在最终期限内使小组成员达成一致，得到共同结论。结论没有十全十美，这时妥协就成为达成结论的必要手段。妥协的实质是“大局观”，在时间紧迫的情况下，妥协同样会得到考官赞赏。

**4. 无领导小组讨论“六个禁忌”**

（1）完全忽略他人：通常表现为他人发言时埋头写自己的演讲稿，对他的表述一无所知，并片面认为只要表达自己的观点就足够了。

（2）不礼貌地打断：当在他人的表述中听到与自己相左的观点时便立即打断，自己开始滔滔不论。正确的做法是记下有异议的观点，待对方表述完后或讨论过程中再适时提出。

（3）啰里啰唆：繁杂冗长的陈述会令团队成员生厌，并表现出毫无时间观念。

（4）言论过激：不同意对方观点时，避免使用“我完全不同意某某的观点”或“某某的观点是完全错误的”等语句。合理的表达是：“某某的观点虽然比较全面地分析了……但某些方面还有改进的地方”。这里涉及沟通技巧问题，需要平时的积累和锻炼。

（5）否定一切，过于自负：否定他人的所有观点，只认为自己的观点是正确的。

（6）没有把握好领导者的角色：极力想表现自己的决策能力或领导能力会招人反感；充当领导者的度很难把握，太强会太自负，太弱又与领导者的应有作用不相匹配。

【拓展阅读】

## 无领导小组讨论中你想充当什么角色

角色很重要，面试中角色清晰，能够确定角色方向，贡献值最大，这样就赢了。如何选择自己的角色方向，需考虑小组成员之间的能力、性格和专业构成。只有角色定位适合自己惯常的表现，才能表现得更自然、更出色。

参考角色：破冰者、领导者、协调者、时间控制者和总结者。

**1. 破冰者**

破冰者是第一位发言者。破冰者需要勇气，但破冰者有时候不大讨好，往往会引起后来者如潮的反驳，因此先发言可以，但不要说太偏激的话。那么破冰者是不是就非常不利呢？也不是。在无领导小组讨论面试中平淡就是死亡。如果从头到尾没给考官留下什么印象，分数是绝对不会高的。如果观点错误、态度骄横，就是灭亡的加速器。只有把握尺度，规避风险，破冰者才会给考官留下深刻印象。

破冰者的风险是自认为完全可以成为领导者，甚至有时会被他人误认为是领导者。事实上这是两个角色，而且转换不一定都能成功。如果转换失败，会适得其反，因此，有必要再次权衡，自己是否真的适合做领导者。

**2. 领导者**

领导者是引领整个讨论进行、不断进行总结和升华的人。领导者是不断使讨论进入实质性进展的人，他（或她）必须拥有强大的透过现象看本质的能力，能够不断分析他人观点的实质，将众多观点整合成新的观点，进而形成完整、有逻辑的体系。领导者要随时看清整个讨论的任务，不能让讨论偏离方向。领导者要随时判断现在进行到哪一阶段，还有多少任务没有完成，推动讨论适时前进，控制整个讨论的节奏，并能够将观点总结、升级。

可以说，领导者就像一艘大船上的船长。掌握航向，控制速度，并能保证最后到达目的地。领导者听起来风光无限，而且如果成功也往往是分数最高、最抢眼的人，但也是有风险的，风险体现在对其他人的控制上。如果其他人配合，听从领导则皆大欢喜，但并不是每个人都心甘情愿去配合的。所以当领导者并非一厢情愿，也不是人人都能胜任的，必须能在讨论中展示自己无人可比（在小组内）的理论水平和逻辑思维。同时，领导者一般需要气势，有让大家心服口服的镇定和自信。如果不具备这些素质，很可能会弄巧成拙，希望领导他人却没人听你指挥，场面十分尴尬；或者有人听，有人不听，小组内部分裂。有一两个人提出挑战，领导者无法应对，显现出软弱或急躁，都会使这个人变成整场面试给人印象最差、分数最低、最先被淘汰的人。因此要注意的是，领导者的地位不是他人给的，是凭实力争来的，没有金刚钻，别揽瓷器活。

**3. 组织者（和事佬）**

组织者是调动团队气氛、调和大家意见、调配发言权的人。组织者看似与领导者很像，但却有着本质的区别。

组织者与领导者的工作的确有相似性，一个主外、一个主内。组织者是从外部、从形式上推进讨论的进行，将所有人都拉进来参与讨论，组织和总结大家的发言，调和分歧和争议，提醒总体任务和剩下的任务。这个角色有点像“和事佬”，但作用是保证讨论在大家都能讲话的氛围下进行。领导者往往比较强势，这就需要有一个随和的人缓和气氛。有时候如果领导者不成功，例如出现对领导者的挑战或讨论分成两派，这时“和事佬”的角色就显得更为重要。

组织者需要的素质和性格与领导者完全不同，组织者应是一个性情平和、无论是说话风格还是思维都不太有威胁性和刺激性的人。但必须头脑清醒，始终牢记整个讨论的目的。组织者最忌讳的是随波逐流，没有控制住局面，大家吵成一团，或是被人牵着鼻子走，这样组织就失败了。事实上，对组织者的要求没有领导者那么高，无需他（或她）从实质上总结大家的观点，推进讨论。因此理论水平不太高、观点比较苍白、难以形成系统的人适合担任这一角色，能够扬长避短。因为角色分配时，任务会有所侧重。如果这一方面表现突出，其他方面的弱点和缺陷就可被掩盖。如果发言次数不少，且都很关键，考官就不会计较他的想法。正如前面所说，在团队中体现自己贡献度的方式是多种多样的。

**4. 时间控制者**

时间控制者是注意时间进展、提示小组时间的人。当对无领导小组讨论面试完全不了解的人组成一个小组时，往往会出现你争我吵的情况，最后会被考官硬性打断。不仅没有结果，甚至连总结、汇报的时间都没有。因此，时间控制者是必需的角色。

通常时间是这样安排的：考官读完指示语退场后，时间控制者马上说时间安排，5～10分钟审题。然后每个人陈述，如果没有固定的个人陈述也可直接开始。讨论时间过半时要提醒一次，留出讨论的四分之一时间界限总结、汇报。无论是否有专门的总结、汇报时间，都不能讨论到最后一刻，因为需整合大家的意见，形成一个有条理、有结论的综述，之后需征求大家的意见，选出总结、汇报的人。也就是说，自由发表意见的时间只能占讨论时间的四分之三。

**5. 总结者**

总结者是代表小组进行汇报、总结的人。总结者通常不是表现最好的那个人。本来某个人表现得就够好了，如果再让他总结、汇报，这是在给队友提供加分的机会。因此，毛遂自荐是最佳选择。如果自己表现不够好，选一个表现中等的人也较合适。即便汇报得比较好，加了分，但也无法超越自己。因此，如果是领导者，最后不要再去争总结、汇报的机会了，因为一般情况下是不会有结果的。

如果觉得自己头脑反应不够快，不能在自由讨论的唇枪舌剑中抢到机会发挥，那么总结、汇报是一个非常好的机会，但需从头到尾认真倾听每个人的发言，并做好记录。做好记录是总结、汇报的前提条件，也是一种手段。可以最后向大家提议，因为笔记全，所以提出进行总结、汇报。

总之，无领导小组讨论一定要有角色意识，没有哪个角色是天然占优势的，关键在于把握自己的定位，并始终围着所讨论的问题积极思考，共同推进讨论的有序进行，促成小组最后达成一致。

**【训练活动】**

## 驾驭面试的常见问题

面试时，有些问题被称为高频率问题，是面试官经常提出的，针对这些问题，讨论一下如何应对。

（一）背景型问题——渐入佳境

关于个人背景、家庭背景、学校背景等方面的问题。

常见问题：请你做一下自我介绍。

面试官意图：考察自我管理能力、语言表达能力和逻辑思维能力。

回答技巧：自我介绍基本是必问的问题，应提前做好充分准备，并落实在书面上，反复修改，认真背诵，达到流畅自如的地步。回答时要有条理，能够展现自己的优点、优势，以及对目标职位的适应性。

通常回答这个问题都过于平常，只说出姓名、性格、爱好、工作经验等，这些简历上都有。其实，招聘单位最想知道的是求职者能否胜任工作，包括最擅长的知识领域、最强的技能、主要成就等，这些可能与学习成绩无关，也可能与学习成绩有关。但要突出积极的个性和做事的能力，讲的合情合理用人单位才会相信。自我介绍从另一方面反映出应聘者的准备用心程度，条理清晰，熟练流畅，才可能为面试加分。

（二）知识型问题——尽显学术

与应聘岗位相关的基本知识，主要考察应聘者的理论知识和理解运用能力。

常见问题：请问你学过某一学科的知识吗？你认为这门课最重要的部分是什么？

面试官意图：考察学习能力、结果导向和努力程度。

回答技巧：实事求是，系统复习，专注结果。

应聘者应充分意识学习知识的重要性，在就业准备过程中，要对专业知识进行系统复习。

（三）思维型问题——暗藏玄机

这类问题是考察应聘者的理解、分析、辨别、综合、评价和推断能力。

常见问题1：你认为一个人成功的标准是什么？

面试官意图：考察逻辑思维能力和语言表达能力。

回答技巧：可以引用名人名言来回答，简洁而有说服力。努力不一定成功，放弃一定失败。人生是一场旅途，不必在乎目的地，在乎的是沿途的风景和看风景的心情。

常见问题2：孙悟空、猪八戒、沙和尚谁是好员工？

面试官意图：考察情景思维能力和理解领悟能力。

回答技巧：给自己5秒钟的时间思考，然后结合情景回答问题。谁是好员工要看具体的岗位，比如说销售岗位需要市场开拓，孙悟空就很有可能成为好员工，他有胆识，能力强。公关的工作，猪八戒左右逢源，可能更适合一些。做日常行政工作，沙和尚任劳任怨，默默无闻，很能胜任。

这类问题本身没有正确答案，看的是能否自圆其说，回答问题的过程，能够体现应聘者的思维深度，以及推断和评价能力，所以此类问题要从不同的角度进行回答。

（四）经验型问题——以小见大

有关过去所做的事情，对应聘者来说是一个短板。虽然工作经验缺乏，但大学的实习、实训课能够弥补经验的不足，制作简历时可以写得具体、详细一些，引导面试官提问。

常见问题：你做过学生干部吗？请问学生干部的经历对你有什么影响？

面试官意图：考察组织协调能力和综合能力。

回答技巧：实事求是，做没做过学生干部都没有关系，不要撒谎。学生干部的经历能够体现组织协调能力、沟通能力和团队管理能力。

（五）情境型问题——身临其境

这类问题是将应聘者置于假设的情景当中，设想一下在这样的情境下该怎么做，考察的是应聘者的应变能力和解决问题能力。问题经常以“假设、假如”开头。

常见问题1：假设现在你被公司录用了，你准备如何开展工作？

面试官意图：考察应聘者的应变能力、动手能力和执行力。

回答技巧：这类问题的回答必须考虑情景，考虑实际因素，切忌大谈空谈。要拿出具体的可行性计划，学会团队合作。

常见问题2：假设毕业后第一个月你的收入的2500元，你准备怎么花？

面试官意图：考察应聘者的应变能力和自我管理能力。

回答技巧：这个问题的回答要谨慎，切忌随心所欲。拿出600元，给父母每人买一份礼物，如衣服或保健品；200元买学习资料；300元租房子；700元吃饭；余下的存起来，以备后用。给父母买礼物说明有孝心，百善孝为先；买学习资料说明能够不断提高完善自己，追求发展，有成就愿望；存款储蓄说明有长远计划。

（六）压力型问题——兵不厌诈

这类问题将应聘者置于一个充满压力的场景中，观察其反应，考察其情绪稳定性和应变能力。

常见问题1：你已经被淘汰了，你有什么要说的？

面试官意图：考察应聘者的应变能力、态度和心理承受能力。

回答技巧：遇到这样的问题不要热泪盈眶，是面试官在考验你，回答出三点就可以。一是自己非常渴望得到这个职位，自己做了充分的准备，尽力了，不后悔；二是非常感谢公司能够提供这样一个机会，感谢面试官的辛苦劳动；三是表示自己会继续力，一定会成功的。

常见问题2：你们一起面试的三个人，你觉得谁能胜出？

面试官意图：考察应聘者的评价能力和应变能力。

回答技巧：遇到这样的问题不要急于说“我”，要先发现其他两人的优点，进行总结。自己不是最优秀的，却是最合适的，企业招聘寻找的往往是最合适的人，说自己最合适的是自信的表现。

## 第三节　求职礼仪

求职礼仪作为一种独特的语言，在求职过程中起着十分重要的作用。掌握一些礼仪常识，有助于开启职场之门。更多的时候，求职礼仪能表现出一个人的涵养，良好的礼仪，有助于职场稳中求胜。

### 一、求职的服饰礼仪

穿着得体的服饰是对他人的尊重。面试时，合乎形象的着装会给人以干净利落、有专业精神的印象，能够增强应聘者的信心。男生要显得干练大方，女生要显得庄重俏丽。着装体现仪表美，同时兼顾整洁大方、整体和谐和展示个性的原则。

#### （一）总体要求

**1. 整洁大方**

整洁的衣着能反映出一个人振奋、积极向上的精神状态；衣衫褴褛是颓废、消极和精神空虚的表现。因此，应聘时着装要平整，裤子有裤线；衣扣、裤扣要扣好，裤带要系好。穿长袖衬衫，衣襟要塞在裤内，袖口不要卷起；短袖衫、港衫衣襟不要塞在裤内。

装饰要让人感到可亲、可近、可信。应聘前要打扮一下，脸洗干净，头发梳整齐。男生要刮胡子，女生可化一点淡妆。一般来说，女生的服装要显示出秀丽、文雅、贤淑、温和等气质。男生的服装要求线条简洁，色彩沉着，衣料挺括。

**2. 整体和谐**

服饰礼仪中所说的服饰，不完全指日常生活中的衣服和装饰物，主要是指着装后构成的一种状态，包括所表达的社会地位、民族习惯、风土人情，以及人的修养、趣味等。不能孤立地以穿着来评价美与丑，必须综合考虑各因素的和谐一致，做到合体、入时、从俗。

（1）合体：是追求服饰与人体比例的协调和谐。服饰是美化人体的艺术，只有与人体相结合，使色彩、式样、比例等与人体适合，才能融为一体。过肥、过紧、过小、过大都会扭曲人的形体，影响人的形象。

（2）入时：是追求服饰与自然的协调和谐。人与自然相适应，有春夏秋冬、风雨阴晴的不同服饰；根据四季的变化着装，不仅合乎时宜，而且表明身体健康。一般而言，冬天的衣服材质厚实一点，保暖性强点；春秋的衣服材质相应薄些。如果寒冷的天气穿着单薄、浑身发抖；炎热的天气穿着厚实，满头大汗，会给人不好的印象。

（3）从俗：是追求服饰与社会生活环境、民情习俗的协调和谐。不同的习俗、不同的场合，穿着不同的服装。

**3. 展示个性**

选择什么样的服饰，能在一定程度上体现穿着者的个性。服饰的穿着追求个性美是现代生活的一大趋势。

## （二）男生面试的服饰礼仪

**1. 西装**

男生建议选择西装，款式以两件式为宜。颜色以深蓝色、灰色为主；档次符合学生身份。

**2. 衬衫**

衬衫以白色或浅色为主，以便搭配领带和西裤。衬衫不要有明显图案，一定要合身。面试前要熨平整，不能给面试官留下“紧巴巴” “皱巴巴”的感觉，影响面试效果。

**3. 皮鞋**

皮鞋以黑色为主，舒适大方，面试前要擦亮。

**4. 领带**

男生面试最好打领带，领带要干净、平整，与西服颜色搭配，领带长度不要超过腰带。

**5. 袜子**

袜子要与西装颜色相配，以黑色、深灰色、深蓝色等为主。

**6. 头发**

头发长短适中，面试前将头发洗干净，避免头屑留在头发或衣服上。仪容整洁是获得用人单位良好印象的前提。面试前要将胡须刮干净，刮胡子时注意不要刮伤皮肤。

### （三）女生面试的服饰礼仪

女生面试时着装不可过于时髦，给人一种华而不实的感觉。奇装异服、服装过紧、超短裙、过于透明的衣服、太低的领口、鞋跟过高等均不符合学生身份，应讲究配套、协调、典雅、清新，切忌露、透、瘦、皱、乱。

**1. 职业装**

女生可着职业装，根据不同的季节、不同的面试单位、不同的岗位选择不同类型的套装或裙装。裙装的裙子长度要过膝盖，不可太短；可适当搭配丝袜，给人以得体、稳重、大方的印象。

**2. 化妆**

面试时可适当化淡妆，以提亮肤色，增强自信。注意妆容的自然与适度，与学生身份相符。

**3. 鞋**

鞋跟不宜过高，款式不可过于前卫。夏日最好不穿露脚趾的凉鞋，以走路舒服、轻便为宜。不可将脚趾涂成红色或显眼的颜色。

**4. 饰物**

面试时不要戴过于花哨的手表，以免给人过于稚气的感觉。可戴适合的首饰，需遵循三个原则：一是以少为宜，不能多于两件（如耳环、手镯），总数不超过三件；二是同质同色，多样饰品应同质同色，不同质的情况下颜色至少相同；三是符合习俗，不要带十字架型的挂件。总之，饰物不要夸张，一身“珠光宝气”会给人庸俗之感，适当点缀装饰能起到画龙点睛的作用。

禁忌：面试时男女生都不要穿 T 恤、牛仔裤和运动鞋，否则会给人留下态度不端正、对面试不重视的印象。女生的着装不要过于花哨、性感，会给人轻浮、不稳重的印象，对求职毫无益处。

**【知识链接】**

#### 着装的 TPO 原则

TPO 是英文 Time、Place、Object 三个词的首字母缩写。T 代表时间、季节、时令、时代；P 代表地点、场合、职位；O 代表目的、对象。

着装的 TPO 原则是世界通行的着装打扮的最基本原则。它要求服饰应力求和谐，以和谐为美。着装要与时间、季节相吻合；与所处场合环境，与国家、区域、民族的不同习俗相吻合；符合着装人的身份；要根据不同的交往目的和交往对象选择服饰，以给人留下良好的印象。

根据 TPO 原则，着装应注意以下方面。

**1. 着装与自身条件相符**

着装应与年龄、身份、体形、肤色、性格和谐统一。年长者、地位高者，服装款式不宜太新潮，款式应简单，面料质地应讲究一些，与身份、年龄吻合。

形体对服装款式的选择有很大影响。身材矮胖、颈粗圆脸者，宜穿深色低V字形领、大U形领套装，不宜穿浅色高领装。身体瘦长、颈部细长、长脸形者宜穿浅色、高领或圆领装。方形脸宜穿小圆领或双翻领装。身材匀称、形体条件好、肤色也好的人，着装范围较广，“浓妆淡抹总相宜”。

**2. 着装与职业、场合、交往目的对象相协调**

着装与职业、场合相宜是不可忽视的原则。工作时间着装端庄、整洁、稳重、美观和谐能给人以愉悦感和庄重感。一个单位的职业着装和精神面貌，能体现这个单位的工作作风和发展前景。正式社交场合着装宜庄重大方，不宜过于浮华。参加晚会或喜庆场合，服饰可明亮、艳丽些。节假日、休闲时间着装可随意些，西装革履则显拘谨而不合时宜。着装应与交往对象、目的相适应，与外宾、少数民族相处，更要尊重他们的习俗、禁忌。

总之，着装的基本原则是体现“和谐美”，上下装呼应和谐，饰物与服装色彩搭配和谐，与身份、年龄、职业、肤色体形和谐，与时令、季节环境和谐。

## 二、求职的举止礼仪

求职礼仪不仅包括服饰礼仪，求职过程中的一举一动、一颦一笑也很重要，只有给面试人员留下良好的“第一印象”，求职者才有充分展示自己的机会。

### （一）敲门

没有通知应聘者进入面试室前不要贸然进去。轮到自己的时候，无论门是开着还是关着，应聘者都要养成敲门的好习惯。敲门后等待考官应答，如果没听到“请进”，应等待3秒钟再次敲门。如果仍没有听到应答，3秒后可轻轻推门进入。进门后要随手关门，关门时尽量避免整个背部对着考官，侧转身约45°即可，然后，缓慢转身面对考官。切忌“砰”地很随意地用力把门关上。

敲门的要诀有三。

**1. 手指的姿势**

正确的敲门手势是敲门礼仪的基础。右手食指弯曲，其余手指握在手心，清晰、温和地敲。切忌多个手指或手背、手掌敲门，这样声音杂乱，不好听。

**2. 敲门的频率**

有研究表明，间隔0.3～0.5秒敲三下是最好的敲门频率。过快会让面试官认为你是个轻佻的人，过慢会让人感觉懒散，没有间隔地连续敲门会让人感觉很匆忙；敲门少于三下，有傲慢的嫌疑；敲门四下以上，容易让人厌烦。

**3. 敲门的力度**

用手腕控制手指的力度，只用一半的力度就好。太轻，面试官有可能听不到，即使听到也会认为你胆子太小或是过分谦卑之人；太重，有可能让面试官受到惊吓，认为你是个急躁的人。

## （二）问候

**1. 主动问候**

问候分为语言和非语言两类，进入面试室后，要主动问候在座的面试官，如上午好/下午好，我是某某。同时上半身微微前倾15°～20°鞠躬问候，脸朝向面试官所坐的方向，面带微笑。

**2. 寒暄有度**

有时寒暄往往会作为面试的开始，寒暄不仅能拉近与面试官之间的距离，还有助于缓解紧张情绪。但要掌握寒暄的分寸，适度、有技巧的赞美可能会获得额外加分，过于显露的赞美会让人感觉不舒服。

**3. 不要主动握手**

并非每个面试官都有握手的习惯，如果面试官主动与你握手，你应积极回应，且握手时间和力度以对方为准。无论职场还是日常生活，要注意握手的先后顺序：男女之间，男方要等女方先伸手才能握。如果女方不伸手，无握手之意，男方可以点头或鞠躬致意；上下级之间，下级应等上级先伸手以示尊敬，握手时要精力集中，两眼注视对方，微笑致意，不要东张西望，这是不尊重的表现。

## （三）微笑

微笑是世界通用的语言，能够传递自信、真诚、友善、乐业、敬业。眼睛是心灵的窗户，眼神的交流能让面试官感受到应聘者的自信、友善和淡定自若。从一进入面试现场起，脸上就应带着微笑，即使面试过程中被面试官问倒也要保持镇定，报以歉疚的微笑。两个必知的微笑。

**1. 适当时候露出8颗牙齿**

面试全过程始终保持8颗牙齿的微笑不但会让你感觉很累，也会让面试官感觉不舒服。走进面试房间，初次见到面试官时报以露出8颗牙齿的微笑就可以了。

**2. 掌握微笑的时机**

面试中始终保持笑脸有可能被看成是紧张和缺乏自信的表现，想要让面试官感到愉悦，表现得自然，该微笑的时候微笑就可以了。

## （四）站姿

**1. 方向**

身体正对着面试官站立。

**2. 目光**

不要摇头晃脑地东张西望，目光要保持平视或低于水平视线。

**3. 肩部**

收腹挺胸，双肩自然放松端平。

**4. 双手**

女生：双臂自然下垂，处于身体两侧，双手自然叠放于小腹前，右手放在左手上；

或双手自然垂放在裤子或裙子中缝处。

男生：双臂自然下垂，处于身体两侧，右手轻握左手的腕部，左手握拳，放在小腹前或置于身后。

**5. 双脚**

女生：两腿并拢，双脚呈“丁”字形站立，或并脚站立。

男生：脚跟并拢，呈“V”字形分开，两脚尖间距约一个拳头的宽度；或双脚平行分开，与肩同宽。

### （五）坐姿

**1. 头部**

头部挺直，双目平视，下颌内收。

**2. 上身**

身体端正，双肩放松，挺胸收腹，上身微微前倾，勿倚靠座椅的背部。

**3. 手的姿势**

手自然放在双膝或椅子的扶手上。移动双手时，确定手离开身体的距离不超过肘部的长度。

**4. 腿的姿势**

避免双腿交叉，任何情况下都不要跷二郎腿。女生双腿靠紧并垂直于地面，也可将双腿稍稍斜侧调整姿势。男生双腿可并拢也可分开，但分开间距不得超过双肩的宽度。

**5. 坐满椅子的 2/3**

不要坐满椅面，一般以坐满椅子的 2/3 为宜。这样既可轻松应对面试官提问，也不至过于轻松。

### （六）递交资料

**1. 双手递出资料**

面带微笑，眼睛直视对方，双手将简历等个人资料递出，双手拇指各执资料两端，其余手指托稳资料。

**2. 确认方向正确**

确认所有资料文字正面朝上，且面向面试官的方向。

### （七）谈吐

**1. 说普通话，不夹带英文**

标准的普通话能够最大限度地减少交流障碍。如果普通话不太好，尝试减缓语速，务必让对方听清楚。中文中夹带英文并不能体现英语水平高，反而有炫耀的嫌疑。如果面试官想了解你的语言能力，会主动与你用英语交谈。

**2. 带有肯定意味的语调**

交谈时，语调要肯定、正面，表现出有信心。尽量少用形容词、修饰词和语气助词。

**3. 回答问题前思考5秒钟**

回答所提问题前要先思考5秒钟，整理好思路，给人留下“这是你认真思考后”的印象。不包括姓名、年龄等简单问题。

**4. 谈论与公司或所属产业相关的话题**

回答问题时，不要花时间谈论国家大事或明星小道消息，尽量运用面试前所准备的材料，谈论与公司或所属产业相关的话题。

## 三、求职的面谈礼仪

面试时要掌握以下几点。

### （一）保持礼貌态度

进入面试室不要立即坐下，要等面试官请你就座时再落座。要坐在指定的椅子上，如果任你选择，要坐在主考官的对面。面试后要礼貌起身，动作要稳重、安静、自然，不能发出太大声音。如果面试中移动了椅子，离开时要将椅子归到原位。

### （二）注意肢体语言

**1. 眼神有交流**

面试时，目光要与面试官保持接触，以表示尊重。进行眼神交流时，不要一直盯着面试官，要注意把握尺度，保持微笑，切忌目光躲闪、犹豫迟疑、过分紧张，这是缺乏自信的表现。

**2. 声音有自信**

嗓音能够反映出一个人是否紧张、是否自信等，平时应多练习演讲和交谈艺术，控制说话的语速，不要尖声尖气、声细无力，应保持音调平静，音量适中，回答简练，不带“嗯”“这个”等无关紧要的习惯语。这些都会显示出语言表达能力和心理素质方面不专业。

### （三）回答问题有策略

保持积极、自信的心态是面试中智慧语言不断迸发的前提。面试时讲话要充满自信，回答问题尽量详细，要按照面试官的话题进行交谈。一般情况下有问必答，当所提问题感到被冒犯或与工作无关时，可委婉地说“对不起！我不知道这个问题与我应聘的职位有什么关系，我能不能暂时先不回答这个问题？”千万不要生硬地拒绝：“我不能回答这样不礼貌的问题。”毕竟对方是主考官，此时不能意气用事，或表现出不礼貌、不冷静。拒绝可以，但口气和态度一定要婉转、温和。

### （四）注意细枝末节

一些平时有的动作、行为如果出现在面试中，常常是不礼貌的，会影响你的录用。要注意站正坐直，不要弯腰低头；双手放在适当的位置，不要做弄领带、掏耳朵、弄头发、掰关节、摆弄面试官递来的名片等动作；禁止腿不停晃动、翘起；随身带的公文包或书包不要挂在椅子背上，要放在自己坐的椅子旁边或背后。

## 四、求职礼仪的检视清单

### （一）面试准备

1. 头发干净自然，染发则注意颜色和发型不可标新立异。
2. 服饰大方，整齐合身。男女生皆以时尚大方的套服为宜。
3. 面试前一天修剪指甲，忌涂指甲油。
4. 不要戴过于夸张的饰物。
5. 选择平时习惯穿的皮鞋，面试前要擦拭干净。

### （二）面试过程

1. 任何情况下进门前都要先敲门。
2. 待人态度从容、有礼貌。
3. 眼睛平视，面带笑容。
4. 说话清晰，语速、音量适中。
5. 神情专注，切忌边说话边整理头发。
6. 手势不宜过多，需要时适度配合。
7. 面谈前可嚼一粒口香糖，消除口气，缓和紧张的情绪。

### （三）面试结束

1. 礼貌地与主考官握手并致谢。
2. 轻声起立，将座椅轻推至原位置。
3. 出公司大门时对接待小组表示感谢。
4. 24 小时内通过短信、微信、邮件、电话等方式表示感谢。

**【知识链接】**

### 礼仪小贴士：面试时突发事件的处理

按照既定计划，步步为营地逼近面试成功的大门，你也不想因为一些“突发事件”影响到面试结果。然而看似不起眼的小事有可能成为面试失败的绊脚石。

**1. 手机响起如何处理**

面试前要将手机调至静音，不让手机发出任何声音是尊重面试官最基本的礼仪。即使调至振动，一旦来电话或短信（有可能还是骚扰电话和垃圾短信），阵阵的嗡鸣声也会干扰面试的进行。因此，避免手机干扰的最好办法是关机。如果担心面试过程中错过了其他公司的面试电话，可将手机调至静音状态。另外，面试前将来电设为转移到父母或可信赖的朋友的号码上，让他们暂时充当你的“移动小秘书”也是不错的选择。

（1）模拟场景

面试中刚回答了面试官的问题，手机响了，铃声是凤凰传奇的《月亮之上》。

（2）小贴士温馨提示

1）向面试官致歉，并迅速拿出手机。

2）得到面试官授意后，接听手机。当着面试官的面，跟对方说你正在进行非常重要的事情，稍候回电。

3）将手机关机后放入包中。

4）再次向面试官致歉，承认是自己疏忽。请面试官继续之前的话题，并请提醒一下刚刚被中断的谈话内容。

手机响起时匆忙间按下拒接键并不是最好的选择。无论是对打电话的一方，还是对面试官来说，都会觉得你是一个没有礼貌的人。

**2. 与面试官在卫生间相遇**

（1）模拟场景

大概因为紧张，面试后直奔卫生间而去。“解决问题”后正想离开，迎面走进一个人十分眼熟，竟是刚刚面试的主考官。情急之下，竟不知如何打招呼，鬼使神差地问了一句：“吃了吗？”

（2）小贴士温馨提示：让你度过尴尬的方法。

1）在卫生间遇见面试官的概率并不高，一旦遇上，将会成为此次面试的意外延伸。

2）即使遇见也不必尴尬，大大方方向对方问好，如“某某先生/小姐，您好”！

3）不要拉着面试官说个没完，没人喜欢被拉着在卫生间聊天。

4）可以问候面试官后直接离开卫生间，也可在距离卫生间门口几步远的地方等面试官出来。

5）可以充分利用从卫生间到面试官回办公室的一小段距离跟面试官寒暄，以加深对方对你的印象。话题因人而异，无伤大雅就行，千万不要问自己有没有可能被录取之类的话。

**3. 电梯里的邂逅**

（1）模拟场景

有一次参加一场面试，我刚走进电梯，有一位男士一边说着“等一下”一边往门口冲，因为要迟到了，我就强行把电梯门关上了。到了面试地点，接待人员说让我等一会儿，接着面试官走了进来，竟是刚刚被我关到门外的人。

（2）小贴士温馨提示

1）电梯间也有可能成为面试的一部分，前往和离开面试公司时应格外注意每一个细节。

2）离开面试公司时，如果恰巧与面试官乘坐同一部电梯，要主动打招呼，保持自然微笑和正常的礼节。

3）询问面试官要去的楼层，帮他/她按好对应的楼层。在电梯里遇到的人，有可能就是你未来的上司或同事。

4）电梯间空间较小，讲话最好不要有手部动作，更不要指手画脚，动作幅度过大。

5）如果面试官正在思考问题或明显不想开口，也没必要非要找个话题与对方寒暄。

6）与面试官同在一层下电梯时，要让面试官先走，并与其道别。

进入电梯后的最佳站立位置：养成上电梯站在有按钮的一边，如果遇到电梯间人多，主动帮助够不到按钮的人。有时候，帮助他人就是在帮自己。

**4. 面试官念错你的名字**

（1）模拟场景

某日、某公司，“一面”现场人头攒动，叫到名字的人陆续进到里面的房间进行面试。半小时后，抱着一摞简历的工作人员大叫：“钱旭”，连喊三声后自言自语道：“难道没来吗?”突然醒悟到，“没来”的那个人就是我——钱昶。

（2）小贴士温馨提示：幽默化解尴尬的方法。

1）面试官总是对的。

2）不要直接反驳面试官念错了你的名字，会让人很尴尬；待到让你做自我介绍时，面试官自然就知道叫错了你的名字。

3）也可开玩笑地说，你也很喜欢面试官念的那个字，只是换名字太麻烦了。

4）如果你的名字99%的人会念错，面试前不妨来个简单的自我介绍，明确地告诉面试官你的名字，不要让一个生僻字成为阻挡你面试成功的绊脚石。

**【训练活动】**

## 求职礼仪的修正训练

假设一个应聘岗位，按岗位的要求准备着装，对着镜子，做一个三分钟的自我介绍，并进行录音。看镜子，观察自己的表情、眼神、站姿、坐姿、手势等细节，是否自然大方；听录音，注意语速、语调、用词、时间控制等细节，是否流利完整。通过练习，寻找面试的感觉，修正不规范的求职礼仪，反复训练。

应聘职位：______________________________

着装情况：______________________________

自我介绍内容：__________________________

表情修正：______________________________

眼神修正：______________________________

坐姿修正：______________________________

站姿修正：______________________________

手势修正：______________________________

语速修正：______________________________

语调修正：______________________________

用词修正：______________________________

时间控制：______________________________

【实践拓展】

## 招聘会实战演练

通过参加学校组织的大型就业洽谈会，实战演练面试过程，更好地巩固简历的制作方法，掌握面试的流程和技巧，灵活运用面试礼仪等，以最佳的状态迎接求职应聘。

【本章小结】

面试是面对面考察应聘者的能力和素养，这一环节更加直观、真实。根据标准化程度，面试可分为结构化面试、半结构化面试和非结构化面试；根据对象不同，面试可分为个人面试和小组面试；根据环境的紧张程度，面试可分为非压力性面试和压力性面试；根据面试进程，面试可分为一次性面试和分阶段面试；面试还包括常规面试、情景面试和综合性面试等。面试考察的是应聘者所具备的基本素质、具备的相关能力、与应聘职位的匹配度。

中医药类的面试最常见的是结构化面试、非结构化面试和无领导小组讨论。医疗岗位的结构化面试分为普通结构化面试和医疗结构化面试，自由化面谈是非结构化面试常用的方式，无领导小组讨论应对技巧包括"六个学会"和"六个禁忌"，同时要注重求职时的服饰礼仪、举止礼仪和面谈礼仪。

总之，要最大限度地将个人的知识、能力、素养、经验等特质通过面试发挥出来，得到用人单位的认可，助力求职应聘成功。

【资源拓展】

新精英生涯网：http：//www. xjy. cn
中公卫生人才网：http：//www. yixue99. com
中国智联招聘网：http：//www. zhaopin. com
丁香人才网：https：//www. jobmd. cn
前程无忧网：http：//www. 51job. com

【课后作业】

## 就业行动——"职为你来"模拟面试

为了增强求职意识，提升就业竞争力，同学们可以班级为单位进行模拟面试，邀请辅导员、专业课教师或学长、学姐任主考官，体验一下面试的氛围。

**一、组织形式**

在教室模拟面试的全过程。

**二、准备事项**

桌子、椅子、简历、着装、面试提问、纸和笔、其他道具。

**三、活动内容**

模拟结构化面试。

1. 通过问卷调查全班同学意向求职岗位。

2. 根据不同求职岗位进行分组，每组选出面试者和面试官。

3. 制作、打印结构化面试参考问题及面试评分表。

4. 各小组根据岗位需求，遵照结构化面试流程进行模拟面试。

5. 面试官点评面试中同学的表现，其他同学也可以参与评议，老师或学长学姐总结。

**四、参考题目**

1. 俗话说，“同行是冤家”，作为医生，你对这句话怎么看。

2. 如果你因工作失误给医院造成经济损失，该怎么办。

3. 上任后，你布置工作时遇到下级反对，该如何处理?

4. 如果你是一名学术推广专员，在药品推广培训过程中，培训者提的问题你不了解，该怎么办。

# 第七章 就业程序与就业权益保护

【学习目标】

1. 掌握毕业生维护就业权益的途径。
2. 熟悉就业协议书和劳动合同的内容与区别。
3. 了解毕业生就业的一般流程。

【导入活动】

## 要毕业了，看看自己值多少钱

即将大学毕业，走上工作岗位、走向职场的你，在用人单位眼中究竟值多少钱呢？让我们做一个简单的测试。

**1. 基本价值：2000 元。**

作为一名省属重点中医药类大学的本科毕业生，在十几年的求学生涯中耗费了父母大量的财力和精力，需要足够的物质支持来回报家人和提供个人的生活费用，并用于支付工作技能的进一步发展。

**2. 技能价值：500 元。**

在4~5年的本科学业生涯中，是否掌握了即将应聘岗位所需的专业技能，如果掌握了，可在2000元的基础上加500元；如果认为专业技能掌握得不够扎实和全面，自己认为水平有多高，就用500元乘以你认为能达到的百分比。例如，认为专业技能只掌握了80%，就用500元乘以80%，相加即可。

**3. 性格价值：500 元。**

开朗活泼、积极向上的性格，能最大限度地促使团体士气高涨，在愉快的氛围中保持工作的高效，加上你认为自己的性格价值赋分。

**4. 沟通技巧价值：500 元。**

喜欢并善于与人沟通，待人诚恳，能够得到普遍认同和信赖。

**5. 责任担当价值：500 元。**

你能否处在某一职位或某一岗位，意识自己所担负的责任，并积极为达到满意效果而努力。没有责任意识或不能承担责任者，不能获得这500元。

**6. 经验价值：500 元。**

在学校期间，是否有类似岗位的工作或实习经历，是否独立完成一次工作任务，是否熟悉所从事的工作，或通过学习能较快熟悉岗位工作，是否能较快适应工作。

**7. 品德价值：300 元。**

诚实，勤劳，忠诚，热情，创新，敢于承担重任，并付出全部热情和能力，有强烈的集体荣誉感。

**8. 合作价值：300 元。**

优秀的企业都很注重团队协作精神，没有一项工作是完全依靠个人而完成的，员工要将个人努力与实现团队目标结合起来，共同完成任务。

**9. 自律价值：200 元。**

严于律己，宽以待人；不迟到、早退，不推脱责任。

**10. 自省价值：200 元。**

时刻不忘自省，不断完善自己各方面的素质、修养和能力，虚心听取意见，改正错误，不讳疾忌医。

通过以上几点对比，你认为自己的市场价值是多少？如果你觉得作为职场人还应加上其他因素和价值，也可相应的相加和相减，看一看在人力资源经理的眼里，自己到底能值多少钱。

**【案例故事】**

### 你离“悬崖”有多远

富翁想征聘一名司机，他问每个求职者，汽车驶向悬崖多近而不掉下去呢？

“三十厘米。”第一个说。

“十五厘米！”第二个说。

“八厘米！”第三个说。

下一个求职者说：“我会尽量不驶近那个地方，越远越好。”

“我就雇用你。”富翁当即决定。

在社会主义市场经济条件下，高校毕业生的就业政策发生了根本性变化，由原来的统招统分变为自主择业。为此，大学生一定要打破旧的就业观念，牢固树立“通过自身劳动获得合法收入即为就业”的新的就业思想。就业前一定要深入了解国家的就业政策和有关地区、行业的就业政策及相关法律法规，掌握毕业生就业的主要工作程序和就业环节应注意的问题。一是要依法择业、就业；二是要利用法律武器保护自己的合法权益。

## 第一节　大学生就业程序

很多应届毕业生做好求职准备后却不知道如何签订就业协议。这主要是对大学生的就业程序不了解，毕业前，只有对就业流程胸有成竹，才能事半功倍。大学生就业流程见图 7－1。

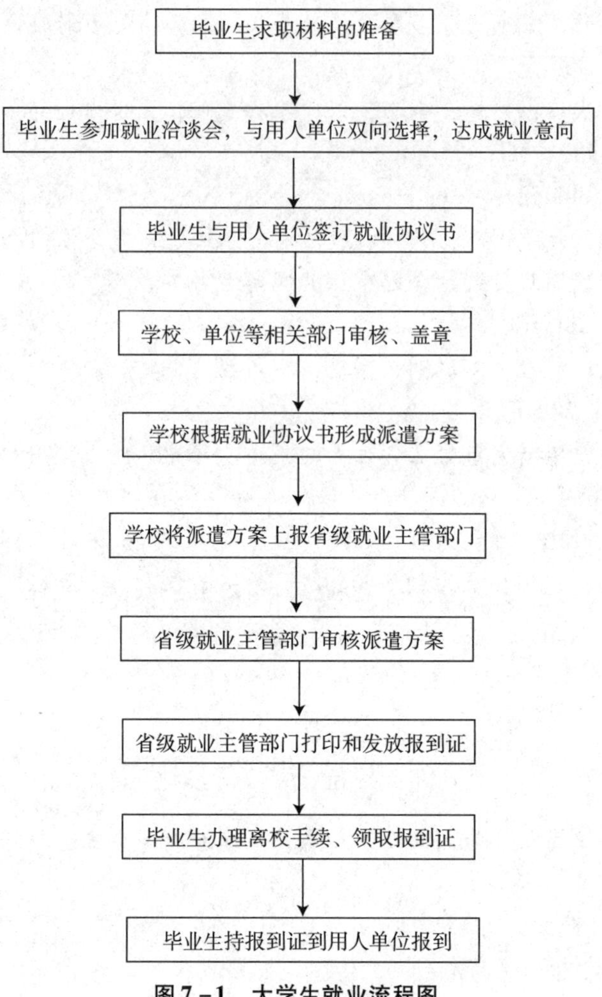


**图7－1　大学生就业流程图**

## 一、签订就业协议书

经过考核、面试等，用人单位决定录用后，要与毕业生签订就业协议书。就业协议书具有一定的法律效力，违反者将要承担一定的法律责任。

就业协议书是《全国普通高等学校毕业生就业协议书》的简称，是明确毕业生、用人单位和学校三者在毕业生就业工作权利和义务的书面表现形式，又称三方协议；是正式确立劳动人事关系前，经双向选择，在规定期限内确立就业关系、明确双方权利和义务而达成的书面协议；是用人单位确认毕业生相关信息真实可靠以及接收毕业生的重要凭据；是高校进行毕业生就业管理、编制就业方案，以及毕业生办理就业落户手续等有关事项的重要依据。

### （一）就业协议书的内容

就业协议书一般包括以下几方面内容。

1. 高校毕业生基本情况：包括姓名、性别、培养方式、政治面貌、专业、学制、学历、联系方式等。

2. 用人单位基本情况：包括单位名称、单位性质、联系人及联系方式、档案接收单位等。

3. 高校毕业生和用人单位约定的有关内容：包括工作地点、工作岗位、违约责任、协议自动失效条款、协议终止条款和双方约定的其他事宜。

4. 毕业生和用人单位签字盖章，承诺履行协议，以及高校意见。

### （二）就业协议书的作用

就业协议书是普通高等学校毕业生和用人单位在正式确立劳动人事关系前，经双向选择，在规定期限内确立就业关系、明确双方权利和义务而达成的书面协议，是用人单位确认毕业生相关信息真实可靠以及接收毕业生的重要凭据，也是高校进行毕业生就业管理、编制就业方案以及毕业生办理就业、落户手续等有关事项的重要依据。协议在毕业生到单位报到、用人单位正式接收后自行终止。就业协议一般由国家教育部或各省、市、自治区就业主管部门统一制表。

就业协议书在大学生就业体系中具有重要作用。学校按照教育部的标准格式统一印制，一式三份，对已取得毕业生资格的毕业生，由学校就业管理部门统一编码后由学院发给毕业生。毕业生一定要将协议书妥善保管，不得损坏或丢失。如若丢失，先到本学院领取并填写补办协议书申请表，所在学院签字后到校毕业生就业指导中心办理领取手续。因为协议书是最后派遣的唯一依据，所以毕业生要仔细阅读条款和说明，认真填写并核对自己的姓名、专业等信息，同时要妥善保管。

### （三）就业协议书的使用范围

就业协议书的使用范围是国家计划内统招非定向毕业生［含专科（高职）毕业生、本科毕业生、毕业研究生］；定向生、委培生按定向委培协议就业，不使用就业协议书。

### （四）就业协议书的签订

毕业生通过参加就业洽谈会等形式，通过双向选择后，与用人单位达成一致意见后，需签订就业协议书。签订就业协议书的程序：

1. 毕业生本人在协议书的上半部分填写好个人信息和应聘意见，并签署本人姓名，要求不能涂改，信息不能有误，不能作假。

2. 用人单位人事部门负责人在单位栏中填写单位相关信息，以及同意接受该毕业生的意见，并加盖单位公章。

3. 用人单位应在协议书上注明是否能够接受毕业生的档案，用人单位有人事自主权的，经由上级主管部门同意后，由负有人事自主权或接收档案的单位盖章。若单位没有人事档案接收权，则需该单位上级主管单位或能够接收人事档案的单位加盖公章。

4. 毕业生所在院校签署意见并加盖公章。

5. 就业协议书签订后，用人单位和毕业生各留存一份，第三份送至学校就业管理部门备案。

6. 学校审查后，生成就业率，形成派遣方案，并按照协议书上的内容打印、分发毕业生报到证。

## 二、取得报到证

毕业生离校后，须持报到证到用人单位报到。没有落实就业单位的毕业生也需开具报到证，以办理档案、户籍、组织关系等的迁转。对应届毕业生来说，只有升学考研的没有报到证，其余的所有毕业生均需取得报到证。

**1. 报到证是什么**

报到证是“全国普通高等学校本专科毕业生就业报到证”的简称，由原“派遣证”转化而来，是应届普通高等学校毕业生、应届普通中等专业学校毕业生到就业单位报到的凭证。毕业生到就业单位报到，必须持报到证。报到证的有效期一般为毕业后三年（即2019届毕业生到2022年6月30号为改派期，以此类推）。

**2. 报到证的作用**

（1）报到证是毕业生就业的证明，报到证中的姓名必须与毕业生身份证的姓名一致，单位的名称必须准确。

（2）报到证是就业管理部门派遣毕业生的唯一依据，是毕业生到单位报到的证明。毕业生到工作单位就业时，必须持报到证，用人单位凭报到证为毕业生办理手续。

（3）当地公安部门凭报到证为毕业生办理落户手续。

（4）学校相关部门根据报到证为毕业生办理档案投递、组织关系和户籍迁转等手续。

（5）报到证上联由毕业生到用人单位报到时交由用人单位，是毕业生参加工作时间的初始记载和凭证，上面的日期是工龄的开始，与退休年龄和养老保险交纳年数均有关；下联由毕业生所在学校放于学生档案中，作为评定职称的依据。

（6）报到证是毕业生报考公务员的必备资料。

### （三）报到证的填写

从2014年开始，部分省份要求毕业生离校前填写省属派遣系统。省级就业管理部门根据毕业生的填写情况，核实就业情况，确定就业率，打印报到证。

以吉林省高等学校毕业生就业信息网就业管理系统为例，分别介绍不同毕业去向类型的毕业生如何填报派遣系统。

系统中关于【报到证签发类别】项：该项含义即为学生档案及户籍的迁往地。此项可选类别共四项，分别是【回生源地报到】【去代理/托管地报到】【去就业地报到】【未签发报到证】。学生选择规则如下：

【回生源地报到】：学生本人想将档案、户籍迁往生源所在地人力资源及社会保障局，选填此项。

【去代理/托管地报到】：学生本人不想（不能）将档案、户籍迁往生源所在地或签约单位，而选择将档案、户籍迁往相关人才代理机构（如某市人才交流开发中心、某省毕业生就业指导中心等）或托管机构，选填此项。

【去就业地报到】：学生本人想将档案、户籍迁往单位，选填此项。

【未签发报到证】：升学者（升本、考取研究生）及不能毕业者，选填此项。

1. 对已找到工作、已签署就业协议的毕业生来说，如果用人单位有接收档案的权利，可将档案派遣至用人单位，【报到证迁往单位】项可填写用人单位名称，【报到证签发类别】项则选择【去就业地报到】。若单位没有接收档案的权利，需将档案派遣回生源地或当地的人才服务中心等档案代理机构，【报到证签发类别】项选择【回生源地报到】或【去代理/托管地报到】。

举例：小苗同学与“某医药有限公司”签约，【报到证签发类别】项选择了【去就业地报到】，那她就应在【报到证迁往单位】项中填写“某医药有限公司”。小王同学在【报到证签发类别】项选择了【去代理/托管地报到】，且她选择在吉林省人才交流开发中心做代理，那她就应在【报到证迁往单位】项中填写：“吉林省人才交流开发中心”（注：有些省份对非本地生源将报到证开具到本地有相关规定，毕业生应按照当地的规定执行）。

2. 对尚未就业的毕业生来说，一般有两种方式：一是派回生源地，二是派遣到档案代理机构。派遣回生源地的毕业生的【报到证签发类别】选择【回生源地报到】，【报到证迁往单位】项填写生源地所在的人力资源和社会保障局。派遣到代理机构的，相应的【报到证签发类别】选择【去代理/托管地报到】，【报到证迁往单位】项填该代理机构的准确名称。

举例：小李同学的生源地是吉林省吉林市永吉县，她在【报到证签发类别】项选择了【回生源地报到】，那她就应在【报到证迁往单位】项中填写“吉林省吉林市永吉县人力资源和社会保障局”。

3. 对考研升学的毕业生来说，因为没有报到证，故【报到证签发类别】项选择“未签发报到证”。

## 三、就业派遣与暂缓就业

就业派遣，从传统理念来说是报到证的打印和签发。随着高等教育大众化以及高校毕业生就业市场化，就业派遣的内涵除报到证的打印和签发外，还包括对就业政策的理解、就业信息的搜集和报送、对毕业生的就业指导、就业率的统计等广义的概念。

### （一）就业派遣

毕业生从搜集就业信息到参加就业指导教育，再到与用人单位洽谈、签约、持报到证上岗等一系列过程都属于就业派遣阶段。就业派遣的流程是：

1. 毕业前，将手续健全的就业协议书送至学校就业管理部门，等待学校统一为毕业生办理“全国普通高等学校本专科毕业生就业报到证”。

2. 将户口从生源地迁到学校的毕业生，持报到证、毕业证等相关材料，到学校户籍管理部门办理“户口迁移证”。

3. 政治面貌为中共党员或中共预备党员的毕业生到学校或学院相关部门开具“组

织关系转接介绍信”。

4. 将报到证、户口迁移证、组织关系转接介绍信交由单位人事部门报到。

5. 毕业生到单位报到后，如需更改派遣单位，需按照用人单位、学校、省级就业指导中心的要求办理改派手续。毕业生领到新报到证后，须将报到证下联交至档案保管部门存档，上联用于办理户口、档案迁转和报到等。

6. 报到证遗失的，须按照学校、省级就业指导中心的要求办理补办手续（补办期限一般是毕业后2~3年）。

### （二）改派

部分毕业生填写派遣系统时出现错误，或者报到单位更改，则需进行改派。

1. 改派最长期限为两年（从毕业离校之日算起）。

2. 改派需要携带的材料：①学校就业部门统一发的手续健全的解约登记表。②与新单位签署的手续完备的协议书。③原报到证。

3. 需改迁户籍的，凭新报到证到学校保卫处改签户口迁移证。

4. 需改迁党组织关系的，凭新报到证到学院办公室改签。

**5. 改派程序**

（1）原单位出具拒收函或解约函。

（2）新单位出具接收函。

（3）原来的报到证、户口迁移证。

（4）由校毕业生就业指导中心到省级毕业生就业主管部门办理手续。

### （三）暂缓就业

暂缓就业是每年毕业生离校后，学校向省高校毕业生就业指导中心上报毕业生就业方案时，部分毕业生未落实就业单位又不愿把户籍、人事关系、组织关系迁回生源所在地，而暂寄存在省高校毕业生就业指导中心或其他人事代理机构的一种办法。暂缓就业期间，如能落实就业单位者，可按照有关就业程序办理就业报到手续。逾期未落实就业单位者，其户籍、人事关系、组织关系等迁回生源地人才机构保管。

**1. 暂缓就业的类型**

符合资格的应届普通高校毕业生均可申请办理暂缓就业，允许办理暂缓就业的毕业生主要有以下几种类型。

（1）毕业生离校时未落实就业单位。

（2）派遣前接收单位未正式办理接收手续。

（3）自主创办企业暂未获有关部门正式批准。

对于确实存在就业困难、准备再次考研升学和准备考取公务员的毕业生，是暂缓就业政策最主要的服务对象。但目前有少数毕业生对暂缓就业政策存在不正确的理解，因就业期望值较高、从众心理等原因而办理暂缓就业，把暂缓就业当成不积极就业的跳板，偏离了暂缓就业政策的宗旨，本末倒置。

**2. 暂缓就业的弊端**

无论因何种原因办理暂缓就业手续，毕业生都应清醒地认识到，暂缓就业终非长久之计。申请暂缓就业前，毕业生要特别注意暂缓就业之后可能带来的负面影响。

（1）无法获取工作经验：就业过程中，大学生与其他就业群体相比，最大的劣势就是缺乏工作经验。工作经验是许多用人单位特别看重的一个条件。只有实实在在地在岗工作，才能获得真正的工作经验和社会经验，为将来进一步发展和再择业积累竞争的筹码。暂缓就业始终无法弥补"缺乏工作经验"的先天不足。

（2）与应届毕业生竞争中处于被动：当年办理了暂缓就业的毕业生，在与次年更多的应届毕业生竞争工作岗位时会处于劣势。①在知识结构更新方面已后人一步，工作经验又不占优势，缺乏强有力的竞争力。②容易被用人单位先入为主地认为是能力不佳的学生，降低了就业的成功概率。③虽然暂缓就业学生享受应届毕业生的待遇，但并非真正意义上的应届毕业生。有的用人单位聘用职员时仅限招应届毕业生，很多用人单位只将某些优惠政策赋予应届毕业生，暂缓就业者往往因无法满足这一条件而被拒之门外。

（3）工龄缺失：暂缓就业期间不计算工龄，相比已就业的毕业生，办理暂缓就业者在工龄时间计算上有所缺失，同时会造成同级职称评定时间的推迟，影响未来工作的薪资和福利等待遇。

因此，毕业生应谨慎选择暂缓就业。如果能找到合适的工作就要尽快就业。就业过程中要勇于面对社会挑战，不断提升和完善自我，在实际就业中磨炼自己，尽可能多地获取工作经验和社会历练，这才是职业成功的真正出路。

## 四、迁转档案、户籍和组织关系

毕业生离校之前常常急于到用人单位报到，而忽视了档案、户籍和组织关系，而这些往往是影响毕业生职业生涯甚至是人生生涯的重要材料。

### （一）毕业生档案

毕业生档案是学生从入学开始有关家庭情况、学习成绩、思想政治表现、奖励及处分等情况的文字记载材料，是用人单位选聘毕业生的重要依据，也是工作后评定职称的重要材料。

毕业生档案一般包括几方面的内容：①高考登记表。②入学登记表。③毕业生登记表。④入党或入团资料。⑤在校期间获得的奖学金，以及受到表彰、处分的材料。⑥在校期间的成绩单。⑦实习或见习材料。⑧在校期间参加相关社团或者社会实践的证书材料。⑨报到证的副本。⑩其他有价值的相关材料。

毕业生档案具有重要的作用，它是确定本人身份、家庭出身、学习经历等过程的历史资料，是评定职称、出国、留学等手续办理的凭证，也是认定工龄、确定退休时间的重要依据。因此，毕业生离校后档案的转移和去向是毕业生办理离校手续的重要一环，必须予以重视。

毕业生档案一般由学校学生档案管理部门根据毕业生报到证情况，采用机要的形式邮寄。毕业生一定要认真填写档案邮寄地址，并严格按照报到证上的接收单位名称填写，不能有误。毕业后如果档案迟迟没有到达，要在1年内及时查询，否则1年后机要局不再提供查询服务，会造成档案丢失的情况发生。

### （二）毕业生的户口

目前，很多高校已要求省内考生不迁移户口，省外考生自愿迁移户口。凡是在高考后迁移户口的学生，毕业时必须办理户口迁移手续。毕业生需持报到证到学校户籍管理部门办理户口迁移证，认真核对后交到用人单位，不按时办理会造成以后落户困难等情况。

没有落实工作的毕业生，户口迁移地一般为报到证开具的单位或生源地的就业部门，并非原来父母的户口簿。毕业生办理报到手续后才能根据实际情况，将户口迁移到相应的集体户口上。

领到户口迁移证后，毕业生必须妥善保管，不得折损弄污，更不能丢失。户口是今后办理结婚、出国、生育及保险的重要材料。

### （三）毕业生的组织关系

按照相关规定，高校毕业生的党员、团员到用人单位就业必须及时迁转组织关系。党员或团员应积极参加转入单位的组织生活，缴纳党费或团费，行使党员或团员的权利，履行相应义务。高校毕业生需要迁转的一般为党员的组织关系。

**1. 党员组织关系的迁转**

党员组织关系介绍信是党员变动组织关系的凭证，毕业生离校时要妥善保管学校组织部门开具的党员组织关系介绍信，并且要了解如何迁转党员组织关系。

对于已经就业的毕业生党员，由毕业生与签约单位联系，询问对方接收党组织关系的介绍信抬头，了解具体接收党组织关系的部门和流程，新单位凭借介绍信接收党组织关系。如果单位未设立党组织，毕业生党员可将组织关系迁转到单位所在地或者本人居住地的街道委员会等党组织，也可转到行业主管部门党组织，或随同档案迁转到县以上政府人事（劳动）部门所属的人才（劳动）服务机构基层党组织。

对于尚未就业的毕业生党员，由毕业生联系协调后，将党组织关系迁转到本人或父母居住地的街道、乡镇党组织，或随同档案迁转到县以上政府人事（劳动）部门所属的人才（劳动）服务机构基层党组织。

**2. 党员组织关系迁转过程中需注意的问题**

（1）党员组织关系介绍信的有效期一般最长不超过90天，逾期失效，将不被当地党组织接收。转出的组织关系介绍信，无正当理由超过6个月未正常转接的，按照党章规定作自行脱党处理。

（2）党员组织关系介绍信是党员政治身份的证明，迁转组织关系必须由党员本人亲自办理或者党组织委派专人办理。

（3）党员的档案材料要与其人事档案一起通过机要的方式邮寄。

（4）党员组织关系介绍信要妥善保管，切勿遗失。一旦派遣单位发生变化或者有误，应及时与毕业院校组织部门联系重新开具。因个人原因组织关系介绍信丢失或不按时转接所造成的一切后果由个人自负。

**3. 团组织关系的迁转**

团组织关系的迁转较党组织关系相对简单，毕业生办理离校手续时只需带好团员证到所在学校团委办理团组织关系转出，再到相应的团组织办理转入手续即可。

### 五、人事代理

人事代理制度是在由传统计划经济条件下的人事管理体制向与社会主义市场经济体制相配套的人事管理体制过渡过程中产生，在人才交流服务的基础上发展起来的一种新的人事管理方式。

人事代理是指由政府人事部门所属的人才服务中心，按照国家有关人事政策法规要求，接受单位或个人委托，在其服务项目范围内，为多种所有制经济尤其是非公有制经济单位及各类人才提供人事档案管理、职称评定、社会养老保险金收缴、出国政审等全方位服务，是实现人员使用与人事关系管理分离的一项人事改革新举措。

人事代理的方式有委托人事代理，可由单位委托，也可由个人委托。可多项委托，将人事关系、工资关系、人事档案、养老保险社会统筹、住房公积金等委托区人才服务中心管理；也可单项委托，将人事档案委托区人才服务中心管理。

1. 毕业后因出国留学、准备考研、考公务员、继续求职就业的需求要把户籍、档案留在当地的，可在省高校毕业生就业指导中心办理人事代理手续，也可在省、市级人才服务中心办理。

2. 人事代理的相关手续经由学校就业管理部门在毕业前统一办理。

3. 按定向、委培方式录取的学生，毕业时不可办理人事代理。

大学生择业期间，打交道最多的是学校的就业管理部门。这里是信息的集散地，是学校与用人单位建立联系与沟通的桥梁和纽带。建议每一位大学生在择业阶段多留心学校的就业管理部门在校园内设立的公告栏和网站，在那里，毕业生能够及时得到用人单位的需求信息、就业招聘活动及最新的就业政策规定等。同时，毕业生在求职择业中所遇到的问题也可在那里得到解决，并能得到相关的就业咨询和服务。

【训练活动】

**模拟毕业流程**

组织办法：学生自行分组，分别模拟不同的毕业去向，如升学、就业等角色，填写各自毕业流程，并根据不同的角色模拟填写派遣系统中的数据，包括报到证签往单位、报到证签发类别等，小组之间，学生相互考核与检查。

## 第二节　毕业生就业权益保护

就业是民生之本，是大学生从学业生涯到职业生涯的重要转换环节。虽然择业过程相对来说较短，但整个过程中会遇到的权益和安全问题不容忽视。在现行高校毕业生就业政策下，毕业生一般遵循“双向选择，自主择业”的原则，但因受现实条件和一些其他因素的影响，毕业生择业过程中也会遇到录取不公平、不了解相关法律、不知道如何保护自己的合法权益等情况。因此，学习和了解国家就业政策、劳动法律法规，增强法律意识，提高自我保护的能力至关重要。

## 一、毕业生就业中的权利与义务

即将毕业步入职场的大学生对未来充满了期待却又有些迷惘，只为找到心仪的工作便什么都不顾及了，对择业过程中所具有的权利和义务浑然不知。毕业生择业过程中都享有哪些权利，应该履行哪些义务呢？

### （一）毕业生就业中的权利

权利一般是指法律赋予人实现其利益的一种力量，与义务相对应，是法学的基本范畴之一，人权概念的核心词，法律规范的关键词。从通常的角度看，权利是法律赋予权利主体作为或不作为的许可、认定及保障。毕业生作为择业过程中一个重要主体，享有多方面的权益。根据我国《宪法》《劳动法》《高等教育法》《普通高等学校毕业生就业工作暂行规定》等法律、法规和政策的有关规定，毕业生在择业过程中主要享有以下几方面的权利。

**1. 接受就业指导权**

学生有权从学校接受就业指导。学校需成立专门机构，安排专门人员对毕业生进行就业指导，包括向毕业生宣传国家关于与毕业生就业有关的方针、政策；对毕业生进行择业技巧指导；引导毕业生根据国家和社会需要，结合个人实际情况进行择业，使毕业生通过接受就业指导准确定位，合理择业。

**2. 获取信息权**

毕业生获取信息权包括三方面的含义：①信息公开：指所有用人单位的需求信息必须向全体毕业生公开，任何单位和个人不得隐瞒、截留需求信息。②信息及时：指毕业生获取的信息必须是及时、有效的，不能将过时、无利用价值的信息传递给学生。③信息全面：毕业生有权获取准确、全面的就业信息，以便对用人单位有全面的了解和筛选，从而做出符合自身要求的选择。

**3. 被推荐权**

高等学校就业工作的一个重要职责就是向用人单位推荐毕业生。历年经验证明，学校推荐往往很大程度上影响到用人单位对毕业生的取舍。毕业生享有的被推荐权包含：①如实推荐：即高校推荐毕业生时需实事求是，根据毕业生本人的实际情况向用人单位进行介绍、推荐。②公正推荐：学校推荐毕业生要做到公平、公正，给每一位毕业生以就业推荐的机会。③择优推荐：学校要根据毕业生的在校表现，在公正、公开的基础上择优推荐。

**4. 知情权**

毕业生与用人单位签订协议前，有权了解用人单位的基本情况，包括生产经营情况、工作环境、生活条件和工资待遇，以及用人单位的规模、地点和拟安排的岗位等。

**5. 选择权**

根据国家有关规定，高校毕业生要在国家就业方针、政策指导下自主择业。只要符合国家的就业方针和政策，毕业生可以自主选择用人单位，学校、其他单位和个人均不得干涉。任何将个人意志强加给毕业生，强令毕业生到某单位的行为是侵犯毕业生选择权的行为。毕业生可结合自身情况自主与用人单位协商，要求学校予以推荐，直至签订就业协议。

**6. 平等待遇权**

用人单位招录毕业生，要坚持公开、公平、公正的原则，任何凭关系、走后门以及性别歧视等都是对毕业生平等待遇权的侵犯。《劳动法》第十二条规定："劳动者就业，不因民族、种族、性别、宗教信仰不同而受歧视。"第十三条规定："妇女享有与男子平等的就业权利。在录用职工时，除国家规定的不适合妇女的工种或者岗位外，不得以性别为由拒绝录用妇女或者提高对妇女的录用标准。"

目前，毕业生的公平待遇权受到很大冲击，也最令毕业生担忧。由于各项配套措施滞后，完全开放、公平的就业市场尚未真正形成，用人单位录用毕业生还不同程度地存在不公平、不公正现象。

**7. 解除协议权、申诉权与求偿权**

毕业生与用人单位签订协议后，任何一方不得擅自毁约。如用人单位无故要求解约，毕业生有权要求对方严格履行就业协议。否则，用人单位要对毕业生承担违约责任，支付违约金。毕业生有权利要求用人单位进行补偿。

（1）解除协议权：履行协议后，毕业生的权益或人身自由、人身安全受到用人单位严重侵害时，毕业生可以主动提出解除协议。《劳动法》第三十二条规定："有下列情形之一的，劳动者可以随时通知用人单位解除劳动合同：在试用期内的；用人单位以暴力、威胁或者非法限制人身自由的手段强迫劳动的；用人单位未按照劳动合同约定支付劳动报酬或者提供劳动条件的。"

（2）申诉权：《劳动法》第七十七条规定："用人单位与劳动者发生劳动争议，当事人可以依法申请调解、仲裁、提起诉讼，也可以协商解决。"第七十九条规定："劳动争议发生后，当事人可以向本单位劳动争议调解委员会申请调解；调解不成，当事人一方要求仲裁的，可以向劳动争议仲裁委员会申请仲裁。当事人一方也可以直接向劳动争议仲裁委员会申请仲裁。对仲裁裁决不服的，可以向人民法院提起诉讼。"第八十三条规定："劳动争议当事人对仲裁裁决不服的，可以自收到仲裁裁决书之日起十五日内向人民法院提起诉讼。一方当事人在法定期限内不起诉又不履行仲裁裁决的，另一方当事人可以申请人民法院强制执行。"

（3）求偿权：即向违约方要求承担违约责任、获得赔偿的权利。《合同法》第一百一十二条规定："当事人一方不履行合同义务或者履行合同义务不符合约定的，在履行义务或者采取补救措施后，对方还有其他损失的，应当赔偿损失。"第一百二十二条规定："因当事人一方的违约行为，侵害对方人身、财产权益的，受损害方有权选择依照本法要求其承担违约责任或者依照其他法律要求其承担侵权责任。"

### （二）毕业生就业中的义务

毕业生除享有一定的权利外，还应履行相应的义务。

**1. 服从国家需要的义务**

虽然毕业生有一定的自主择业权利，但并不能排除服从国家需要的义务。当国家重点建设项目或某些行业急需人才的时候，毕业生要积极为国家的重点建设工程或项目服务。

**2. 向用人单位实事求是介绍个人情况的义务**

毕业生向用人单位进行自我推荐、自我介绍和接受考察时，有义务全面地、实事求是地反映个人情况，以利于用人单位的遴选，不得夸大其词，弄虚作假。

**3. 接受用人单位组织的测试或考核的义务**

用人单位为了招聘到符合要求的毕业生，一般会通过一些测试或考核手段进行了解，通过比较，做出是否录用的决定。对此，毕业生要积极配合，充分展现自己的能力，接受用人单位的测试和考核。

**4. 严格按照就业协议及其他合法约定履行相应的义务**

《合同法》第八条规定："依法成立的合同，对当事人具有法律约束力。当事人应当按照约定履行自己的义务，不得擅自变更或者解除合同。依法成立的合同，受法律保护。"毕业生要认真履行协议或合同，不得无故擅自变更或自行解除。如果单方违约，必须主动承担违约责任。

**5. 依照职责完成工作的义务**

毕业生有义务完成与用人单位签署的劳动岗位的相应工作，履行承担岗位应具备的责任和义务。

**6. 不断提高职业技能的义务**

毕业生应通过努力，不断提高所聘用岗位应具备的职业技能，从而更好地完成工作任务。

## 二、毕业生就业协议与劳动合同的签订

签订就业协议书需注意以下问题。

### （一）签订就业协议书要遵守的内容

根据教育部颁布的《普通高等学校毕业生就业工作暂行规定》第二十四条规定："经供需见面和双向选择后，毕业生、用人单位和高等学校应当签订毕业生就业协议书，作为制定就业计划和派遣的依据。"就业协议书的签订需遵守七条规定。

1. 毕业生应按国家法规就业，向用人单位如实介绍自己的情况，了解用人单位的使用意图，表明自己的就业意见，在规定的时间内到用人单位报到。若遇到特殊情况不能按时报到，须征得用人单位同意。

2. 用人单位要如实介绍本单位的情况，明确对毕业生的要求及使用意图，做好各项接收工作。凡取得毕业资格的毕业生，用人单位不得以学校成绩为由提出违约。未取

得毕业资格的结业生，本协议无效。

3. 学校要如实向用人单位介绍毕业生的情况，做好推荐工作。用人单位同意录用后，经学校审核列入建议就业计划，报主管部门审批，学校负责办理派遣手续。

4. 如用人单位对毕业生身体条件有特殊要求，原则上应在签订就业协议书前进行单独体检。

5. 毕业生、用人单位、学校三方如有其他约定，应在备注中注明，并视为本协议书中的一部分。

6. 本协议经各方签字、盖章后生效，三方都应严格履行本协议。若有一方提出变更协议，须征得另两方同意，由违约方承担违约责任，并在备注栏中注明。

7. 就业协议书一式三份，毕业生、用人单位、学校各执一份，复印无效。

### (二) 签订就业协议书的理性决策

就业协议书一经签订，双方都要维护就业协议书的严肃性，因此大学生在签约前应该了解就业协议书的有关知识，并结合自己的职业期望，做好理性决策。

**1. 确定职业期望**

签订就业协议前要考虑自身素质与所处的社会环境，明确一个合理的职业期望。如果就业期望与签约单位不符，往往会造成“违约”的情况发生，给自己造成困扰。

**2. 了解职位内涵**

确定职业期望后，要审视即将签订就业协议的单位所提供的职位。一是要真正了解目标职位，包括该职位的工作内容、薪酬待遇、工作地点等，了解该职位所在单位的状况。二是决定是否选择该职位，把目标职位的各种状况与职业期望进行对比，综合衡量，以确定是否选择签订就业协议书。

**3. 敢于把握机遇**

一旦认为目标职位可以选择，就要把握机遇。大学生常常存在观望的态度，想等待更好的机会。俗话说：“机不可失，失不再来。”严峻的就业形势、激烈的就业竞争已经给毕业生带来了压力，毕业生要敢于把握机遇，实现就业，避免错过就业的黄金时期。

【案例故事】

#### 小吴的择业困扰

小吴是一名药学专业的应届毕业生，很早就听说今年的就业形势不容乐观，故而像许多毕业生一样抱着有单位就签的想法。12 月份，考虑到专业比较对口，小吴就与一家药企签订了就业协议。第二年 3 月，浙江省招录公务员，条件不错的她很顺利地通过了笔试、面试、政审等程序，最终幸运地被省科委录取。小吴权衡再三，觉得还是公务员比较适合自己，于是准备违约到学校重新领取就业协议。学校说必须先与该药企解除原来的就业协议，才能发放新的协议。该药企对小吴的违约行为比较恼火，以就业协议中“一方提出变更协议，需征得另两方同意违约”为由，不允许小吴违约，并拒绝出具解除证明。小吴陷入了两难的境地。

### （三）签订就业协议书涉及的权益要点

1. 用人单位名称要与单位的有效印鉴名称一致。毕业生填写自己专业名称时，要与学校教务处的专业名称一致，不能简写。

2. 试用期是用人单位和劳动者为进一步加深了解而约定的不超过6个月的考察期，试用期包括在劳动合同中。国家机关、高校、研究所一般采用见习期，通常为一年。

3. 违约金是保障就业协议书得以顺利履行而对双方的一种约束，也是承担违约责任的一种重要形式。违约金的数额与约束力呈正比，一般不高于每月的实际收入。如果遇到高额违约金，学生要积极与单位协商，将违约金降到最低。

4. 就业协议书准许空白条款的存在，但视为双方另有约定，不影响整个就业协议书的效力。但是空白条款隐患颇多，毕业生应谨慎避免空白条款。

5. 毕业生就业协议属“格式合同”，对就业协议书中未涉及或不够具体的内容可以签订补充条款。

6. 毕业生签订就业协议书时要严格按照规定程序进行。毕业生与用人单位达成就业意向，双方签字盖章，然后用人单位上级主管部门批准盖章，10个工作日之内送到学校就业管理部门登记。就业管理部门依据就业协议书制定毕业生就业方案，毕业生毕业后凭就业报到证到用人单位报到，核定干部身份，计算工龄。

### （四）签订就业协议书的注意事项

毕业生与用人单位达成意向后，可以签署就业协议书。签署协议书的时候，应仔细阅读协议书的全部条款，认真负责地签订就业协议，并且要注意以下几个问题。

**1. 仔细阅读协议书的全部内容**

（1）注意审核协议书的合法性，包括用人单位的主体是否合法。签协议前，毕业生一定要全方位了解用人单位的相关情况。了解企业是否具备合法的主体资格，是否具有应届毕业生的接收权，以免上当受骗。同时还要了解企业的自身情况，如发展趋势、企业招聘的岗位性质、企业的员工培养制度、待遇状况、福利项目等系列内容，不但要掌握资料，更要实地考察。

（2）注意审核协议内容的条款是否合法。我国《劳动法》明确规定，用人单位不得以任何理由向毕业生收取报名费、培训费、押金、保证金等，并以此作为是否录用的先决条件。

**2. 毕业生签约要按照正常程序进行**

毕业生持用人单位的接收函到院（系）领取就业协议书，由毕业生、院（系）在协议书上签署意见后交由用人单位，用人单位签署意见后再交给学校，学校签字后纳入就业计划，协议书生效。

**3. 如实填写协议书**

如果报考了研究生或准备出国，应事先向用人单位说明，并在协议书中注明，以免发生违约争议。

**4. 认真对待补充协议**

由于高校使用的就业协议书内容相对比较固定，一些细致的协议条款，多数用人单位会以补充协议的字样列于“备注”中。如对岗位的具体要求，岗位要承担的责任、义务，以及违约责任等。如果有需要双方相互承诺的部分，要在补充协议中加以说明。就业协议中可以规定违约金的数额，根据现行《劳动法》的规定，上限是12个月的工资总和。需要毕业生关注的是，补充协议具有同等法律效力，毕业生要认真对待。

**5. 档案及派遣信息不容忽视**

毕业生离校后，除本人到用人单位报到外，自己的档案及党组织关系等也需一同向用人单位报到。如果用人单位没有独立的用人自主权，除用人单位盖章外，还必须有其上级主管部门的公章，这样才能将档案派遣至用人单位。否则，需将档案放至人才中心等代理机构。

**6. 毕业生与用人单位双方都不得单方面拖延签约周期**

毕业生遇到问题而犹豫不决时，最好及时咨询高校就业部门负责老师，征求相关的意见和指导。

**7. 签订就业协议书后，一定要签署劳动合同**

就业协议书是毕业生在校期间用以约束学校、单位和学生个人的协议，毕业生到单位正式报到后，需即刻签订劳动合同。一般就业协议书会在劳动合同生效时终止其效力。

【案例故事】

### 小张为什么要解除就业协议

某护理专业硕士毕业研究生小张签署了一家上海的民办本科院校的辅导员工作。她签了就业协议中学生本人需要签署的部分后，将协议书邮寄给上海民办高校，高校签完后邮寄给小张。拿到协议书时，小张懵了，寄回的协议书备注栏中写道：“从事辅导员工作，需带满一届毕业生后离校，期间不允许怀孕或长期请假。”小张没想到协议书中会出现这样的内容。因为考研三战，年龄较大的她本打算两年内结婚，所以很难接受这个条款。她连忙打电话给该学校，结果单位说这是他们招聘这一岗位的要求，不愿取消该条款。小张最后只能选择解除就业协议。为了解约，她亲自从东北跑到上海，花费了很多时间、精力和财力。

小张的这种情况能够避免吗？签署就业协议过程中要注意什么问题呢？

## （五）就业协议书的解除

就业协议书的解除分为单方解除和三方解除。

**1. 单方解除**

单方解除包括单方擅自解除和依法或依据协议条款解除。单方擅自解除协议属违约行为，应根据协议要求承担违约责任。对毕业生来说，如未顺利取得毕业资格，或没有获取所聘岗位所需要的技能资格，或未通过用人单位组织的考试等，用人单位有权单方面解除协议，解除方无须承担违约责任。对用人单位来说，如经查实，单位没有合法资质或者没有按照既定要求提供待遇和约定好的条件，毕业生有权单方面解除协议，解除方无须承担违约责任。

**2. 三方解除**

三方解除是毕业生、用人单位、学校三方经过协商一致后解除协议。通常是两方，即用人单位和毕业生通过协商一致后解除协议，学校起监督作用，这样三方均不用承担违约责任。协议解除后，毕业生如需签订新的协议需到所在学院提交说明，学院签字后到学校领取新的协议，并将原协议交至学校就业指导中心作废。

### （六）就业协议的违约责任

就业协议书自签订之日起即具备法律效力，任何一方不得擅自解除。否则，违约方应向权利受损方支付协议条款所规定的违约金。目前，违约较多的一方为毕业生。毕业生违约除自身需要承担一定的资金以外，还会带来很多不良后果。

对用人单位来说，每年的招聘人数是有限的，到学校招聘的时间较为固定，所做的准备工作是大量的。同时，用人单位会根据招聘情况提供岗前培训、住宿、员工信息等，毕业生临时提出违约会给用人单位带来诸多不便，很多录用环节会因此中断，使用人单位的招聘工作处于被动局面。

对学校来说，毕业生是学校的名片，用人单位通常会将学生的违约责任视为学校的责任，进而影响学校与用人单位长期建立起来的合作联系。从历年数据看，用人单位一旦因学生违约而造成利益受损，次年甚至几年都不愿再到学校招聘，这势必影响以后毕业生的求职就业。

对毕业生来说，擅自解除协议除自身需要承担责任外，也对其他毕业生造成影响。用人单位到学校招聘的名额是有限的，一旦与某学生签订了协议，就意味着其他同学丧失了机会。若日后违约，用人单位因上岗时间等原因也不会续招，从而造成就业机会的浪费。因此，毕业生签订协议时一定要慎重，严格履约。

**【拓展阅读】**

#### 毕业生与用人单位签订就业协议书后考取研究生属于违约吗

毕业生签订就业协议书时，如有意向考取研究生或国家公务员，要如实向用人单位说明情况，并在附加条款里进行说明。如“乙方（指毕业生）一旦被录取为研究生（或国家公务员）则此协议自动取消”，并由双方签字和盖章。如果毕业生与用人单位的协议中没有任何关于考研等事项的条款，而以考取研究生为由单方解除就业协议，显然是违约行为，需要支付违约金。

### （七）劳动合同的签订

劳动合同是劳动者与用工单位之间确立劳动关系、明确双方权利和义务的协议。《劳动法》规定，用人单位与劳动者签订的劳动合同期限分为三类。

**1. 有固定期限**

所谓有固定期限，是在合同中明确约定效力期间，期限可长可短，长到几年、十几年，短到一年或几个月。

**2. 无固定期限**

所谓无固定期限，是劳动合同中只约定了起始日期，没有约定具体终止日期。无固定期限劳动合同可以依法约定终止劳动合同条件，在履行中只要不出现约定的终止条件或法律规定的解除条件，一般不能解除或终止，劳动关系可以一直存续到劳动者退休为止。

**3. 以完成一定的工作为期限**

这是指以完成某项工作或某项工程为有效期限，该项工作或工程一经完成，劳动合同即终止。

### （八）签订劳动合同的注意事项

相对于就业协议书，劳动合同具有更强的约束力，与毕业生的切身利益相关性更大，毕业生签订劳动合同时要特别关注几个条款。

**1. 必备条款**

必备条款关乎毕业生的直接利益，包括劳动合同期限、工作内容、劳动保护和劳动条件、劳动报酬、劳动纪律、劳动合同的终止条件、违反劳动合同的责任等。

**2. 约定条款**

劳动合同除规定的必备条款外，用人单位与劳动者可以约定试用期、培训、保守秘密、补充保险和福利待遇等其他事项。

**3. 试用期条款**

试用期是用人单位和劳动者为相互考察、了解对方当事人而约定的期限。《劳动合同法》第十九条规定："劳动合同期限三个月以上不满一年的，试用期不得超过一个月；劳动合同期限一年以上不满三年的，试用期不得超过两个月；三年以上固定期限和无固定期限的劳动合同，试用期不得超过六个月。同一用人单位与同一劳动者只能约定一次试用期。"

### （九）就业协议书与劳动合同的关系

就业协议书与劳动合同既有区别又有联系。就业协议书不是劳动合同，从实质意义上说，就业协议书是毕业生、用人单位之间关于就业意愿的书面约定，本质上是一种就业合同或用人合同，不能将其等同于劳动合同。该合同的主要目的是约定毕业生毕业后到用人单位报到并签订劳动合同。

**1. 就业协议书与劳动合同的区别**

（1）适用主体不同：就业协议书的签订是由学校作为见证，高校毕业生与用人单位签订的一份意向性协议，它是明确毕业生就业工作中权利和义务的书面表现形式。劳动合同是劳动者与用人单位之间确立劳动关系的协议，双方当事人协商一致，符合国家法律法规，签字盖章合同即生效。学校不是劳动合同的主体，也不是劳动合同的见证方。劳动合同适用于各类人员，就业协议书只适用于高校毕业生。

（2）适用的法律、法规不同：劳动合同受《劳动法》《劳动合同法》及相关法律法规的限定和保护，就业协议书依据的是国家关于高校毕业生就业的法规和规定。毕业生就业协议书在法律定性上比较复杂，在实践中，如果双方存在争议，一般比照《中华人民共和国合同法》中关于违反诚信原则进行处理。

（3）时间效力不同：一般来说，就业协议书签订在前，劳动合同订立在后。就业协议书是毕业生离校之前签订的，它的效力始于签订之时，终于毕业生到工作岗位报到之时。就业协议书的作用仅限于对学生就业过程的约定，毕业生一旦到用人单位报到，就要签订劳动合同，就业协议书的法律效应丧失。

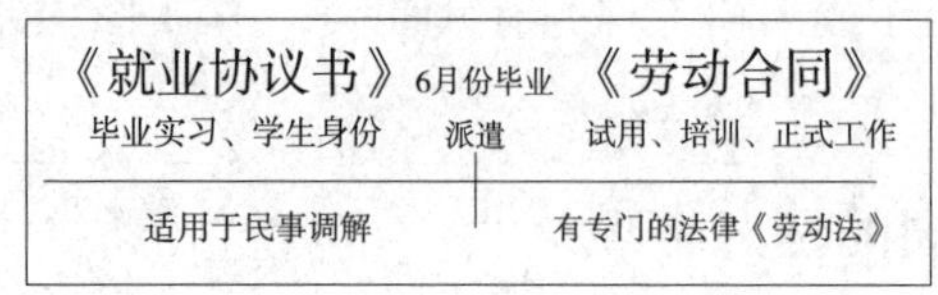


（4）内容不同：我国《劳动法》规定，劳动合同应当具备合同期限、工作内容、劳动保护和劳动条件、劳动报酬、劳动纪律、劳动合同终止的条件、违反劳动合同的责任等七项条款，此外当事人还可以约定其他条款。就业协议书主要明确的是毕业生同意去某用人单位就业和某用人单位同意接收该毕业生的意见，还有一些简单的条款。劳动合同规定的劳动者与用人单位之间的权利、义务更全面、具体，就业协议书却简单得多。

**2. 就业协议书与劳动合同的联系**

从时间上看，就业协议书的和劳动合同的签订是毕业生与单位在确定劳动关系过程中连续发生的两个相互衔接的阶段，就业协议书签订是第一阶段，劳动合同签订是第二阶段，就业协议是劳动合同的基础。

从内容上看，就业协议书中的有关条款，特别是就业协议书的备注条款中毕业生与用人单位就工资待遇、住房等达成的约定，应作为劳动合同的组成部分。如果劳动合同与三方协议内容矛盾，以劳动合同为准。

## 三、劳动合同的解除与法律责任

毕业生与用人单位签订劳动合同后，往往会因双方各自的特殊原因导致合同解除。为了避免纠纷，如何才能顺利解除劳动合同呢？

### （一）劳动者提出解除劳动合同

用人单位有以下情况之一的，劳动者可以提出解除劳动合同。

1. 未按照劳动合同约定提供劳动保护或者劳动条件的。
2. 未及时足额支付劳动报酬的。
3. 未依法为劳动者缴纳社会保险的。
4. 工作单位的规章制度违反法律、法规规定，损害劳动者权益的。

5. 因《劳动合同法》第二十六条第一款“以欺诈、胁迫的手段或者乘人之危，使对方在违背真实意思的情况下订立或者变更劳动合同的”致使劳动合同无效的。

6. 法律、行政法规规定劳动者可以解除劳动合同的其他情形。用人单位以暴力、威胁或者非法限制人身自由等手段限制劳动者的，或者危及劳动者人身安全的，劳动者可以立即解除劳动合同，不需事先告知用人单位。

### （二）用人单位提出解除劳动合同

劳动者有以下情形之一的，用人单位可以解除劳动合同。

1. 在试用期间被证明不符合录用条件的。

2. 严重违反用人单位规章制度的。

3. 严重失职，营私舞弊，给用人单位造成重大损害的。

4. 劳动者同时与其他用人单位建立劳动关系，对完成本单位工作任务造成严重影响，或经用人单位提出拒不改正的。

5. 因《劳动合同法》第二十六条第一款第一项规定的情形致使劳动合同无效的。

6. 被依法追究刑事责任的。

## 四、劳动争议的处理

《劳动法》第七十七条规定：“用人单位与劳动者发生劳动争议，当事人可以依法申请调解、仲裁、提起诉讼，也可以协商解决。调解原则适用于仲裁和诉讼程序。”根据规定，劳动者与用人单位可以选择下列程序解决劳动争议：发生劳动争议后，当事人可以向行政部门投诉；向相关调解组织申请调解；自劳动争议调解组织收到调解申请之日起 15 日内未达成调解协议的，当事人可以向劳动仲裁机构申请仲裁。达成调解协议后，一方当事人在协议约定期限内不履行调解协议的，另一方当事人也可以依法申请仲裁。

**1. 协商程序**

协商是指劳动者与用人单位就争议的问题直接进行协商，寻找纠纷解决的具体方案。与其他纠纷不同的是，劳动争议的当事人一方为单位，一方为单位职工，因双方已经发生一定的劳动关系而使彼此之间相互有所了解。双方发生纠纷后最好先协商，通过自愿达成协议来消除隔阂。但协商程序不是处理劳动争议的必经程序。双方可以协商也可以不协商，完全出于自愿，任何人都不能强迫。

**2. 申请调解**

调解程序是指劳动纠纷的一方当事人就已经发生的劳动纠纷向劳动争议调解委员会申请调解的程序。《劳动法》规定：在用人单位内，可以设立劳动争议调解委员会负责调解本单位的劳动争议。调解委员会委员由单位代表、职工代表和工会代表组成。一般为具有法律知识、政策水平和实际工作能力，又了解本单位具体情况的人组成，以利于纠纷的解决。除因签订、履行集体劳动合同发生的争议外，均可由本企业劳动争议调解委员会调解。但是与协商程序一样，调解程序也由当事人自愿选择，且调解协议不具有强制执行力。如果一方反悔，同样可以向仲裁机构申请仲裁。

**3. 仲裁程序**

仲裁程序是劳动纠纷的一方当事人将纠纷提交劳动争议仲裁委员会进行处理的程序。该程序既具有劳动争议调解灵活、快捷的特点，又具有强制执行的效力，是解决劳动纠纷的重要手段。劳动争议仲裁委员会是国家授权、依法独立处理劳动争议案件的专门机构。申请劳动仲裁是解决劳动争议的选择程序之一，也是提起诉讼的前置程序。如果想提起诉讼，打劳动官司，必须经过仲裁程序，不能直接向人民法院起诉。

【案例故事】

## 李某的劳动合同争议

李某于2011年4月入职某医药外资公司，双方签订了无固定期限的劳动合同，约定李某的岗位为东三省药品销售总监，月薪3万元人民币。2015年6月，公司告知李某，为精简组织架构，决定撤销李某销售总监的职位，另设市场拓展总监职位，但该职位已有合适人选，现特别为李某设立公司销售顾问岗位，月薪降为2万元人民币，希望能与其签署变更劳动合同。

李某不同意公司的要求，该公司即以"订立劳动合同时的客观情况发生重大变化，双方未能就变更劳动合同内容达成一致"为由，向李某发出"解除劳动合同通知书"，并向李某支付了经济补偿及代通知金等。李某认为，公司的解除行为违法，故提出仲裁，要求撤销"解除劳动合同通知书"，并继续履行劳动合同。

仲裁委审理后认为，公司根据生产经营需要，调整李某的工作岗位，系为应对市场变化主动采取的经营策略调整，不属于"订立劳动合同时的客观情况发生重大变化"的情形，公司虽然支付了李某经济补偿及代通知金，但并不代表其解除行为合法，故对李某的仲裁请求予以支持。

（资料来源：豆瓣"关于劳动争议十大典型案例分析解读"）

**4. 诉讼程序**

诉讼程序即通常所说的打官司。诉讼程序的启动是由不服劳动争议仲裁委员会裁决的一方当事人向人民法院提起诉讼后启动的程序。诉讼程序具有较强的法律性、程序性，做出的判决也具有强制执行力。

在整个过程中，较多证据都掌握在用人单位手中，因此，《劳动争议调解仲裁法》规定，如果与争议事项有关的证据属于用人单位掌握管理的，用人单位应当提供。用人单位不提供或者不在规定期限内提供证据，应当承担不利后果。

《劳动争议调解仲裁法》适用于用人单位与劳动者发生的劳动争议，包括两大类，一是企业、个体经济组织、民办非企业单位等组织与劳动者发生的劳动争议；二是国家机关、事业单位、社会团体和与其建立劳动关系的劳动者发生的劳动争议，以及事业单位实行聘用制的工作人员与本单位发生的劳动争议。国家机关与公务员发生的人事争议，比照实行公务员制度的事业组织和社会团体，与其比照实行公务员制度的工作人员发生的人事争议均不适用《劳动争议调解仲裁法》。《劳动争议调解仲裁法》还规定，劳动争议申请仲裁的时效期间为一年，从当事人知道或者应当知道其权利被侵害之日计算。劳动关系存续期间因拖欠劳动报酬发生争议的，劳动者申请仲裁不受仲裁时效的限制，但劳动关系终止，应自劳动关系终止之日起 1 年内提出。

## 五、社会保险制度

社会保险制度是指由法律规定的专门机构实施的按照某种规定的规则实施的社会保险政策和体系，通过向劳动者、用人单位筹措资金建立专项基金，以保证在劳动者失去劳动收入后获得一定程度的收入补偿的制度。大学生就业时与用人单位洽谈时，最关注的是“五险一金”。“五险一金”包括养老保险、失业保险、医疗保险、工伤保险、生育保险和住房公积金。其中“五险”是法定的，“一金”不是法定的。

**1. 养老保险**

养老保险全称社会养老保险金，是国家通过立法强制实施、由社会统筹基金支付的基础养老金和个人账户养老金组成，是社会保险“五险”中最重要的保险，以保证劳动者年老丧失劳动力时，能够获取基本的生活保障。

**2. 失业保险**

失业保险是国家通过立法强制实施，由社会集中建立基金，对因失业而暂时中断生活来源的劳动者提供物质帮助的制度。失业保险累计缴费满 1 年不满 5 年的，最长可以领取 12 个月的失业保险金。

**3. 医疗保险**

医疗保险是为员工补偿疾病所带来的医疗费用的一种保险。职工因疾病、负伤、生育时，由社会或者企业提供必要的医疗服务或者物质帮助的一种社会保险。

**4. 工伤保险**

工伤保险是指国家或者社会为生产、工作中遭受事故伤害和患职业疾病的劳动者及家属提供医疗救治、生活保障、经济补偿等物质帮助的一种社会保险。

**5. 生育保险**

生育保险是国家通过立法，在职业妇女因生育子女而暂时中断劳动时由国家和社会及时给予生活保障和物质帮助的一项社会保险制度，主要包括两项：一是生育津贴；二是生育医疗待遇。生育保险不受户籍限制，参加生育保险的人员，如果在异地生育，相关待遇按照参保地政策标准执行。

**6. 住房公积金**

住房公积金是单位及其在职职工缴存的长期住房储金，是住房分配货币化、社会化和法制化的主要形式。住房公积金制度是国家法律法规规定的保险制度，单位和职工个人必须依法履行。职工和单位缴存的公积金实行专户存储，归职工个人所有。职工购房时可以用公积金贷款买房，也可用公积金账户中的金额偿还购房贷款。

毕业生与用人单位签订就业协议或劳动合同时，一定要看清自己享有哪些待遇和福利、程度如何，是不是都体现在劳动合同上，以保护自身的合法权益。

## 六、常见的就业陷阱与防范

毕业生择业过程中会遇到初入社会的很多困难，由于缺乏社会经验，会遇到不同的就业陷阱。

### （一）常见的就业陷阱

如遇到就业陷阱，毕业生会面临时间、金钱等方面的损失，严重的甚至受到人身自由等方面的侵害。毕业生只有提高警觉，善于发现，懂得应对，才能确保自身的权益。

**1. 协议（合同）陷阱**

就业协议是明确毕业生、用人单位在毕业生求职择业过程中权利和义务的书面协议，一经签订，对双方都有约束力。就业协议不等于劳动合同，在择业过程中，常见的就业协议陷阱有：用人单位以各种理由不与毕业生签订协议；签订就业协议时，用人单位要求附加补充协议，补充协议只规定了毕业生违约责任；用人单位不依据协议书内容与毕业生签订劳动合同；用人单位与毕业生签订非法合同等。

非法合同严重违反法律，属于无效合同。毕业生要避免陷入非法合同陷阱，以下是常见的非法合同，毕业生要提高警惕。

（1）生死合同：部分用人单位不按照《劳动法》规定的内容履行义务，会在合同中写“工伤概不负责”的字样，逃避责任。签订这类合同往往是工作性质存在一定风险的单位，这类单位存在安全隐患，设施欠全，劳动保护条件差，发生安全事故的可能性大。

（2）“暗箱”合同：这种合同通常不会跟求职者讲明合同的具体内容，尤其是一些私营企业或者个体工商户，签合同时多采用格式合同，不与劳动者协商，只从单位的利益一方面出发，很少或者不会在合同中规定劳动者的权利。

（3）卖身合同：这种合同表现在用人单位与毕业生签订合同时约定，劳动者必须无条件服从单位安排，一旦签订了合同，就失去了人身自由。工作中超强度负荷，加班加点，甚至对吃饭、休息的时间都严格要求，剥夺了劳动者正常享受休假的权利；还有的单位要求劳动者几年内不得跳槽至其他公司等。

（4）霸王合同：这种合同是指侵犯合同制定者相对方权益，减轻或免除制定者方责任或义务，往往同时也违反相关法律规定的格式合同。比如对工作时间的要求，正常以满 8 个小时算，但有用人单位却以满 24 小时算。当劳动者提出质疑时，公司便拿出合同，说解释权在公司。这是典型的以欺骗手段签订的霸王合同。

（5）口头合同：顾名思义，部分用人单位会以口头答应的形式表示雇佣毕业生，但故意拖延签订劳动合同的时间，或者口头提出一定的待遇，但并不实施。有些毕业生碍于自己属于弱势方，不好主动提出签约。殊不知，口头合同是没有任何效力的。

（6）双面合同：一些用人单位与毕业生签约时准备了两份甚至多份合同，一份是假合同，内容按照国家相关法律的要求签订，以对外应付有关部门的检查，但却不实际执行。另一份是真合同，是从用人单位自身的权益出发拟定的违法合同，内容不平等，用以约束劳动者。

【案例故事】

## 小周的劳动合同

小周的第一份工作是医学杂志编辑，准确地说是杂志社编辑 + 助理 + 主任 + 清洁工。刚应聘时，公司负责人说，只要把文章写好，其他啥事不用管。上班不到 1 个月，每天大会、小会不断，讨论的重点是如何健全公司用人制度。小周当时想，制度都没健全还敢开公司？

“半个月就过了试用期，我还是领了一个月试用期工资。”小周说，试用期过后则一直拿试用工资，一人身兼数职不说，还要应酬当公关，也没说签合同的事。

由于始终没有签订劳动合同，公司负责人说，因为人才流动性大，所以“五险一金”的缴纳公司将通过返现金的方式，与员工每月的工资一并发放。

小周认为，大学生毕业的第一份工作还是应该进入制度健全的公司，并且一定要签署好协议或者合同，以保证自己的利益。

**2. 传销陷阱**

传销是指生产企业不通过店铺销售，而由传销员将本企业产品直接销售给消费者的经营方式。这种经营方式是国家明令禁止的。目前，传销大多演变为非法组织以欺骗乃至胁迫手段，靠强收“入门费”敛财。传销组织一般以招工为由，利用大学生勤工俭学或刚刚走出校园，社会经验不足、对生活的期望值过高、渴望事业上有所作为的心态，掩盖非法传销的事实，以“好工作、高收入”而诱惑学生。传销组织多采取扣押身份证、现金、通信工具，限制人身自由等手段，使一些学生或主动、被动迷失于传销旋涡中的人无法自拔。“一夜暴富”“平等”“关爱”等具有迷惑性的口号是传销组织者用来迷惑大学生的“精神鸦片”，他们被变成了财富谎言的俘虏，很多参与传销的大学生甚至被彻底“洗脑”。

**3. 收费陷阱**

一些公司可能规模不大，薪水不高，但却开出了一些诱人的条件。比如说，在某些大中城市工作解决户口问题，希望留在大中城市工作的学生很容易被这样的条件迷惑。双方谈得差不多了，公司又表示，为了增加双方信任，学生工作之前必须交押金或者贷款。待学生交完资金后，又工作一段时间后，公司就表示，聘用之初说定的工作岗位要有些调整，可能把你派到偏僻地区或冷僻部门。公司算准了学生不愿意去，就说学生不服从公司安排，也是主动毁约放弃这个岗位，这样学生交的押金或贷款就收不回来了。还有的单位以毕业生没有工作经验为由对其进行岗前培训，并要求缴纳培训费等，这都是违法行为。

【案例故事】

## 李同学遇到的收费陷阱

已经毕业的李同学在自己签下合同的第一家单位，遇到了一个奇怪的附加条件：办信用卡。

毕业前夕，长沙一家医药公司在李同学所在的学校开招聘会，李同学和多名同学一起与这家公司签订了《就业保障协议》。协议中约定进行4个月的岗前培训，培训后到公司上班。公司要求参加培训的学生以个人名义与某金融公司签订《个人消费贷款协议》，每人贷款一万多元供公司使用，公司每月分期转账到员工卡上用于还款。李同学参加培训后，公司表示职位已满，要求她前往上海工作，如果她拒绝，公司则不再承担接下来的还款任务。

刚从大学毕业的新入职员工通常缺乏社会经验，用人单位要求处于弱势地位的新入职员工以自己的名义办理“消费贷款”或信用卡以套取资金供公司使用，显然是一种严重侵害劳动者合法权益的违法行为。要求入职人员交身份证办信用卡本身就触犯了法律。《劳动合同法》第九条规定，“用人单位招用劳动者，不得扣押劳动者的居民身份证和其他证件，不得要求劳动者提供担保或者以其他名义向劳动者收取财物。”

**4. 试用期陷阱**

劳动法设立试用期的目的在于给予双方以相互考察、相互了解的期限。一般来说，用人单位试用期的薪水一般都不高，待转正后，薪水会有较大幅度的提升。毕业生在试用期内可以随时通知用人单位解除劳动合同，而无需理由，也无需承担违约责任。用人单位只有证明毕业生此期间不符合单位的录用条件才可随时解除劳动合同。但是一部分用人单位正是利用试用期大做文章，主要表现为：①试用期过长或与签订的劳动合同期限不符。②要求毕业生试用期内承担违约责任。③试用期内无正当理由辞退毕业生。④以见习期代替试用期。⑤约定两个试用期。⑥续签劳动合同时重复约定试用期。⑦将试用期从劳动合同中剥离。⑧仅仅订立一份试用期合同。⑨试用期工资低于当地的最低工资。⑩试用期内单位不缴纳社会保险费等。

很多公司为了使用廉价劳动力，抓住毕业生急于找工作的心理，堂而皇之地打出试用期的牌子。表面上看似乎非常规范，待试用期一过，则以种种理由告诉求职者不符合录用条件而将其解聘。这样的公司不断地炒人，毕业生永远不会成为正式的员工。

【拓展阅读】

## 有关试用期的你问我答

问：试用期，公司说多久就是多久？

答：错。试用期长短要取决于劳动合同的期限。如果试用期≤1个月，那么3个月≤劳动合同期限<1年；如果试用期≤2个月，那么1年≤劳动合同期限<3年；如

果试用期≤6 个月，那么劳动合同≥3 年或无固定期限合同；如果劳动合同期限 <3 个月或完成一定工作任务为期限，那么试用期则不成立。

问：试用期内被调整工作岗位，是不是得重新算？

答：不用。试用期在劳动合同上已确定，不能重新设立试用期。调整岗位或部门后，只要继续履行剩余试用期即可。即使双方协商依法变更试用期长短也不用重新计算。

问：试用期工资，企业可以随便给吗？

答：试用期最低工资标准需≥80% 本单位岗位最低档工资，或者需≥80% 劳动合同约定工资，但必须≥用人单位所在地最低工资标准。

**5. 智力陷阱**

少数单位假装招聘员工，按程序对毕业生进行面试，再进行笔试。面试、笔试时，用人单位把所遇到的问题以考察的形式要求应聘者作答或给出设计、策划、翻译等，然后再找各种理由推辞，结果毕业生无一人被录用，单位最终将应聘者的劳动果实剽窃，据为己有。

此种情况主要出现在一些小规模的广告或设计公司。这些公司，因自身缺乏足够优秀的创意，外聘高水平人员又需较大的代价，便想出借招聘新人来获取新鲜创意的点子。

**【案例故事】**

## 如此的智力陷阱

小李是某校医学信息工程专业的学生，毕业后工作了 5 年。由于工作环境等诸多原因，小李准备跳槽到某软件公司应聘程序员。该软件公司的规模四五十人，月薪 8000 元，小李比较满意。招聘过程中，流程非常严格，初试合格后进入笔试阶段。笔试的内容是结合专业知识，使用 JAVA 语言，上机编写一段程序，时间不限，可以上网查询资料，但不能交流，只要能完成目标即可。一个面试的房间里，共有 8 名求职者，每个人的试题不同，几个年轻人无意中发现，看似 8 段程序，其实恰巧能整合成一个项目……

笔试结束后小李再没有接到消息。据了解，其他的几个求职者也没有得到回音。

**6. 工资陷阱**

工资是一个很模糊的概念，毕业生找工作时不要只看表面工资多少，一定要问清楚具 体内容。工资包含的内容很多，如福利、保险、奖金等。有的单位招聘时只说基本工资，其他如奖金、福利、保险等根本不包括在内。有的单位尽管开的工资不低，但保险等需扣除的项目也包括在内。各种扣除之后，最后实际拿到的薪酬并不多。

【案例故事】

## 王苏的第一个月工资

王苏（化名）去年毕业，大四下学期她进入某知名私立医院实习。刚到单位时，优美的办公环境、轻松和谐的氛围都让她觉得工作很愉快。3个月后，王苏以优异的实习成绩顺利进入试用期，然而单位告诉她试用期没有工资，每月只有300元的补贴。

“当时觉得自己能直接进入试用期已经很幸运了，根本没想过钱的事情。”王苏说，那时候还没毕业，单位说拿到毕业证就签合同。毕业后，王苏与用人单位签了劳动合同，转正后底薪1200元，还有绩效工资。但王苏作为办公室人员，不出诊根本没有奖金等额外的收入。第一个月扣除“五险”后，王苏实际拿在手的工资只有780元。

“第一个月工资真是让人永生难忘。”王苏说，血淋淋的现实伤害了她的自尊。她说任何一个正常人第一次拿到工资，看到那个数目都会觉得心寒。“钱握在手里，眼泪和话却只能卡在喉咙里。”王苏说。

**7. 虚假招聘陷阱**

一些招聘会组织者在广告中夸大其词，招聘单位滥竽充数，虚假招聘，“友情客串”，名为招聘，实则借机进行企业宣传，真实目的是通过卖门票或报名费敛财。还有一些小企业为了积累知名度，会不失时机地对企业或品牌形象进行宣传。对于他们来说，租一个展位或刊登一条招聘信息不过几百块，但却能赚足曝光度。其实它们真正的目的并不是想要招聘员工。

【案例故事】

## 招聘中的陷阱

小孙在网上看到一家药品销售公司招聘销售主管，自己也符合招聘条件，于是就去面试这个职位了。层层复试后，她被告知要参加新进推销员的培训。在与公司交流后才发现，所谓的“销售主管”其实就是公司给每一位“销售员”的封号，“主管”原来是招聘公司的“馅饼”。

小朱投简历时选择了一家在本地发展迅猛的大公司，不料最后却等来了另一家小公司。该公司声称其与她选择的公司有合作项目，大公司委托其帮忙招聘。实际上，这家小公司主要是借前者的名气来招揽应聘者，根本就不是为大公司招聘。

**8. “公关”陷阱**

总有人向往省力而又赚钱的行当，骗子公司行骗正是抓住了求职者的这种心理。没有学历、技能要求，只需陪人聊聊天、喝喝饮料就能得到月薪近万元。如此诱惑力极高的招聘广告经常出现在网络、报纸的角落，这些所谓的“公关”公司甚至不惜重金租下高档写字楼作为办公接待场所，给应聘者的第一印象不错，再经过招聘者的三寸不烂之舌，向你表述公关行业的高尚和盛行，渐渐打消了求职者的疑虑，于是求职者便误入了一些非法行业。

**9. 非法职介陷阱**

许多非法职介机构会向求职者收取“服务费”“信息费”等。求职者交钱之前，中介机构会承诺招聘信息浩如烟海，总有适合作的职位。可一旦付了费得到那些信息之后，要么是单位不需要招人、要么是对口职位刚刚招聘完，总让求职者不得所愿。

**【案例故事】**

## 招聘广告引来的骗局

谎称为大学生们介绍暑期工作，每天工资120元，却要求每名学生缴纳150元的服装抵押费。利用这个谎言，30岁的女子刘某，在一个月内骗了50余名大学生。

小王是在沈阳上学的一名大学生，今年暑假期间原本打算回家的他，在网上看到了这样一则信息：“介绍暑期工作，要求应聘者为大学生，工资每日120元。”

随后，小王找到了在某大厦写字间的中介经理刘某。“她当时说能给我介绍到三星公司设在铁西区的一家门店做销售，月结工资，每天能挣120元钱，还能另加提成。”小王说。“但是刘某要求我必须交150元的服装抵押费。我当时也没多想就把钱给她了。之后，她告诉我会在一周内给我安排工作。”小王说。

但是一周后小王给刘某打电话，电话一直处于关机状态。“为了确认这件事情，我还到了三星那家门店，但是他们根本没有收过服装费。”小王说。

发现被骗的小王，随后到派出所报了警。

（资料来源：中国高等教育学生信息网，http：//www. chsi. com. cn）

### （二）就业陷阱的防范

面对形形色色的就业陷阱，毕业生择业时必须擦亮双眼，提高自我防范意识，规避有可能遇到的各种陷阱。

**1. 保管好个人的重要证件和求职材料**

无论什么理由都不要留下身份证、护照原件等重要个人证件、印鉴，更不要随便签名、盖章。犯罪分子往往拿到求职者的个人信息（如身份证号码或复印件、个人联系方式甚至银行账户等）进行非法活动，如直接盗用账户或冒名高额透支，甚至专门做起倒卖个人隐私的生意。

**2. 女大学生要提高自我保护意识**

女大学生一定要避免到僻静或私人场所去面试；不要随便喝他人提供的饮料和搭便车；女伴游、女导游、女接待等都有可能是混淆视听的伪装陷阱，一定要多注意；对于“月薪数万”“免经验”的工作要多加留意，对工作的内容和地点要反复询问清楚，切忌头脑发热；熟人介绍的工作也要提高警觉。问清楚，多打听，心有怀疑就勇敢拒绝。去面试或找工作，地点、时间要告知家人或师友，告诉其自己的行踪。

**3. 注仔细核实招聘信息**

这是解决就业安全问题的重要途径。核实信息的内容包括核实单位信息和核实招聘信息。核实单位信息包括核实单位的名称、资质、地址、联系方式等，避免假公司、假招聘的现象。核实招聘信息主要是核实招聘时间、地点及岗位的相关情况，避免一些不法分子盗用公司的名义进行违法活动。尽量选择信息监管规范、知名度高的网站注册登记求职信息；最好能获得用人单位的固定电话号码，以便核实相关企业信息，参加面试应选择用人单位的办公场所。

**4. 实地考察**

毕业生签约前最好到用人单位进行实地考察，对用人单位的运行情况、拟安排的岗位、工作条件、用工制度以及工资、住房、养老保险等进行详细了解，切忌草率从事。签协议的时候，要对有关试用期的条款保持足够的警惕，一定要把单位承诺的待遇写清，要么在协议书的备注栏里，或另外单独写在附页上，一定要双方都签字、盖章并各留一份，以保护自己的利益。

**5. 选择正规招聘渠道**

一定要通过正规渠道找工作，多参加政府、高校或专门对应届毕业生组织的大型招聘会。同时，毕业生在发布个人信息时要选择信誉好的网站，因为有些不负责的网站会随意公开求职者的信息，给不法分子以可乘之机。

大学生择业时一定要了解常见陷阱，并规避求职陷阱，不要被眼花缭乱的表面现象所迷惑。择业时要理性、果断，科学进行评判，不要相信天上掉馅饼的神话，遇到好的机会要毫不犹豫，努力在事业之路上走出一条优美的弧线。

**【训练活动】**

## 就业断案小法庭

**一、组织办法**

学生自由分组，结合所学内容，通过搜集相关信息，模拟不同的求职陷阱，仿照法庭判案的形式，组内成员进行角色分配。要求以小品的形式展示，小品最后由表演者进行总结，并阐述如何避免落入此陷阱的方法。

**二、活动总结**

表演结束后，其他小组对表演小组进行点评和总结。

**【实践拓展】**

## 劳动合同法知识测试

马上找工作了，了解《劳动合同法》常识非常必要。现在从网上搜一下《劳动合同法》的条文，了解一下大致要点，然后做下面的判断题。

1. 劳动者与用人单位已建立劳动关系，未同时订立书面劳动合同的，应当自用工之日起一个月内订立书面劳动合同。（ ）

2. 劳动合同类型可分为有固定期限劳动合同、无固定期限劳动合同、以完成一定工作任务为期限的劳动合同。（ ）

3. 用人单位自用工之日起满一个月不与劳动者订立书面劳动合同的，视为用人单位与劳动者已订立无固定期限劳动合同。(    )

4. 用人单位违反《劳动合同法》规定不与劳动者订立无规定期限劳动合同的，自应当订立无固定期限劳动合同之日起向劳动者每月支付两倍的工资。(    )

5. 在法定休假日劳动的，按照不低于工资的300%支付加班工资。(    )

6. 用人单位与劳动者协商一致，可以变更劳动合同约定的内容可以采取口头形式。(    )

7. 劳务派遣单位和用工单位可以向被派遣劳动者收取一定的费用。(    )

8. 用人单位招用与其他单位尚未解除或者终止劳动合同的劳动者，给其他用人单位造成损失的，应当承担连带赔偿责任。(    )

9. 劳动者对工资支付承担举证责任。(    )

10. 用人单位应当按时缴纳工伤保险费，职工个人不缴纳工伤保险费。(    )

参考答案：1. √　2. √　3. ×　4. √　5. √　6. ×　7. ×　8. √　9. ×　10. √

【本章小结】

面对逐年递增的毕业生人数，高校毕业生除了要面对就业难的压力，还会遇到就业权益等相关问题。因此，毕业生除要提高自身的专业知识和求职技能外，还要掌握与自身相关的法律知识，以确保成功就业。

【资源拓展】

《中华人民共和国劳动合同法》

【课后作业】

## 就业协议与劳动合同找不同

结合所学内容，采用列表形式，比较就业协议与劳动合同的异同，同学之间互相考查。

# 第八章 角色转换与职场适应

【学习目标】

1. 掌握职场适应的内容。
2. 熟悉合格职业人的标准。
3. 了解大学生与职业人的角色区别。

【导入活动】

## 职场成熟度测试

王某是某大型药企的一个项目负责人，在项目推进过程中需要与另一个部门合作完成，而与他直接合作的是一位年轻女孩。每次意见不合的时候，那个女孩就会很不高兴，甚至会在办公室对他大发脾气。王某一直告诫自己要忍耐，但是情况越来越糟糕。如果你是王某，你会怎么办?

A. 下次再出现这种情况时严厉告诫她，让她知道你不是好欺负的。

B. 找个机会和她单独谈一下，要她以后注意分寸。

C. 不跟她计较。如果还遇见这种情况，冷静地跟她一起讨论、分析。

分析参考：

选 A. 职业成熟度不高。

有意发脾气无非期望两个效果：一是强势解决工作分歧，二是较真儿。解决分歧，说服和沟通最有效；冷静平和才会彰显出成熟和分量。

选 B. 职业成熟度还不错。

性格较急的人发脾气是习惯，期望一次沟通就解决问题是不现实的。解决习惯问题的办法是尽量用你的情绪带动她。

选 C. 职业成熟度很高。

明白一味争吵不是解决问题的良策，明白企业是组织，团队合作重于一切。

【案例故事】

## 转换角色，适应职场

药学专业的小宋即将毕业，在一个制药企业实习。单位给她配了一个导师，指导实习过程中遇到的问题。

令小宋感到奇怪的是，导师不太热情，自己有问题请教的时候他似乎不太愿意解答。小宋心里不太高兴，如果自己知道还要请教导师吗？再说自己是新人，怎么这么不照顾晚辈呢？

其他的同事也是这样。如果小宋多问了几句，他们就很不耐烦。想想在学校的时候，事无巨细都可以问辅导员老师，而老师从来都是耐心解答。为什么出了学校就没任何庇护的东西了呢？

不过小宋很快调整了心态，学着独立解决问题。实习结束，实习单位出具的实习鉴定用了“学习能力强，面对困难勇于克服”等评价很高的语句。

待小宋回到学校写论文时突然发现，很多以前要去问老师的问题，现在都能独立找到答案了。小宋这才明白，自己实习初期的“愤愤不平”不过是一种孩子气的表现。在职场没有长辈，只有前辈；没有呵护，只有独立。这些听起来挺残酷，却给了自己最真实的锻炼。

## 第一节　角色认知与角色转换

大学生从校园步入职场，一切都发生了变化。离开校园，大学生的角色发生了转变，社会的要求也发生了变化，这样原有的思维模式和行为习惯也要随之改变。那么，即将走出校园的大学生如何调整自己去迎接未来的挑战呢？

### 一、角色认知

职业角色，简单地说是一个人的身份，是指与人们的某种社会地位、身份相一致的一整套权利、义务的规范与行为模式，是人所处的相应社会关系的反映。不同的职业角色有不同的行为规范和要求。就业前，社会角色往往是学生，社会会以学生的要求衡量和评价其行为；就业后，角色是职业人，社会会以职业人的行为规范和要求衡量和评价其行为。

学生角色与职业角色的区别主要体现在七个方面：承担责任不同、社会规范不同、社会权利不同、活动方式不同、生存环境不同、人际关系不同和文化氛围不同。

#### （一）承担责任不同

大学生以学习、探索为主要任务，即使做错了也不会承担过多的社会责任。无论学习还是生活，基本都有所依靠。

职业人以其特定的身份去履行职责，依靠自己的本领或技能为社会和他人服务，以完成工作来体现。职业人必须适应社会，服从管理，工作中犯了错必须承担成本和风险，以及相应的社会责任。

#### （二）社会规范不同

学生是受教育者，违反角色规范时主要以教育为主。

对职业人来说，社会对职业角色的规范更严格，违背了就要承担一定的社会责任，甚至法律责任。

### （三）社会权利不同

学生角色的权利主要是依法接受教育，并取得经济生活的保证或资助。

职业人角色则是依法行使职权，开展工作，并在履行义务的同时获得报酬。

### （四）活动方式不同

学生角色接受的是外界的给予，即接受和输入，主要是要求学习和理解。

职业人角色是运用自己的知识和能力，向外界提供自己的劳动，即运用和输出，要求结合实际创造性地发挥水平。

### （五）生存环境不同

职业人在紧张的职场上面临的社会环境是高频率的生活节奏，紧张的工作和加班；没有寒暑假，自由支配的时间少；要承受不同地域的生活环境和习惯；因缺乏经验，开始工作时往往不能得心应手；感觉工作、生活压力显著增加。

“外面的世界很精彩，外面的世界很无奈”。大学生告别校园，踏上新的工作岗位，意味着学习、工作、生活环境的转换，意味着一个正式社会成员的产生，意味着大学生拥有了一个全新的角色。

在大学生心中，学校是永远的安乐窝，是家庭的延伸，“母校情结”挥之不去。部分大学生甚至毕业后仍徘徊于校园甘当“校漂族”。但学校始终都只是一个驿站，所有的大学生终究要走向职场，接受社会考验，成为社会人。学校生活与职场环境有很大差别，正是这些差别使得学生难以进入“职业人”状态。

学校与职场环境的比较见表 8－1。

**表 8－1　学校与职场环境的比较**

| 内容 | 学校 | 职场 |
|---|---|---|
| 人际环境 | “熟人型”环境，同学、老师相互较了解，人际关系简单 | “陌生型”社会，除同事外，还有客户和其他相关社会人 |
| 存在基础 | 学生间、师生间没有直接的利益关系，是互助互利的短期结合 | 以利益往来和利益交换为存在基础，共同实现组织目标 |
| 核心目标 | 培养和输送人才的非营利性机构，以教育为主要目标 | 开展商业等经济活动，以创造经济价值为主要目标 |
| 工作要求 | 个体学习为主，要求个人成长和取得好的学习成绩 | 团队协作为主，要求个人奉献和获得组织业绩增长 |

### （六）人际关系不同

处理好人际关系是每个大学毕业生走上社会后必须学会的课题。初出茅庐，人际交往比较单纯，社会上的人际关系相对于大学的同学关系要复杂得多，一时会感到不适应。事实上，不同的环境对人的影响和要求也不同。

### （七）文化氛围不同

在大学里，学习时间可弹性安排，学习以知识为导向，以抽象性、理论性为主。

职业人有严格的上下班时间，不能迟到、早退，且经常加班加点，节假日很少休息，工作任务急而重；一切以经济利益为导向；要完成上司或老板交给一件件具体任务。

## 二、角色转换

大学生的角色转换大致需要经历两个过程，即从毕业到见习，一是毕业前夕的“半职业化”角色转换；二是见习期（试用期）的角色转换。在不同阶段，大学生需关注和努力的方向有所不同。

### （一）毕业前夕的“半职业化”角色转换

努力向身边从事同类工作的人学习。

1. 努力把所学专业知识用到实习工作中。
2. 努力从具体工作中积累经验。
3. 努力对实际工作中的经验进行总结。

### （二）见习期（试用期）的角色转换

1. 重视岗前培训这一重要环节。
2. 重视身边的资深员工。
3. 重视身边入职三年之内的同行。
4. 重视身边的“非物质”资源。

总体而言，从大学生到职业人的角色转换可归纳为“五个转变”（图 8 –1）。

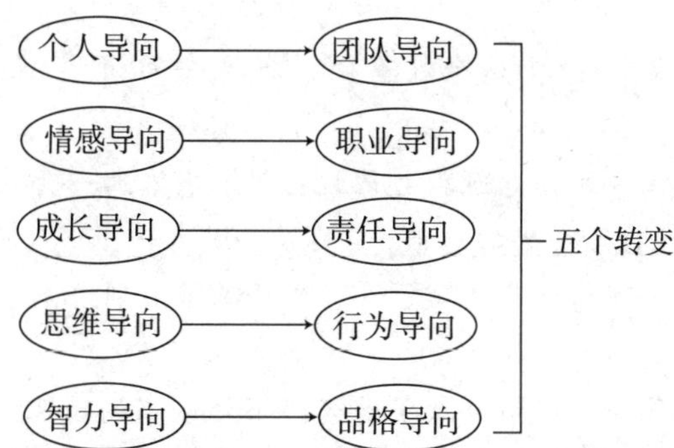


**图 8 –1　从大学生到职业人的“五个转变”**

（资料来源：百度人力资源总监鲁灵敏）

【训练活动】

## 适者生存

**一、活动时间**

30 分钟。

**二、活动道具**

桌子 1 张，凳子 1 把，手机两部，模拟书店、20 本书。

**三、活动人物**

吴思、高明、总经理、经理秘书、书店老板、书店员工 2 名、同事 2 名。

**四、事件**

吴思和高明刚进入医药企业。

吴思与高明都是应届毕业生，同时受雇于一家医药企业。两人的起点一样，都是从最底层做起。可是不久情况发生了变化。吴思得到总经理的赏识，一再被提拔，很快从基层医药代表做到了医药主管。高明却仍然在底层，做着最累又经常出差的工作。

旁白：有一天，高明终于忍受不了了，向总经理秘书提出辞职。其他两位同事都劝他冷静。总经理弄清楚高明辞职的原因后，为了让他心服口服，想出了一个办法。

他对高明说："在你正式辞职前，请你再为我做几件事。你现在到书店去看看今天有什么新进的书。"

高明匆匆地跑出去，回来告诉经理："书店有新进书"。"进了多少?"总经理问。

高明道："呃，等一下，我立刻再去问!"

高明问书店老板："你好，今天进了多少书?"

员工见有客人兴高采烈地介绍新书的情况："一共进了 20 本，还拿了几本给高明看，你要哪一种……"话还没说完，高明便说："好了，我还要去汇报呢。"

再一次回到总经理办公室，高明说："我问到了，一共进了 20 本新书。"总经理再问："有什么种类?"

高明抓抓头，面露难色："这个没有问，我再去问问。"又第三次匆匆地向书店跑去。

等高明气喘吁吁跑回来时，总经理对他说："你先休息一会儿，看看吴思是怎么做的。"说完，他叫秘书拨打了吴思的电话："吴思，进来一下。"

吴思敲门进来，总经理对他说："吴思，你现在马上到书店去，看看今天进了什么新书。"

吴思到了书店，客气地向老板详细了解今天书店进书的情况。

吴思问："老板，今天有没有进什么新书？有多少种，数量是多少?"

书店员工高兴地说："小伙子，跟你说，今天进的种类很多，共 20 本，你看看需要哪一种，多少本，还可以打折呢，你看看。"（吴思一边听一边翻着新书）

吴思："嗯，都不错。""我先回去跟总经理讨论一下。顺便我带两本做样品给总经理看看。"

老板乐呵呵地说："可以可以。"

吴思很快就从书店回来，将在书店了解的情况详细地告诉了总经理，并将书店老板的联系电话告诉了总经理。告知总经理若要订书，可以直接跟他联系。

总经理频频点头。

目睹了这一切的高明，羞得面红耳赤。

小结：初涉职场的我们懵懂无知，高明未能从自身出发寻找职场失败的原因，而是采用被动的处事态度，这样的员工我们不禁要问：他怎么会这样？究竟有没有工作力？他能干什么？因此，想主宰人生职场的我们，必须主动思考，做一个有智慧的人，这样才能在激烈的竞争中生存。

## 第二节　职场适应

初入职场，每个人都会遇到各种各样的问题，如找不到发展方向、缺乏工作兴趣、人际关系复杂、薪资低、企业文化难以融入、经常加班透支健康、无法胜任工作、个人发展空间小、知识有限、进步较小、工作压力太大等。要避免问题的出现，不仅需要做好从大学生到职业人的角色转换，还要尽快适应新的环境和角色。总体来说，职业适应包括心理适应、生活适应、工作适应、人际关系适应、技能适应和独立生活六个方面。

### 一、心理适应

作为准职场新人，你是否有入职恐惧症？如何尽快适应环境，与同事建立较好的人际关系？如何在较短的时间内融入新组织、新团队，做好心理适应是第一步。

#### （一）适当调节心理预期

心理预期过高，易感到理想与现实之间差距巨大，这种差距很容易增加内心的失落感，容易对工作失去信心。因此，要多运用积极想法进行自我暗示。凡事都要循序渐进，学会耐得住寂寞，多听、多看、多学，避免因心理落差而丧失对工作的热情和积极性。

比如，你去医院实习，可能要从最基本的抄药方、抓药开始做起。这些表面看起来可能用不到在大学期间学到的知识，但在做的时候要多思考、多请教，切不可高估自己，眼高手低，最后大事做不来，小事不愿做。

#### （二）寻找或创造被动性压力

人都是有惰性的，靠主动性的意志力克服惰性需要极大的毅力，为了心理健康着想，建议还是多多选用被动性压力法。比如你已经找到工作中可以锻炼问诊的技能了，要怎样才能逼迫自己一定做好呢？这就需要你主动去选那些不得不做好的任务了，比如在主任比较忙的时候先对病人做初诊，再与主任的诊断进行比对，不要害怕自己会犯错误，有时候要克服惰性，就要给自己更大的压力。

### （三）敢于面对挫折和失败

有的职场新人进入一个新环境会不知所措，如果犯了错误受到批评，会使工作积极性受到很大打击，从而怀疑自己的能力。这时要勇于面对失败，增强战胜困难的勇气。可以尝试给自己一些积极的心理暗示，如“我有能力可以做好这件事”；不要放大自己的错误，要用学习的心态总结经验；学会发现自己的闪光点，及时肯定自己。

### （四）找准自己的“非正式”团队角色

职场新人要找准自己在团队中的角色，这有利于尽快适应新的职场环境。比如你是个比较幽默、擅长自嘲、能够活跃团队气氛的人，就可以充当团队气氛调和剂的角色，在医药行业如此高强度的工作之余，自嘲一下往往会让团队氛围更轻松，让老同事们尽快接纳你。如果你性格内向、态度谦和，可以很容易找到“后勤保障”的角色，早班打水、晚班打饭，借此机会向老同事讨教工作经验，帮助自己快速成长。

### （五）树立恒心和耐心

大学生刚毕业满怀理想和志向，追求和渴望事业成功，这是一种可贵的精神。但必须把心态调整好，不要急于求成，不要幻想短时间内就能顺利实现自己的愿望。很多人在自己的努力没有获得相应回报时缺乏恒心和耐心，觉得这个工作没有前途，故而滋生浮躁心理，产生跳槽的想法。遇到这种情况，要坚持，把工作做得好上加好，一段时间后，你的工作一定会得到领导赏识，职位、薪酬都有可能得到提升。急于求成的浮躁心态是事业成功的大忌。

## 二、生理适应

步入职场，毕业生的角色就从学生转变成职业人，对此以往的生活、习惯也要随之改变。如果仍像以往那样犯懒病、娇病、馋病，都有可能带来不良后果。为了事业，职场新人要自觉调整生活作息，按照工作岗位的要求上下班，严格遵守各项规章制度。

## 三、职位适应

初入职场的新人容易将事情看得简单而理想化，对新岗位估计不足。当按照过高的目标接触现实环境时，往往很多事情让他们的理想碰壁。因此，初入职场后，要根据现实环境调整自己的期望值和目标。只有知晓自己的职业目标，了解所扮演的角色，懂得如何强化自己，并努力钻研，才有可能获得更好的发展。

## 四、知识技能适应

刚入职场的新人从学历上看往往比很多前辈要高，但工作技能却不尽如人意。在学校，学习的知识以理论为主，到了职场注重的是动手能力和经验的积累。因此，每一位职场新人都必须进行再学习，树立终身学习的理念。只有不断学习，掌握新的技能，才能在激烈的竞争中立于不败之地。

## 五、人际关系适应

卡耐基曾说过："个人的成功，只有15%是基于专业知识，而剩下的85%靠的是人际关系和处世技巧。"刚步入职场的新人最容易犯的毛病是眼高手低。心理学研究表明，每个人都希望得到他人的赞扬，不喜欢被他人指责。所以与人交往时，要学会真诚地赞扬和欣赏，不要总是抱怨、指责。无论对领导还是同事，无论是喜欢的人还是不喜欢的人都要做到彬彬有礼。对待年长者，要尊称"老师""师傅"，因为他们身上有很多经验值得你学习。要想营造良好的人际关系，在心态上要谦虚有礼，不卑不亢；在方法上要思路明确，微笑待人，乐于助人；在行动上要多听多看，少说多做；在思维上要换位思考，主动学习。

## 六、独立生活适应

成为职业人后往往需要自己处理衣、食、住、行等一切事务，这是无法回避的一种能力训练。要学会主动调节生活节奏，养成良好的生活习惯，合理安排业余生活，尽快适应新的环境。

在职场还要注意以下事项。

**1. 不要无所事事**

当你信心满满地进入公司后，随即发现没有人管你了，似乎自己也不知道该做些什么。其实，在试用期，领导和周围的人都在观察你，你要以最快的速度熟悉公司业务，如工作资料、部门条例、周围环境、公司制度、企业文化、组织架构等，尽快融入新的集体。关键的是要把时间用在业务的熟悉上，能在短时间内独立完成工作。

**2. 工作时间不能聊天**

初入职场的新人对公司会产生陌生感和好奇感，希望尽快与周围人打成一片，常常有想跟同事聊天的想法。需要注意的是，工作时间是不可以聊天的。现代企业工作节奏快，任务重，没有聊天的时间。可以利用午餐、间操等时间进行沟通，以尽快融入集体。

**3. 在规定时间完成工作任务**

进入职场后，工作任务会接踵而来，即使是职场新人也要按照规定，保质保量地在规定时间内完成工作任务。如果没有完成，也不要找理由推卸责任。

**4. 遇到困难敢于求助**

如果工作中遇到这样或那样的困难，不要因为爱面子而隐瞒，要坦诚地说明原因和困难，积极寻求帮助，不能因为自己任务完不成而影响整个团队的进度。

【知识链接】

### 给职场新人支招

在某药业公司，小李的职责是配合销售部和市场部开展工作。前不久，市场部策划的大型节日让利活动正式开始，可销售部反馈的信息是客户对此活动并不"感冒"，不像市场部预期的那样能积极要货，一些老客户甚至明确拒绝要货。

市场部认为，小李没有做好传达活动精神的工作；销售部认为，小李是在替市场部向他们施压。公司总结活动失败的原因时，两个部门不谋而合地把责任归咎于小李工作不力，这让小李感到十分委屈。于是小李愤而辞职。

问题：小李的问题是什么？如何解决？

专家支招：

作为协调人，有时确实要为部门间的冲突做一些缓冲工作。在这件事上，如果小李不想让自己受一点委屈，就要由两个部门中的一个承担责任，其结果可能会对公司的整体运营产生很大的负面影响。

其实，小李不必这样委屈，关键的是要让自己的部门主管知晓事情的原委。自己暂时受点委屈，但能使部门之间不出现大的冲突，不影响公司的整体运营，领导是不会看不到的。

事实上，绝对公平是不存在的。在职场上，受委屈、看脸色往往与工作密不可分。“现实充满不公平现象，你先不要想去改造它，只能先适应它。”学会理解，恰当处理委屈，既是耐受挫折能力不断提高的过程，也是职场适应过程中所要经历的。

【训练活动】

## 化蛹成蝶

### 一、活动目标

了解跨出大学校门后，尽快完成从“学生”到“职业人”的角色转变。

### 二、活动说明

步骤一：使用角色模型，将自己的名字写在中央，然后在外面的圆圈里写下你对“职业人”这个角色的渴望和感受（图8-2）。

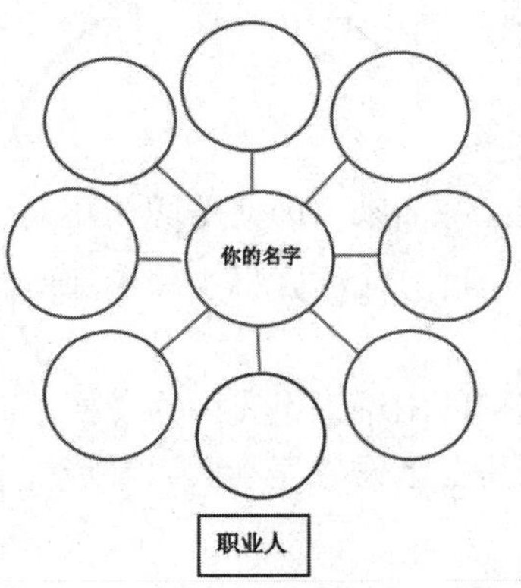


图8-2　角色模型

步骤二：列出一份备忘录，以随时提醒自己在未来的职业生涯路上会面临的困难，以及如何克服（表8-2）。

表8-2　职业生涯面临的困难与克服方法

| 可能面临的困难 | 如何克服 |
| --- | --- |
|  |  |

## 第三节　合格职业人的标准

所谓职业人，就是参与社会分工，自身具备较强的专业知识、技能和素质等，并能够通过为社会创造物质财富和精神财富，而获得其合理报酬，在满足自我精神需求和物质需求的同时，实现自我价值最大化的这样的一类群体。

一般说来，大学生能否顺利就业并取得成就，很大程度上取决于其职业素养。职业素养越高的人，获得成功的机会越多。例如，宝洁公司强调的是员工的自身素质，包括诚实正直、领导力、勇于承担风险、积极创新、发现问题和解决问题的能力、团结合作能力、不断进取等。索尼公司的企业文化核心是自由、创新，员工要具备好奇心、冒险精神、执着精神和乐观精神。海信公司选人不拘一格，不看出身，最看中的是企业的文化取向，即首先要认同海信的企业文化，不仅要有事业心，还要有学习精神。

要想做一个合格的职业人，需具备相应的职业素质。

### 一、良好的职业形象

良好的职业形象的标准是：与个人职业气质相契合，与个人年龄相契合，与办公室风格相契合，与工作特点相契合，与行业要求相契合。个人举止要在标准的基础上，在不同场合采用不同的表现方式。个人装扮也要做到在展现自我的同时尊重他人。

#### （一）学会印象管理

**1. 讲求着装艺术**

在着装上，要尽量像行业成功人士，宁愿保守也不可过于前卫、时尚。事前要了解该行业和企业的文化氛围，把握好特有的办公室色彩，谈吐举止中要流露出与企业、职业相符合的气质；注意衣服整洁干净，尺码适度。

**2. 成熟稳重**

成熟稳重是职业形象的关键。日常工作中要注意表现出成熟的一面，尽量避免脸红、哭泣等缺乏情绪控制力的行为，这不但会显露出脆弱、缺乏自制力，更会破坏公司形象。谈吐要表现出足够的智慧、幽默、自信和勇气，少用“嗯”“呵呵”等语气词。

**3. 管理好办公环境**

办公桌要井井有条，以显示出高效率和高掌控力。

**4. 提升个人的人格魅力，树立良好的职业形象**

（1）要充满自信，走路时抬头挺胸，目光坚定，神情愉悦，给人以干练之感。

（2）要乐于助人，除恪尽职守外，要关心同事和主管的工作需要，主动提供帮助，鼓励和支持工作伙伴。

（3）压力面前要冷静，沉着对待。

（4）懂得倾听，理解对方传达的信息，别人讲话时不插嘴，用点头、微笑等方式予以回应，或记下要点。

【小贴士】

## 懂得服装语言，树立良好职业形象

**一、职业人的服装语言**

穿着是个人仪表的组成部分，如何选择衣服和着装是形象管理的首要任务。一些小提示会让你懂得职业人的服装语言。

1. 深蓝色或深灰色的西装配白色或浅色内衣（男士）。
2. 小碎花衬衣、领带，或女式衬衣、围巾（女士）。
3. 布料、质地讲究，色彩不要太多。
4. 深色鞋、袜。
5. 精心选择的首饰（女士）。
6. 淡妆但线条清楚（女士）。
7. 宁取传统不取流行。

**二、总的原则**

记住3个“A”。

Aesthetics（美观）：能衬托你的身段和肤色，颜色、质地、纹理上下彼此和谐。

Appropriateness（合适）：想一下赴会的场合、时间、地点、天气、文化和要会面的人对你的期望。

Attitude（状态）：穿着能够体现个人气质和公司性质。

### （二）提升职业素养

职业素养是决定人能否有潜能在职场上步步高升的必要条件。职场新人不仅要提高职业技能，还要通过自我提升完善综合素质，将个人的成功与组织的成功联系起来。

**1. 专业功底必须扎实**

闻道有先后，术业有专攻。人们常常无法原谅专业常识性的错误。如果一个销售人员对本公司产品了解不够，向客户介绍时结结巴巴，缺少基本的谈判和沟通技巧，就说明他的专业素质非常欠缺。但是不是只有专业的教育背景才能让人更专业呢？事实上，实际工作中的磨炼才是提升专业素质的最好途径。

**2. 敬业心和热情是第一准则**

一个人对工作的敬业精神和投入热情是衡量其职业素养的第一准则。对工作要120%的投入，要确保完成上级交给你的任务。比如，第二天一早要交的方案，即使通宵加班也必须完成。不仅要做好分内工作，还要主动承担更多任务，让大家分享你的劳动成果。

工作并不是生活的全部，只有具备高度的责任心和较高的工作效率，才能有效展现才能。对工作要抱有无怨无悔的态度，每一件看似细小的工作都可训练人的功力，并积累经验。

如何始终保持较高的工作热情，首要的是看你的兴趣和价值观是否与企业宗旨相符。如果选择了一家与自己兴趣、价值观相差很远的公司，一定是件非常痛苦的事，再努力也难以创造奇迹。只有融入才能享受，当你跟企业“风骨”真正地合为一体，在价值观相同的团队里奋斗时，才能真正享受工作，享受生活。

**3. 细节之中见真功**

细节决定成败。即使专业功底和专业精神都备齐，但细节上出现一点点疏忽，也往往会影响大局。很多时候，给客户留下最初印象的不是你这个人，而是你的计划书、邀请函或其他文字资料。只有把它们做得尽善尽美，才能赢得对方的信任。

一个职业人是否具备职业素养，往往与其个人修养有很大关系。一个人的言谈举止、与人打交道的方式都在传递着职业化信号。比如简简单单的“守时”，无声中就能反映出专业素质。职业素养还体现在其他点点滴滴，提升并不难，关键要看是否有持之以恒的毅力和耐心。

## 二、较强的职业技能

职业技能是指所从事的职业所需的技术和能力。是否具备良好的职业技能是能否顺利就业的前提。职业技能包括职业所需的专业技能，以及时间管理能力、有效沟通能力、客户满意与服务能力、分析问题与解决问题的能力等。这些技能既能体现职业人对待所从事职业的态度，又能体现出专业性，有助于提高工作效率。

## 三、积极的工作态度

任何单位都要求其员工勤奋努力，具备良好的工作态度。良好的工作态度要遵循的原则是：①坚持原则：工作中会遇到很多矛盾和问题无法处理，这时要坚持原则，按照公司的规章制度办事。②服务精神：目前，越来越多的企业把服务意识作为员工的基本素质之一，不仅包括服务外部客户还包括服务内部员工。无论是谁，都必须有服务意识。③积极主动：要做合格的职业人，不仅要努力完成本职工作，还要积极争取额外的任务。只有这样，才会得到领导重视，获得职业发展的机会。

## 四、较强的团队合作精神

团队合作是大学生转换为职业人的必备职业素养之一，也是职业人工作的一种重要方式。职业人做任何一件事都不是单枪匹马，而是一个团队合作完成的。团队不仅有共同的目标，确保领导的唯一性；还有明确的团队分工和详细的规章制度。合格的职业人能够明确自己在团队的定位，营造良好的工作氛围，与团队成员分享工作经验，做到取长补短，共同为团队发展作出贡献，实现团队目标。

## 五、较强的时间管理能力

人生中最宝贵的两项资产一是头脑，二是时间。当工作的内容越来越多的时候，问题就出现了，那就是时间不够用，导致经常加班。为此，应具备时间管理能力。管理时间水平的高低在一定程度上决定事业的成败。

有效管理时间是一项重要能力，能使你合理安排生活，善用时间，朝既定目标前进而不致迷失方向。管理学大师彼得·德鲁克教授曾说过，效率是以正确的方式做事，效能则是做正确的事，两者不能偏废，但当两者不可兼得时，我们首先应着眼于效能，然后再设法提高效率。进行时间管理时，要遵循两个原则：一是要做事而非做急事；二是把时间花在最有生产力的地方。巴莱托（8020）定律认为，人们应该用80%的时间做能带来最高回报的事情，用20%的时间做其他事情。

## 六、有效的沟通交流能力

职业人的工作常常是与团队成员共同完成的，工作过程中还会与其他部门发生联系，会遇到很多矛盾和问题。如果沟通不畅，或不懂得如何沟通，则会影响团队目标的实现。如果与领导的沟通渠道不畅，则会导致执行力不高等情况。因此，有效的沟通交流能力是大学生向职业人转换必备的职业素质。

【训练活动】

### 时间管理

**一、活动目的**

了解时间管理的能力。

**二、活动内容**

1. 按照人到60岁退休计算，看看你还有多少工作时间。

我的生命已经用去（　）天。

我还可工作的时间是（　）天。

2. 假如今年是你生命中的最后一年，你打算如何度过。

3. 计算一下你的时间价值表（表8-3）。

**表8-3　时间价值表**

| 年收入（万元） | 年工作时间（天） | 每天工作时间（小时） | 每天价值（元） | 每小时价值（元） | 每分钟价值（元） |
|---|---|---|---|---|---|
| 2 | 254 | 8 | 78.74 | 9.84 | 0.16 |
| 4 | 254 | 8 | 157.48 | 19.68 | 0.33 |
| 6 | 254 | 8 | 236.22 | 29.52 | 0.48 |
| 8 | 254 | 8 | 314.96 | 39.36 | 0.66 |
| 10 | 254 | 8 | 393.70 | 49.20 | 0.80 |

## 三、总结

时间具有的特征是无法储蓄积累、无法替代、无法失而复得、供给毫无弹性。

## 四、讨论

时间不够用的原因是什么，你真的很忙吗？

1. 时间不够用的原因

(1) 缺乏计划。

(2) 行事优先级错误。

(3) 事必躬亲。

(4) 沟通不良。

(5) 会议太多。

(6) 拖延。

(7) 不好意思拒绝。

(8) 电话干扰。

(9) 文件满桌，找不到。

(10) 出差太多。

(11) 午餐吃得太饱或太久。

(12) 上司找麻烦。

2. 拖延时间的借口

(1) 期限未到，急什么？

(2) 它太令人感到不愉快。

(3) 它很难。

(4) 目前我很忙，匀不出时间做那件事。

(5) 此事重大，我怎么能贸然行动呢？

(6) 我现在没心情做这件事。

(7) 我在压力下工作绩效较佳。

(8) 行动前我要先休息一下。

## 五、时间的管理

1. 时间管理矩阵（表 8－4）

**表 8－4　时间管理矩阵**

| 时间管理矩阵图 | 紧急 | 不紧急 |
| --- | --- | --- |
| 重要 | 危机<br>紧急的问题<br>有限期的任务、会议<br>准备事项<br>…… | 准备事项<br>预防工作<br>价值观的澄清<br>计划<br>关系的建立<br>真正的休闲充电<br>自主管理 |

| 时间管理矩阵图 | 紧急 | 不紧急 |
| --- | --- | --- |
| 不重要 | 干扰，一些电话<br>一些信件、报告<br>许多紧急事件<br>许多凑热闹的活动<br>…… | 细琐、忙碌的工作<br>一些电话<br>浪费时间的事<br>“逃避性”活动<br>无关紧要的信件<br>看太多的电视 |

2. 有效利用时间的技巧

（1）要事第一。

（2）以最终的结果来开始行动。

（3）学会说“NO”！

（4）学会对付不速之客。

（5）减少冗长的会议。

（6）办公桌上的“5S”运动 。

3. 时间管理的工具

（1）月历。

（2）行事历与甘特表。

（3）效率手册。

（4）商务通与订房卡。

（5）闹钟。

（6）其他工具。

4. 每日事务清单（表 8 – 5）

**表 8 – 5　每日事务清单**

| 待完成事务 | 优先度 | 计划时间 |
| --- | --- | --- |
| …… | …… | …… |
| | | |
| | | |
| | | |

【实践拓展】

## 看电影，悟职场

观看电影《杜拉拉升职记》，写一篇观后感，谈谈你对职场规则或禁忌的看法。

【本章小结】

本章介绍了大学生与职业人的角色认知与角色转换；提出心理适应、生理适应、职位适应、知识技能适应、人际关系适应和独立生活适应六方面的职场适应建议；提出合格职场人的标准，包括良好的职业形象、较强的职业技能、积极的工作态度、加强的团队合作精神、较强的时间管理能力和有效的沟通交流能力。

【资源拓展】

用手机“扫一扫”下面的二维码，用浏览器打开相应网址，进入视频课程学习职业化形象的快速建立。

【课后作业】

## 上班第一天的准备

上班第一天，你准备如何适应职场环境，如何表现自己。

上班第一天，我准备……

穿着要做到：________________________

衣服：________________________

鞋子：________________________

仪容：________________________

与同事相处要注意：________________________

与领导相处要注意：________________________

一天的时间管理：________________________

一天的任务管理：________________________

# 主要参考文献


[1] 张伯礼，王启明，卢国慧．新时代中医药高等教育发展战略研究［M］．北京：人民卫生出版社，2018.

[2] 曹敏．大学生职业发展与就业指导［M］．长沙：湖南科学技术出版社，2017.

[3] 翁德明，傅晓龙．大学生职业发展与规划实训教程［M］．北京：现代教育出版社，2014.

[4] 苏文平．大学生职业生涯规划与就业创业指导［M］．北京：中国人民大学出版社，2018.

[5] 张晖怀．大学生涯与职业发展规划［M］．北京：现代教育出版社，2012.

[6] 王玉花．新护士岗位胜任力模型指标体系的构建［J］．护理学杂志，2014（29）：78－81.

[7] 王云龙，孙佳炎，邢传波．大学就业指导教程［M］．哈尔滨：哈尔滨工程大学出版社，2010.

[8] 张常洁，吴琼．当代大学生就业心理状况及其影响因素探索［J］．课程教育研究，2018（39）：244.

[9] 赛吉拉胡．大学生就业心理问题的社会心理学分析［J］．心理月刊，2019，14（14）：31.

[10] 徐俊祥，黄敏．成功就业——大学生就业技能实训教程［M］．北京：现代教育出版社，2017.

[11] 于颖，吕静波，李雪．大学生就业心理调查分析［J］．智库时代，2019（28）：182－188.

[12] 陈文福．当前我国大学生就业心理问题的调适及化解［J］．佳木斯职业学院学报，2017（12）：441－442.

[13] 侯楚瑶．新常态下高校毕业生就业心理问题及对策研究［J］．经济研究导刊，2018（19）：175－177.

[14] 王玮，汪洋．明天的工作在哪里　大学生就业指导与心理调适［M］．北京：中国宇航出版社，2014.

[15] 陈刚，董塔健．大学生就业指导［M］．北京：中国中医药出版社，2017.

[16] 桂舟，张淑谦，罗元浩，等．大学生职业发展与就业指导［M］．北京：清华大学出版社，2018.

[17] 袁其谦．大学生就业指导［M］．北京：北理工大学出版社，2011.

[18] 阴军莉，谢伟．大学生就业与创业指导教程［M］．武昌：武汉大学出版社，2015.

[19] 蒋建荣，胡军．大学生职业发展与就业训练教程［M］．北京：现代教育出版社，2014.

[20] 杨克欣．大学生职业发展与就业创业指导［M］．南京：南开大学出版社，2013.

[21] 郑志宏，蒋蔓萍．大学生就业能力提升训练教程［M］．北京：光明日报出版社，2016.

[22] 郑志宏，蒋蔓萍．大学生就业创业指导教程［M］．长春：吉林出版集团有限责任公司，2015.

[23] 焦金雷．大学生就业与创业指导［M］．西安：西安交通大学出版社，2017.

[24] 胡培根．大学生就业指导与职业生涯规划［M］．北京：北京邮电大学出版社，2016.

[25] 夏伯平，朱克勇，闫咏．大学生职业发展与就业指导——体验式课程教学手册（下）［M］．北京：现代教育出版社，2013.

[26] 李峻，范建礼．大学生职业发展与就业指导［M］．北京：北京师范大学出版社，2017.

[27] 姚峥嵘．大学生职业生涯规划与就业创业指导（中医药院校）［M］．南京：南京大学出版社，2013.

[28] 马恩，谢伟．大学生就业指导与发展活动教程［M］．北京：清华大学出版社，北京交通大学出版社，2011.

[29] 明照凤．大学生就业指导［M］．济南：山东人民出版社，2013.

[30] 何平．大学生职业生涯规划与就业创业指导［M］．北京：现代教育出版社，2011.

[31] 麦可思研究院．2019 年中国大学生就业报告（就业蓝皮书），2019.